· 1960年，青岛九中高三（1）班老师与同学合影（前排左三为高从垲）

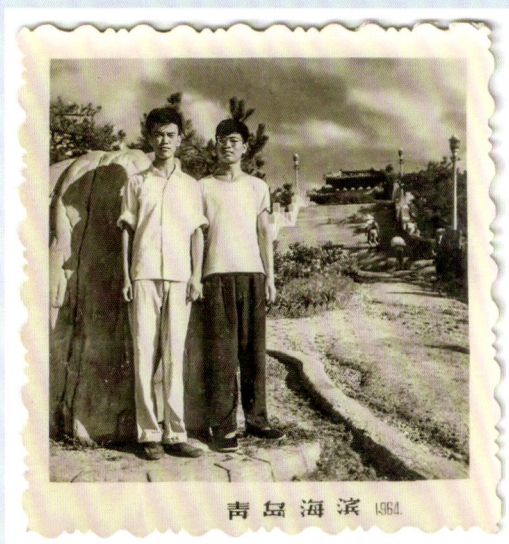

青岛海滨 1964.

· 1964年，在山东海洋学院上学时与高中同学朱光连（考上青岛医学院）在青岛合影

· 20世纪70年代我国自主研发的板式反渗透器（右）和卷式膜组件（左）

· 20世纪80年代初我国自主研发的CTA中空纤维反渗透组件

· 1982年，在加拿大滑铁卢大学访学

· 1982年，访学期间参观索里拉金（Srinivasa Sourirajan）实验室，并与索里拉金（中）合影

· 1984年，在杭水实验室与意大利膜科学家德里奥利
（Enrico Drioli）交流膜科技

· 1986年，在实验室工作

· 1986年，接待访华的世界上第一张不对称膜发明者洛布
（Sidney Loeb）（中）

· 1987年，受日本膜学会第一届理事长中垣正幸（左三）
邀请赴日参加首届国际膜和膜过程会议

· 1991年，与杭水技术工作者合影（前排右四为石松，后排左二为高从堦）

· 20世纪90年代初，在"国产反渗透装置及工程技术开发"成果的应用厂家进行技术指导

· 1992年获国家科技进步奖一等奖成果"国产反渗透装置及工程技术开发"局部

· 1993年，在反渗透复合膜中试放大车间（左为高从堦指导的第一位硕士研究生俞三传）

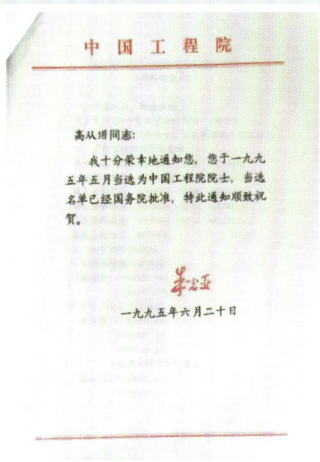

· 1993年，调试复合膜试验线

· 1995年当选中国工程院院士时，工程院院长朱光亚发来贺信

· 1996年，参加中日电渗析等膜技术研讨会

· 1998年，向时任中国工程院院长宋健汇报工作

· 2005年，在韩国首尔举办的2005国际膜和膜工艺大会（ICOM）上作学术报告

· 2005年，参加在新加坡举行的国际脱盐协会（IDA）大会

· 2007年，参观母校青岛九中

· 2009年，参加中国海洋大学主办的国际MEDINA会议

· 2009年，与参加浙江大学"高从堦院士奖学金"颁奖仪式的师生合影

· 2010年，与中国海洋大学博士研究生合影

· 2014年，参加苏州ICOM2014大会并担任大会主席，图为和与会的部分专家合影

· 2014年，在苏州ICOM2014大会上，与大会主席、台湾中原大学赖君义教授（左二），大会科技委员会主席、南京工业大学徐南平院士（右一）为会议优秀论文获得者颁奖

· 在浙江工业大学指导研究生

· 2014年，为浙江工业大学师生作题为"膜分离科技漫谈"的报告

· 2016年，参加中国-欧盟医药生物膜科学与技术研讨会并做报告

· 2016年，率团队与中石化石科院舒兴田院士（右五）团队交流后合影

· 2018年，获2017年度浙江省科学技术重大贡献奖，图为时任浙江省委书记车俊颁奖

· 2022年，与获得浙江工业大学高从堦奖学金的研究生合影

· 2022年，在杭水膜生产基地指导工作

· 2024年，在北京人民大会堂领取2023年度国家科技进步奖一等奖证书

· 与本书作者钱国莲（右）、谢觅之（左）合影

- 1984年，"4吋中空纤维反渗透淡化器"获1983年度浙江省优秀科学技术奖
- 1990年，"荷电膜及其性能的研究"成果获1989年度浙江省科学技术进步奖三等奖
- "国产反渗透装置及工程技术开发"成果获1992年度国家科技进步奖一等奖

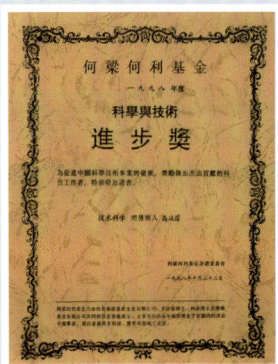

- 1998年，获何梁何利基金科学与技术进步奖
- 2018年，获2017年度浙江省科学技术重大贡献奖

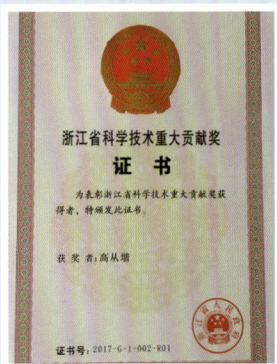

- "均相离子膜制备关键技术及应用"成果获2018年度国家技术发明奖二等奖
- 2024年，"新型膜法水处理关键技术及应用"获2023年度国家科学技术进步奖一等奖

高从堦 院士

学术年谱

钱国莲 谢觅之 著

化学工业出版社
·北京·

内容简介

高从堦，出生于1942年，山东即墨人，中国工程院院士，是我国膜分离领域的首位院士和海水淡化领域的唯一院士，我国海水淡化技术与膜分离工程技术的开拓者之一。他绵长丰盛的个人科研史，正是我国迎难而上的膜法海水淡化技术的发展史；他60年的学术人生，恰是我国海水淡化及膜技术领域高新人才自主培养进阶的缩影。本书以年谱的方式全面而系统地实录了高从堦院士从1942年至2022年80年间不平凡的人生轨迹，着重记录了其60年矢志不渝的"膜"法人生，凸显了其对我国海水淡化事业及膜分离技术与产业发展的巨大贡献。

图书在版编目（CIP）数据

高从堦院士学术年谱 / 钱国莲，谢觅之著. -- 北京：化学工业出版社，2025.7. -- ISBN 978-7-122-47973-0

Ⅰ. K826.16

中国国家版本馆CIP数据核字第2025HH4170号

责任编辑：赵玉清　　　　　　　　文字编辑：王淑燕
责任校对：宋　夏　　　　　　　　装帧设计：梧桐影

出版发行　化学工业出版社
　　　　　（北京市东城区青年湖南街13号　邮政编码100011）
印　　装：中煤（北京）印务有限公司
880mm×1230mm　1/32　印张13　彩插8　字数243千字
2025年8月北京第1版第1次印刷

购书咨询：010-64518888　　　　　售后服务：010-64518899
网　　址：http://www.cip.com.cn
凡购买本书，如有缺损质量问题，本社销售中心负责调换。

定　　价：69.00元　　　　　　　　版权所有　违者必究

序：心有所系　行有所至

高从堦先生是我国海水淡化领域唯一一位院士、膜分离领域首位院士，也是我非常敬重的一位学术前辈。时至今日，已过耄耋之年的高先生秉持"尽我所能奉献于国家和社会"的信念，依然活跃在海水淡化和膜技术领域的教学科研第一线，实在令人感动和钦佩。

我受教于高先生始自20世纪90年代，那时我刚开始从事膜领域的研究工作，而高先生已经是我国膜领域的泰山北斗，在我的成长过程中，始终得到高先生的悉心指导和无私帮助。在原国家海洋局进行"九五"科技攻关项目论证中，高先生积极支持时钧先生提出的无机膜研究和开发的建议；我在南京化工大学（现南京工业大学）工作期间，承接了国家"九五"科技攻关项目，并由此创办了江苏久吾高科技股份有限公司，研发我国自主的陶瓷膜产品，高先生给予了悉心指导和大力支持；后来，高先生又率领团队与公司共建院士工作站，为公司发展提供了非常重要的战略咨询和技术指导。高先生对于久吾高科的支持，是他致力推动膜技术产业化的一个缩影，也让我对高先生的为人学识、大家风范有了一次零距离的感受。

经过20世纪90年代的快速发展，到21世纪初，我国膜产业发展迈上了新台阶，但它也面临着基础研究薄弱等深层次的问题。高先生敏锐地意识到膜领域必须加强基础研究，必须培养年轻人。高先生发挥其学术影响力，在国家973计划中列入膜材料方向指南，并且推荐我作为项目申报人，牵头组织膜领域的973项目申报工作。2003年，"面向应用过程的膜材料设计与制备基础研究"973项目获批立项。作为我国膜领域的首位院士和学术带头人，高先生依然保持着对科学探索的满腔热忱，甘为人梯，主动挑最重的担子，先后作为"高分子复合膜微尺度加工理论与方法研究""节能型高分子复合膜的微结构调控与制备方法"课题负责人参与两期973项目，他对年轻后辈的无私扶掖让我获益良多。令我万分感动的是，每次年度汇报，高先生都是亲自作PPT、亲自作报告，严谨治学的态度可见一斑。

除了悉心指导科学研究工作，高先生对我们的平台建设也付出了不懈努力和大力支持。从2007年材料化学工程国家重点实验室，到2011年国家特种分离膜工程技术研究中心、2013年江苏省膜材料与膜过程协同创新中心，再到2023年国家高性能膜材料创新中心，高先生在筹备、建设和发展的各个阶段都投入了很多精力，担任学术委员会顾问委员、技术委员会主任、专家委员会主任等重要职务，为平台建设提供技术支撑和决策咨询。

高先生对于膜方向的引领作用，还通过主持和承担中国工程院战略研究与咨询项目、向国家自然科学基委提出项目建议等方式得到体现。正是因为有了一个个大平台、大团队、大项目以及像高先生一样杰出的学术带头人，膜技术的发展逐步上升为国家战略，我国膜领域基础研究水平和产业创新能力实现了历史性跨越。

数十年来，高先生不遗余力地推动我国膜领域的研究与开发走向世界。国际膜与膜过程大会（International Congress on Membranes and Membrane Processes，ICOM）创立于1984年，是膜领域全球最高规格、最大规模的学术会议，也是极其隆重且组织严谨的国际学术会议。2011年，南京工业大学膜科学技术研究所提出申办，高先生获悉后，充分发挥自己的学术号召力，大力支持并参与整个申报过程，经过多方共同努力，最终，第十届国际膜与膜过程大会于2014年7月在苏州成功举办，这不仅是大会创办30年历史上首次落户中国，也成为我国膜技术研究走向世界中心的标志性事件，高先生作为大会主席，在其中发挥了不可替代的作用。我作为大会科技委员会主席，也再次感受到高先生对于推动我国膜事业发展的信仰和厚重的家国情怀。

回顾受教于高先生的这30余年，几乎涵盖了我个人做科研、从事科技管理工作的大部分经历。高先生对我和团队的提携和指导，看似个案，实则普适。高先生对我国膜领域每一位年轻人、每一个团队都一视同仁、关爱有加。正因为我国膜领域有了高先生这样一位备受尊敬的引路人，才有了今天中国膜领域的繁荣景象和国际地位。

遇见高先生，是我个人的荣幸，是我团队的荣幸，也是中国膜领域的荣幸！

借着这次为高先生学术年谱写序的宝贵机遇，我有机会完整、深入地了解高先生成长、求学和科研生涯。仔细读完全书，心中不由感叹，这本学术年谱不仅是高先生个人一生立大志、创大业、成大家的详尽记录，同时也是我国海水淡化和膜技术研究走向自立自强的时代篇章。

今年6月，高先生继1992年之后，时隔32年再获国家科技进步奖一等奖。此时此刻我想，"心有所系、行有所至"也许可以作为先生六十年如一日专注科研、奉献祖国，不断向前再向前的真实写照。

是为序。

中国工程院院士

徐南平

2024年11月

目录

前言

高从堦曾说："生如逆旅，一苇以航。"这让我们得以透过他清雅淡泊的"江南"形象，看见其磅礴、坚毅的"北海"性格——既有乘风破浪、拍打岩礁的激情，也有逆水行舟、静水流深的韧性。他的一生与"水"结缘，他将"水"视为生命之源、生态之基、国民经济发展的基础材料，而"水"也成为他探索世界的密钥、报效祖国的利器、造福人类的源泉。

高从堦的科研人生几乎同步着我国海水淡化技术从无到有、从弱到强、从实验室走向生产线的历程——无论是20世纪60年代全国海水淡化大会战中的技术集中攻关，还是70年代至80年代初我国自主研发、设计及生产CTA中空纤维反渗透膜及组件，都有他孜孜不倦的付出；无论是80年代以荷电膜为突破口开展的聚合物多元合金膜研究、新型芳香族聚酰胺反渗透复合膜和纳滤膜的探索，还是90年代芳香族聚酰胺反渗透和纳滤复合膜的进一步研发与产业化，抑或是21世纪正渗透膜、新型离子交换膜与双极膜技术的研发与应用，都有他砥砺前行的身影。

高从堦绵长丰盛的个人科研史，正是我国迎难而上的膜法海水淡化技术的发展史；他一往无前的学术人生，也恰成为我国海水淡化及膜技术领域高新人才自主培养进阶的缩影。从海水淡化、苦咸水淡化，到矿区地下水淡化及工业污水净化，再到染料、食品、药品、医疗器械等领域的膜技术应用……他用理性精准的科学语言书写出利国利民的科学篇章，他用矢志不渝的科学精神引领我国膜技术跻身于世界强国之林。

1995年，时年53岁的高从堦当选为中国工程院院士；他是我国膜分离领域的首位院士，也是迄今为止我国海水淡化领域唯一的院士，更是海水淡化技术与膜分离工程技术的开拓者之一；他是杭州水处理技术研究开发中心和浙江工业大学化学工程学院的首席科学家。

一、家国远见　山海之间

高从堦，1942年11月出生于山东即墨县（今青岛市即墨区）西元庄。祖父虽为农民，却遵循"耕读传家"这一朴素的生活哲学，子孙不论男女，均将他们送进学堂；祖父还时时接济贫困村民，因而颇具声望。彼时，战火未歇，人们生活动荡，但高从堦4岁便得到了姐姐高淑馨的识字和算术辅导，不到6岁又被她拉着进了当地的旧小学学习——直到今日，他依然对姐姐的这一举动感佩至深，因为这使得他后来于1965年顺利完成5年系统、规范、完整的高等教育。

1949年5月，即墨解放，高从堦踏入西元庄小学初小，开始接受新式教育。此时新中国百废待兴，高从堦心中镌刻下"为中华崛起而读书"的信仰，努力学习。

1954年秋，高从堦进入即墨二中，就读初中。这个时期，在毛主席"开发矿业"的号召下，他将自己的读书目标具化为"为祖国寻找宝藏"，恰好他的班主任姜老师是一位地理老师，经常在课堂上讲解广袤的祖国大地所蕴藏的丰富矿产资源及其分布情况，进一步激发了他立志成为一名地质勘探队员的理想。为此，他不仅"文明其精神"，也"野蛮其体魄"，读书不倦、锻炼不止，长跑、双杠、打球都是少年高从堦擅长的项目。70年过去，他依然清晰记得当年与同学们一起高唱《勘探队员之歌》，被歌词熨烫胸膛的感觉："是那山谷的风，吹动了我们的红旗，是那狂暴的雨，洗刷了我们的帐篷。我们有火焰般的热情，战胜了一切疲劳和寒冷。背起了我们的行装，攀上了层层的山峰，我们满怀无限的希望，为祖国寻找出富饶的矿藏……"

"仁者乐山，智者乐水"，少年高从堦将一腔爱国热忱投注于矿藏与大海。如果说举国号召、姜老师的引导是高从堦关于"山"的触点，那么他在青岛航海俱乐部组织的少先队夏令营中的际遇，以及他与就读于海军学校的二哥高从墀的书信互动，则使他与"水"结下了不解之缘——在那次夏令营中，高从堦在海军叔叔的指导下，学会了在大海中自由地游泳，了解了各种舰艇的构造、功能等方面的知识，学会了绘画和舰船模型制作技能，这让他对神奇广袤的海洋产生了无限的遐想；而正在海军学校上学的二哥常常来信给予鼓励和启蒙，这使高从垲对海洋知识的学习产生了越来越强的热情。

1957年，高从垲顺利考入底蕴深厚、名重齐鲁的百年名校——青岛市第九中学。该校前身是著名汉学家、德国人卫礼贤在1900年创建的礼贤书院，为青岛近代史上第一所中学。高从垲每日步行3公里上学，以饱满的精神和强烈的求知欲投入高中阶段的学习之中。在这里他遇到了对他影响至深的化学老师刘宗锷，刘老师的化学理论课和实验课，犹如一把神奇的钥匙，为他打开了奥妙无穷的化学之门，激发了他对奇幻的化学世界的向往，坚定了他对化学专业的选择。同时借由木工、拔丝、纱包、烤胶等技术学习，到海港装卸、搬运东西等劳动实践，进一步打磨了他的动手能力，"知行合一"的科学精神正在他身体里悄然生长。

填报高考志愿时，成绩优异的高从垲首选北京化工学院化学系，但虑及家庭成分，又因少时那段略带神奇色彩又暗合命运指向的夏令营经历，改填了山东海洋学院海洋化学系，并以第一名的成绩被录取。

1960年9月，高从垲开启了在山东海洋学院海洋化学系5年的求学之旅。从基础课程到专业课程再到实验课程，从大学一年级开始的俄语课到五年级经选拔才能修读的英语课，他如饥似渴地在知识的海洋里遨游，每一门课都学得投入、扎实，即便是身体备受饥饿煎熬的"三年困难时期"，也不曾松懈自己的学业。大学三年级，担任系学习股长的高从垲，学习成绩长期名列前茅却不自矜，不仅自己带头努力学习，还督促各班的学习委员组织好班级同学的听课、实验、自学、作业、复习、考试等环节。他说："我们这一代大学生目睹过战争、饥饿和苦难，一心想的是建设祖国、振兴民族，所以我们非常珍惜学习的机会。"

大学一年级时，高从堦获悉一位被严重烧伤的青岛钢铁厂工人在抢救中急需输血，秉性纯良的他不顾自己长期营养不良导致的虚弱体质，与同学们一起奔向血库告急的青岛医学院附属医院义务献血。高从堦因此得了严重的坏血症，曾一度命悬一线，幸得良医及时救治，如此惊心的经历他若偶尔谈及，话语竟是轻描淡写。他的大学同班同学、原国家海洋局❶杭州水处理技术开发中心研究员鲁学仁、刘玉荣谈起这段往事时都满怀敬意。

在山东海洋学院得遇恩师闵学颐教授，是高从堦人生中最重要的节点之一。时任海洋化学系主任的闵学颐教授，以超前的国际学术视野和严谨的治学风格著称，他的言传身教将年轻的高从堦带入了"水"与"膜"的领域。无论是刚进大学时他的专业教育报告，还是后来他系统讲授的"物理化学""热力学"等课程，都为高从堦大学毕业后所从事的海洋化学研究夯实了基础。尤为重要的是，闵学颐当时正致力于海水淡化反渗透膜研究——20世纪60年代初期，美国加利福尼亚大学的科学家使用醋酸纤维素研制出了世界上第一张可

---

❶ 原由国土资源部管理的国家局，现由中华人民共和国自然资源部管理。后同。

实用的反渗透膜，脱盐率高达98%以上，闵学颐敏锐地意识到膜技术是海水淡化发展的新方向，必然会成为海洋化学的重大研究领域。1963年，他带领一批志同道合的同事开创我国反渗透膜研究之先河，并强力推动海洋化学前沿型人才的培养。低调刻苦、成绩优异、专业能力出众的高从堦得到闵学颐的青睐，他参观了闵学颐反渗透膜研究课题小组的相关实验室，接触到了我国的膜法海水淡化技术研究的最早实践。在这个过程中，高从堦受到了严格的学术训练，也获得了过硬的科学素养。他那篇由闵学颐教授及其助手陈国华老师指导的毕业论文《海水电导率与海水温、盐（密度）关系》，部分内容被纳入《中国近海海水电导率、氯度和密度的相互关系》一文，于1984年发表在《海洋与湖沼》杂志上。而高从堦也因此和仅比他年长4岁的陈国华结下了深厚的师生情谊，在高从堦后来数十年的科研工作中，有诸多和陈国华合作完成的科研成果。

1965年8月，高从堦以名列前茅的成绩从山东海洋学院海洋化学系毕业，此时的他已经准备好了投身于海洋化学所需的素养、知识和能力。

二、海洋问道　奋楫前行

高从堦的科学生涯深度地嵌合在我国海水淡化和膜技术的发展历史中。20世纪50年代以来，随着全球人口的急剧增长和工业的快速发展，淡水资源缺乏的问题开始凸显，并成为世界各国的共性问题。海水淡化作为从海水中获取淡水和水再利用的主要技术，被世界各国视作解决水资源供需矛盾的重要手段。西方发达国家早在20世纪40年代就开始研发海水淡化技术，1952年美国肯尼迪政府通过了盐水淡化转化法，并在1955年设立盐水办公室（Office of Saline Water，OSW），日、英、法、德、意、澳等国也相继研究开发海水淡化技术并获得成功。我国的淡水资源短缺问题也非常突出——人均水资源不足，水资源时空分布不均，一些大城市存在严重缺水问题——一度被联合国列为水资源严重紧缺的国家之一。因为如此紧迫的情势，我国的海水淡化研究和技术开发紧追着国际动线：1958年，中国科学院化学研究所的研究员朱秀昌和海军某部副研究员石松研制出我国第一张离子交换膜，这是电渗析法淡化苦咸海水技术的关键部件之一。1963年，山东海洋学院教授闵学颐及时跟进美国科学家研制出的第一张可使用的反渗透膜，率教研组开展海水淡化反渗透膜研究工作。

在这样的背景下，大学毕业的高从堦被分配到国家海洋局第一海洋研究所海洋化学研究室工作。当时，海洋化学的主要研究方向包括海水淡化、海水直接利用、海水综合利用及海洋防腐防污等技术，其中又以海水淡化技术最是国家和军队的迫切需求。高从堦振兴祖国海洋化学的满腔热忱、沉稳务实的个性、扎实的专业基础以及师从闵学颐教授所取得的宝贵学术经验使他顺理成章地成为海水淡化研究方向的专业科技人员，从此踏上了一条探索海洋化学和膜技术的漫漫长路——六十年聚焦"水"与"膜"，八千里路"求"和"索"，行远自迩，笃行不息，终达化境。

（一）淡化会战　初露峥嵘

二十出头、一身朝气的高从堦踌躇满志，要在潜力无限的海洋化学领域一展身手。1967年8月，国家科学技术委员会决定在全国开展海水淡化会战，海水淡化关乎国计民生、国家安全，党和国家领导人给予了高度重视和支持。

国家海洋局受国家科委委托，组织全国范围内的科研力量，在北京、青岛和上海三地同时打响了这场"战役"。根据会战的任务分工，北京和青岛主攻反渗透法，任务是研制出性能优异的反渗透膜，并制作出每天1t的反渗透海水淡化装置样机，实现直接从海水制取淡水的目标；上海会战点的主攻方向是电渗析技术，目标是研制和放大异相离子交换膜、整套电渗析装置（膜、电极与隔板等）以及有针对性地解决除盐电渗析器在运行中的一些问题。

当时，全国多系统、多专业包括水处理和分析化学、材料化学、流体力学等各个学科的科研人员都被组织了起来。由中国科学院、国家海洋局、机械工业部和部分高校等24家单位的技术专家组成的研发团队，在中国科学院化学研究所朱秀昌研究员和海军某部石松副研究员等的指导下，全身心地投入到了海水淡化技术的研发工作中。25岁的高从堦虽为实习研究员，却是国家海洋局第一海洋研究所里理论功底与实践能力全面扎实的技术骨干，因而被抽调到青岛会战点，参与反渗透膜的研究与开发。起初，他主要从事膜性能测试，得益于他的勤奋好学以及诸多前辈专家的指导，高从堦的能力得到快速提升，他很快参与到反渗透膜的制备工作中，迅速成长为会战的主力之一。其间，高从堦与海洋局一所的刘玉荣、山东海洋学院的刘汝皋一起被派往北京的中国科学院化学研究所，参与反渗透膜研究，高从堦为此驻扎在北京100余天。在整个会战过程中，高从堦不仅参与研制了高性能的醋酸纤维素不对称反渗透膜，还参加中国科学院海洋所青岛会战点的另两项会战工作——管式反渗透膜研究制作及中空纤维反渗透膜试验工作。

所谓反渗透，就是在浓溶液一侧施加大于渗透压的压力，使溶剂从浓溶液一侧逆着自然渗透的方向，透过半透膜向稀溶液一侧反向渗透。将这一原理用于海水淡化，就是让海水中的部分水通过滤膜，而原海水中的溶解盐类、胶体、微生物和有机物等则不能透过膜，从而使原海水中的部分水转化成为淡水；苦咸水亦然。听起来不复杂，做起来却有千难万难。虽然，当时美国商务部出版局已公开发布了常温条件下使用甲酰胺作为添加剂可以制备醋酸纤维素膜并用于海水淡化的报告，但其核心技术是保密的，参加海水淡水会战的科研人员除了自主探索，别无他途，正如高从堦所说的："取得成功的唯一途径就是和同事们夜以继日地投入一次又一次的实验。"为了尽快完成会战任务，除了每周六半天的

"正面教育学习"，大家都埋头扎在实验室里，按照膜材料、膜配方、制膜工艺、测试评价等实验分工，不停地实验、实验、再实验，找出最好的材料、最佳的配方和最合适的条件。功夫不负有心人，1968年初，海水淡化会战取得重大突破，会战组成功研制出醋酸纤维素不对称反渗透膜，脱盐率达96%以上，实现了我国海水淡化反渗透膜从无到有的跨越。但同年，高从堦听闻恩师闵学颐教授逝世的噩耗。悲欣交集的他，以接承恩师衣钵、告慰恩师为信念，更加发奋地潜心于海水淡化技术的研发。

有了高性能醋酸纤维素不对称反渗透膜关键技术的支撑，又经过成百上千次的反复实验，会战组设计出日产1t的板式反渗透海水淡化样机。面对物资奇缺的现实，凭着"有条件上，没有条件也要上"的干劲，他们克服重重困难，凑齐样机所需的原材料：在上海的一家小型泵厂找到高压泵，自己动手制作其他配件材料，如用聚氯乙烯烧制出多孔板、用环氧树脂压制出承压板。1969年初，日产1t淡水的板式反渗透海水淡化样机研制成型，并在青岛的朝连岛上进行半年多的现场运转试验，各项指标均达到了预期目标。

与此同时，以电渗析技术为主攻方向的上海会战点也实现了会战预定目标。在1969年10月举办的中国人民解放军"全军后勤技术革新展览会"上，海水淡化技术作为一项重要的成果被展出，毛泽东等国家领导人接见了参展人员。同年12月，以制造出可稳定产出淡水的小型海水淡化器为标志，历时2年4个月的全国海水淡化会战宣告胜利结束。

这次会战是我国海水淡化技术发展史上的里程碑，也开启了我国海水淡化事业的一个崭新的时代。而高从堦个人在会战中积攒了一个科研工作者的重要财富——实战能力与经验。

（二）转战杭州　初心如磐

海水淡化作为我国实现水资源可持续利用、解决水资源短缺问题的长期战略，是关乎国计民生、国家安全的千秋大业。虽然，经过海水淡化会战的集中攻关，我国的电渗析法技术进展得比较快，但在反渗透膜方面的研究只能算刚刚起步，远落后于发达国家的水平。因此，海水淡化会战虽然结束，但海水淡化技术研究依然任重道远，参与海水淡化会战的主力被视作宝贵的人才资源，继续留在这一领域中。

由于国家海洋局一所开展海水淡化技术研发的场地是租借来的，空间上腾挪不开，而新筹建的位于杭州的国家海洋局二所则有足够的空间可供科研人员开展研究工作、安置海水淡化会战期间使用的仪器设备。基于这一情况，国家海洋局决定将从事海水淡化技术研究的相关人员集中调到二所，组建全国第一个海水淡化研究室，完成未竟的事业。

1970年3月5日，高从堦与同事王洪梅、任德谦三人作为首批调往海洋局二所海水淡化研究室的研究人员，带着海水淡化会战资料、试剂、仪器、设备等，离开家乡青岛，奔赴另一个"战场"。他们乘坐火车从萧瑟的北方一路向南，临近目的地，虽然春寒料峭，但窗外那独属于江南的绿扑面而来，一下子撞进高从堦的眼帘，沁入他的心脾，他知道自己会爱上这片郁郁葱葱、生机盎然的土地。3月10日晚上，杭州城以一场纷飞的大雪迎接高从堦一行的到来，这使得他们抵达海洋局二所干的第一件工作是抢救被积雪压弯树枝的女贞树等树木。高从堦笑称，是他们把北方的寒冷带到了杭州，而这似乎也隐喻着科学无界的南北交融。

此后的三年，高从堦主要聚焦于片状反渗透膜的研究与制备，同时协助任德谦组开展管束式反渗透器的研究。

那个年代的实验条件很差，缺少必要的设备，那就土法上马。比如，没有保持恒温恒湿的设备，高从堦就与同事鲁学仁骑三轮车将实验设备和材料拉到附近的浴室，利用浴室的温度与湿度来制膜并静置，但浴室温度和湿度的不稳定造成了实验数据的波动，那就用海量的实验来获得相对准确的数据，直到高从堦在实验中发现在膜上涂抹甘油能在一定程度上防止水分过快蒸发，"浴室实验"才得以终止。又比如，在刮膜机发明前，刮膜全过程都是手工操作的——他们先用两端缠有铜丝漆包线的玻璃刮刀将膜刮在玻璃板上，再将其浸入冰水，接着双手伸入冰水将膜卷起来，这样的卷膜操作经常要持续几个小时，寒冬腊月里，大家的手长满冻疮，依然忍痛操作，直到70年代末，高从堦的同事陈一鸣设计制作出用涤纶带传送的刮膜机，才解决了手工刮膜的痛点。再比如，那时实验环境和条件很差，科研人员都是在没有任何防护措施的保护下进行实验，长期接触有害试剂，这对他们的身体造成了不可逆转的伤害——课题组成员鲁学仁的一口牙齿很早就全部脱落，事实上，因为实验材料的毒性，课题组的人身体均出现了这样那样的问题。密集超量的实验对身体的伤害在之后的很多年里一直存在，高从堦牙龈常年出血，一度患有肺膜炎，在他见少离多的儿子记忆中则经常会"神秘"地在家中盥洗室台盆中留下匆匆洗漱却没来得及处理的血丝。

要追踪国际前沿、了解国外研究动态、吸收国外先进技术，就必须经常查阅英文文献，但高从堦读大学期间的主修外语是俄语，仅在最后一年听过英语课，这样的英语基础显然阅读不了英文文献。于是，他下决心自学英语。恰逢1972年尼克松访华后，上海电台开始有了英语栏目，高从堦花了近一个月的工资买下一台收音机，每天收听英语广播。那几年，高从堦下班回到家，准会在上海电台播放英语节目的时段打开收音机，收音机仿佛长在他身上，走到哪儿听到哪儿，听坏了好几台收音机，愣是将收音机用成了"随身听"。通过这种强攻式学习，高从堦的英语水平得以飞速提升，很快就能顺畅地阅读英文文献。同时他还利用业余时间强化学习高分子物理化学知识和理论，用近一年的时间，每周2至

3个晚上去浙江大学旁听刘教授的高分子物理化学课，那段学习经历对他后来研究高分子膜的材料、制备、性能与结构有很大裨益。

　　除了借鉴国外的研究资料，高从楷和同事们还在会战研究的基础上，继续从材料、设备、工艺技术到各参数调控等方面，探索制备中空纤维和卷式反渗透膜组件。由于日本的中空纤维膜技术研究水平比较先进，高从楷下决心学习日语，而他的日语是零基础。自1973年起，连续一年多，高从楷利用业余时间去杭州大学旁听日语课，每周2到3次，每次2个小时。靠着毅力和天分，高从楷的日语水平日益精进，他翻译了不少日本在相关研究领域的第一手资料，将日本的研究成果和专利技术翻译介绍到中国，为我国的膜技术研究提供很多有价值的前沿信息。

　　1974年，国家海洋局二所副所长石松研究员，极力推荐高从楷担任"中空纤维反渗透膜和组器研究"课题的负责人。32岁的高从楷带领3人团队的课题组，因陋就简地建起了中空纤维抽丝实验室，初步探索芳香聚酰胺中空纤维膜技术。但很快，他和团队在充分分析、论证国内外中空纤维反渗透膜和组器研究的发展现状以及既有研发项目的利弊之后，毅然放弃已进行近一年的芳香聚酰胺中空纤维反渗透膜的研究，转而开始三醋酸纤维素（CTA）中空纤维形成的热致相分离研究——这在我国尚属首次，没有任何经验可借鉴，没有参考文献可查阅，原料稀缺，设备改造困难。但高从楷初心如磐，率小组在近乎是零基础的状态下摸索着起步。20世纪70年代，当高从堦小组正埋头于CTA中空纤维膜的研制时，国内研制B-9芳香聚酰胺中空纤维膜的科研机构先后因失败而放弃研究，国外相关企业获悉这一情况后，将产品单价抬高至15000元/支，甚至高达两三万元/支，这一状况严重制约了我国电子、电力等相关工业的发展。此时的高从堦毅然对大家说："国家的工业用水正被发达国家'卡脖子'，国家发展等不了那么久，顾不上那么多了。"身边的同事经常听到高从堦说："一定要搞出来，一定要搞出来。"这是高从堦的自我加压，也是他对战友的勉励。他先后到天津纺织工学院、上海合成材料研究所、中国科学院大连化物所等单位查资料、调研。高从堦带领课题组克服重重困难，对热致相分离过程中熔化、挤出、蒸发、降温、分相、收集拉伸、热处理及膜的致密层取向和控制等方面，开展了深入的研究，通过一次又一次的反复实验和测试，终于摸索出了合适的助熔剂、添加剂以及压力式进料挤出、分段变温加热熔融、挤出后蒸发和降温的调控、膜分相和取向结构保证等条件。这一干就是艰苦而漫长的8年。

1978年1月，高从堦成为一名共产党员。同年3月，全国科学大会在北京召开，邓小平在大会上强调"现代化的关键是科学技术现代化"，重申"科学技术就是生产力"，祖国的科学事业迎来了生机勃勃的"春天"。此时，CTA中空纤维反渗透膜课题研究已经进行到第5年，高从堦和广大科技人员深受鼓舞，他们迸发出更大的科研热情和创新力。这年6月，高从堦随石松为团长的6人代表团前往西班牙拉斯帕尔马斯岛参加第六届国际海水淡化论文讨论会，主要任务是了解国际海水淡化技术的研究进展和工程应用情况，加强与国际海水淡化领域的研究机构及著名学者的联系，促进国际交流与合作。除参加会议、参观拉斯帕尔马斯岛上的热法海水淡化厂、与会议组织者进行广泛深入的学术交流外，高从堦最大的收获是接触到了当时参会的日本代表团，获悉他们也正在研制以CTA为原料的中空纤维膜，并看到了日本代表团用一个注满水的试管展示的十几条中空纤维膜样品。高从堦对自己团队研究的课题更有信心了。

就这样，八年一膜，奋楫笃行。此时的高从堦已进入不惑之年，他不辱使命，带领不断壮大的课题组攻坚闯关，伴随着改革开放大幕的渐次拉开，高从堦成为我国海水淡化研究发展进入繁荣期的见证者和共同推动者——从中空纤维膜的原料筛选，配方探索，制备的小试、中试到批量放大；从中空纤维束的性能测试、大型组件制备到与浙江工学院（即今浙江工业大学）张康达老师合作完成的组件离心浇铸密封，他和他的同事们一起攻克了一系列CTA中空纤维膜制备、结构和性能的调控及检测、中空纤维组器设计和制造工艺、中空纤维黏合成型技术、组器的配套应用技术等关键难题，CTA中空纤维反渗透膜和组器研制终于取得成功并实用化。这意味着我国终于有了自主研发、自主设计、自主生产的中空纤维反渗透膜，从此成为世界上能掌握中空纤维反渗透膜产业化技术的少数几个国家之一。这项成果具有操作压力低、透水量大的优点，可被广泛地应用于纯水制备和苦咸水淡化，其性能与当时国际同类产品相当甚至更优；但其产品单价只有5000元/支上下，仅为国外相似产品价格的三分之一左右，因此被各大企业竞相购买，也迫使国外企业将同类产品的价格降低了30%～50%不等。

1983年3月，CTA中空纤维反渗透膜及组件的研制通过国家海洋局和浙江省科委联合组织的鉴定。同年8月，高从堦与团队成员在《水处理技术》杂志上合作发表了论文《CTA中空纤维反渗透膜的研制》，全面报道课题组开展了8年的"CTA中空纤维膜"研制成果。1984年，"CTA中空纤维反渗透膜和组器"项目成果获该年度浙江省和国家海洋局科技进步奖三等奖。

（三）月在故乡　心安归途

1982年2月，高从堦作为我国改革开放后第一批国家公派留学的科技人员之一，怀着更好地推动祖国膜分离技术发展的热望，以访问学者的身份赴加拿大滑铁卢大学，在该校化学工程专业开始了为期两年的全新学习和探索。

滑铁卢大学的化工系是国际上从事膜分离技术研究最早的机构之一，有着一流的膜科学家、一流的膜实验手段、先进的仪器设备与研究方法，在海水淡化研究领域有很高的国际知名度。尤其令高从堦惊叹的是，滑铁卢大学因与美国IBM公司有密切的合作关系，其化工系在当时就已拥有了计算化学教研室，研究人员做实验时只需提交材料，计算机系统就能自动反馈实验数据。高从堦非常珍惜访学的每一天，他如饥似渴地沉浸在知识的海洋里，努力掌握新知识、新方法、膜技术发展的国际新动态。他见缝插针地旁听"化学工艺""计算机应用""化学化工进展"等专业课程，参加各类学术报告；他随导师黄义明（R.Y.M.Huang）教授去参加膜分离国际会议，去拜访膜分离奠基人索里拉金（Srinivasa Sourirajan）教授并参观他的实验室，又与该实验室的马祖拉（M.Mattsura）教授以及中国访问学者刘廷惠就索里拉金实验室提出的优先吸附-毛细孔流动的反渗透分离机理进行了沟通；他和导师一起开展了离子交联聚丙烯酸（PAA）复合膜、磺化聚苯醚（S-PPO）与聚乙烯醇（PVA）互穿网络反渗透膜等研究，在国际上首次采用离子交联复合法、功能团等当量反应法和孔径热保护法等制备多种荷电和复合膜，最终完成两篇有关荷电膜研究的学术论文。与此同时，他还对芳香族聚酰胺反渗透复合膜的研究进行了详细梳理和分析。

　　1984年3月，高从堦婉拒了导师希望他继续留在滑铁卢大学开展合作研究的邀请，放弃先进的科研条件和优渥的物质生活，如期归国。他从加拿大带回来三样"法宝"：①一瓶100g装的均苯三甲酰氯，这为后来我国开展芳香族聚酰胺反渗透复合膜的研究和试制该试剂提供了关键材料。②一套反渗透膜性能测试池的图纸——这是他凭借大学里所习得的机械制图技能，对加拿大导师实验室里的测试池各个零部件进行测绘得来的整套设备图纸。实验室搞装备工程的同事根据这套图纸制造了轻便型的反渗透膜性能测试池，一改当时国内测试池直径大、占地多、厚度大、螺钉粗、重达几十公斤、使用不便的状态。高从堦的大学同学、杭水的老同事鲁学仁研究员谈及这件往事不由得竖起大拇指：这套图纸在当时来说简直是宝贝，高从堦第一时间就把它交给了实验室，分享给了同事。之后，我国的膜研究机构或生产企业均使用了这套反渗透膜性能测试池进行测试。③一台小型计算机——这是他自己花钱买配件、请滑铁卢大学的朋友帮忙组装的，完全可以作为个人财产带回家，但他回国后第一时间就拿到单位与大家分享。虽然内存只有200kB，但海洋局二所的同事们通过它见识到了当时国内还很罕见的计算机，首次了解到计算机如何使用、能解决什么问题。而他自己花钱购置的照相机也首先提供给海洋局二所科研人员出海考察时使用。

1986年，国家海洋局以二所海水淡化研究室为主体组建了国家海洋局杭州水处理技术研究开发中心。学成归来的高从堦顺理成章地成了中心的骨干，英语读写说均已很流利的他承担了中心大量的外事工作、国际学术交流工作，如担任世界上第一张不对称膜的发明者洛布（Sidney Loeb）教授访华期间来国家海洋局二所访问的接待工作等，将国际膜研究领域的学术前沿信息及相关资料及时分享给大家。更为重要的是，高从堦给这一崭新的研发平台注入了开阔的学术视野和前沿的创新思维，他从两个方向开启我国膜技术的创新发展路径：第一是在膜材料和膜工艺方面寻求创新，第二是优化已有的成膜工艺。

对于第一条路径，高从堦结合自己在访学期间的研究心得，以荷电膜为突破口，在国内最先开展聚合物多元合金膜的研究，申报并主持了国家回国人员科技活动资助项目"荷电膜及性能研究"。在基础研究方面，高从堦和同事们通过探索多元合金溶液顺序凝胶对膜孔径、孔径分布的影响以及材料亲疏水和荷电强弱与膜孔径、性能之间的关系，为提高膜性能和增加膜品种奠定了基础；在评价方法上，进行大胆尝试，首创了荷电压力驱动膜的流动电位（SP）测定法，为推动荷电膜的研究和应用提供了技术支撑。该项目成果后来获得1990年度浙江省和国家海洋局科技进步奖三等奖。

对于第二条路径，高从堦基于20世纪80年代中期膜分离技术作为重要的化工分离手段已被广泛应用于化工、生物、食品、医药等领域的大背景，于1986年主持国家"七五"科技攻关项目"中盐度苦咸水淡化用反渗透膜及组器研究"，进一步提升CTA中空纤维反渗透膜和组器的性能，对优化已有成膜工艺这一路径做出了卓有成效的探索与实践。这一年，高从堦44岁，刚晋升为副研究员。经过4年多的努力，高从堦率课题组成功地解决了大型中盐度苦咸水脱盐组件的制膜技术和黏结密封等重要关键技术，改进了膜材料，简化了制膜工艺，研发了新膜品种，使中盐度中空纤维膜和组件及CA-CTA低压膜和组件的各项性能均达到了国外20世纪80年代同类产品水平。1989年12月，"中盐度苦咸水淡化用反渗透膜及组器研究"攻关项目通过国家海洋局鉴定，这一成果成就了高从堦学术生涯中的首个"高光时刻"，先后囊括各项荣誉：1991年获国家海洋局科技进步奖一等奖；继而把"在电厂锅炉补给水系统中开发应用""在电子工业超纯水系统中开发应用""在苦咸水系统中开发应用"三个课题整合为"国家反渗透膜装置及工程技术开发"项目成果（第一完成人），一举斩获1992年国家科技进步奖一等奖，在颁奖大会上受到当时国家领导人江泽民、李鹏的亲切接见；高从堦本人获得1993年"国家有突出贡献中青年专家"荣誉称号，获批享受国务院政府特殊津贴。

（四）乘风破浪　一苇以航

高从堦数十年的科研人生始终围绕着一张"膜"，如何提高这张膜的性能和应用性是他不断探索的课题。在他术业专攻、厚积薄发的科研生涯中，如果说1974年至1983年以CTA为原料的中空纤维膜及组件的研发是八年如一日的磨砺，那么从20世纪80年代中后期开始，在高分子功能膜材料、复合反渗透膜、纳滤膜和正渗透膜等领域的开拓就是乘风破浪、一苇以航的突进。

1987年，高从堦主持非纤维素反渗透膜和复合膜的研究开发，兼任副总工程师，负责科研和外事工作。这年9月，他主持的课题"荷电膜及其性能的研究"获国家科委非教育系统回国留学人员科技活动资助立项。此后，与南京依维柯汽车制造厂合作，在国内最先开展用自行研制的复合PSA荷电膜在汽车阴极电泳漆超滤中的试验，研制出处理阴极电泳漆的HNA型复合超滤膜和NA型超滤器，实现了阴极电泳漆的循环回用，之后得到较广泛的应用，该成果后获1989年度国家海洋局科技进步奖三等奖。

1988年，高从堦担任杭州水处理技术开发中心副主任。当时，一种新型分离膜——纳滤膜问世，凭借多年的研究经验，他意识到这是一种特殊而又很有前景的分离膜品种，于是带领团队率先在国内开展纳滤膜的应用基础研究。他们相继研发出了醋酸-三醋酸纤维素（CA-CTA）纳滤膜、磺化聚醚砜（S-PES）涂层纳滤膜、芳香聚酰胺复合纳滤膜以及其他荷电材料的纳滤膜，研制出制膜与评价设施，进行了渗滤纯化和浓缩中试。1992年，纳滤膜研究取得突破性进展，课题组与上海染化八厂合作，用4英寸的卷式纳滤组件，在国内首次实现活性染料脱盐纯化提级的工业应用，纯化的活性染料升级为高附加值的喷墨打印等专用染料。

1989年，高从堦主持的"均苯三甲酰氯的合成和新型复合膜的研究"获国家自然科学基金项目立项。早在加拿大滑铁卢大学访学期间，高从堦就对芳香族聚酰胺反渗透复合膜有所涉猎和关注，并意识到这将是膜技术发展的主要方向，但当时我国尚未开展这方面的研究。

为了推动我国复合膜的发展，高从堦提出均苯三甲酰氯中间体的开发，他一再强调："不实现这一材料的国产化，我们对复合膜的进一步研究就无从谈起。"有了它，就能与各种多胺类界面反应，以此制备出不同性能的各种反渗透复合膜，尤其是性能更好的膜。他们靠着自主探索，与上海焦化厂研究所合作，合成了界面聚合成膜的关键单体——均苯三甲酰氯。有了这一关键原料，再经过反复试验，高从堦团队终于解决了聚砜底膜的制备、水和油两相界面聚合的配方、成膜条件与调控以及后处理等一系列关键技术，在实验室制出了国内第一张小试的芳香族聚酰胺反渗透复合膜，继而课题组积极地将阶段性科研成果转化为生产力。比如，将复合膜研制过程中的中间成果有偿转让给湖州水处理设备厂；又比如，合作承担旨在用于生奶浓缩等方面的"膜分离的应用研究"的横向任务。1990年12月，"均苯三甲酰氯的合成和新型复合膜的研制"成果通过鉴定，这一成果填补了国内空白，为进一步发展我国复合膜技术打下了良好基础。

在此基础上，高从堦凭着敏锐的科研嗅觉以及对行业未来的前瞻意识，认识到反渗透复合膜具有很大的应用潜力，他下决心要让这张膜走出实验室的研究领域，走进海水淡化等水处理的应用领域，于是决定以"反渗透复合膜研制"为题组织申报"八五"国家科技攻关项目，明确攻关目标为：在聚砜多孔膜上利用界面聚合原理制备高性能的反渗透复合膜，将这张膜广泛应用于苦咸水淡化、纯水和超纯水制备、物料浓缩分离等领域。1991年，凭着良好的科研信誉以及较大的业内影响力，高从堦领衔的团队再次获得国家科技攻关项目立项。在之前复合膜小试的基础上，时年49岁刚被评为研究员的高从堦作为课题总负责人，又带领着团队踏上了漫漫数年的探索之路。他们在国内最先建立了芳香族聚酰胺反渗透复合膜中试生产线，不断改进完善设备和工艺参数，顺利完成了复合膜的放大试验，解决了一系列反渗透复合膜的放大效应和稳定性等问题，自行设计制备一米宽复合膜的整套专用设备，获得了全套软件和硬件技术，实现了制膜工艺过程的精密调控；用直接中试放大研制成功的制膜装置制备的复合膜，脱盐率和水通量均达到预期目标，为其产业化的放大奠定了基础。1995年12月，高从堦团队的"八五"国家科技攻关计划专题项目"反渗透复合膜研制"通过鉴定，次年获1996年度国家海洋局科技进步奖二等奖，该成果将我国反渗透技术的应用向前推进了一大步。高从堦本人则荣获国家计划委员会、国家科学技术委员会、财政部颁发的"八五"科技攻关突出贡献奖。1997年，杭州水处理中心与在美国有复合膜制备经验的王道新博士等合作，引进当时先进的关键设备，在国内最先建成芳香族聚酰胺反渗透复合膜生产线，产品得到较广泛的推广应用，初步实现反渗透复合膜的产业化。高从堦的这项成果为国家节约了很多外汇，也带动了国内相关产业的繁荣，创造了很高的经济效益，仅杭州水处理技术研究开发中心当时年产值就达3亿元，年经济效益数千万元。谈及这一成就，高从堦很自豪地说："这是我们中国人通过自己的努力，满足了国家的需求。"

三、笃志以恒　直挂云帆

进入20世纪90年代以来，科技事业得到前所未有的重视。1995年，我国正式提出实施科教兴国发展战略。正是在这一年，时年53岁的高从堦当选为中国工程院院士，成为海水淡化和膜技术领域的第一位院士。30余年笃志以恒，那个从战火纷飞的海边村庄走来的孩子，如今跻身于中国工程科学领域最负盛名的殿堂；昔日求学于青岛九中以杰出校友为榜样的少年学子，从此也成了母校"院士摇篮"中鼓励后生的楷模。

提名单位国家海洋局对高从堦的主要成就与贡献做出了这样的概述："高从堦长期从事液体分离膜工程技术研究与开发，是我国膜分离技术领域的著名专家，是我国反渗透膜工程技术领域的开拓者之一，他在反渗透膜、组件及工程设计方面，先后主持完成了国家、国家海洋局和浙江省重点科技项目十多个，成果多次填补了国内空白，尤其在膜及组件研制方面，解决了膜材料、膜配方、制膜工艺、大型工业化中空纤维反渗透组件耐高压、耐水密封等关键技术问题，并打破了反渗透膜工程技术长期被美、日垄断的局面，其研究开发的成果已得到了广泛的应用，取得了显著的社会效益和经济效益，中空纤维反渗透组件投入市场后，不仅为我国节省大量外汇，而且使我国成为世界上能掌握中空反渗透产品工业化制造技术的少数国家之一，从而从根本上扭转了这类膜产品长期依靠进口的局面。在高分子功能膜材料研究方面，取得了开创性成绩，他在国内首先提出开发三醋酸纤维素中空纤维反渗透膜，最先系统地开展反渗透复合膜、荷电膜、多元合金膜等研究，已成为我国高分子功能膜领域的学术研究和工程技术带头人。几年来，先后获得国家级、省部级科技进步奖十多项次，在国内外学术刊物上发表具有较高学术价值的论文41篇，合译和合著书各一本。研究成果在我国高分子功能膜材料及反渗透膜工程技术领域中产生重大影响，是我国反渗透膜技术的重大突破，带动了我国膜科学技术的发展，为我国膜分离技术整体水平跨入世界先进行列做出了重大贡献。"

从参加海水淡化会战到主持国家科技攻关项目；从醋酸纤维素不对称反渗透膜、CTA中空纤维反渗透膜到芳香族聚酰胺复合反渗透膜，从荷电合金膜、复合反渗透膜到纳滤膜；从国家海洋局第一海洋研究所到第二海洋研究所、杭州水处理技术研究开发中心；从恰同学少年到五十知天命，海洋问道、奋楫前行的多少个日夜、多少次不计成败的实验、多少篇叩问"膜"道的论文……高从堦笃志以恒，促成了我国膜分离技术从弱到强、从实验室到产业化的转化，终达云帆济海之境，引领我国的膜技术研究跻身于国际一流水平。

欲戴其冠必承其重。当选中国工程院院士后，高从堦更加严于律己，继续以忘我的姿态奋斗在膜技术研究的第一线。院士的身份并不曾改变他清淡如常的生活，他依然每日骑自行车去上班，每天为"膜"忙碌，孜孜不倦地带领着团队继续开展反渗透膜、正渗透膜的研究开发及其运用，和同事们、学生们讨论课题与实验，不断发现问题、研究问题、解决问题，不断革新技术、降低成本、提升品质。他温润如玉，毫无院士架子，却拥有作为海水淡化和膜技术领域第一位院士的铁肩道义；他既是亲自用自行车驮着出故障的实验设备去维修点修理的老高，也是挥斥方遒指点"膜"法的大院士……他奠定了我国膜分离技术整体水平进入世界先进行列的坚实基础，大力推进了膜技术在产业、民生上的应用。

1997年11月，我国第一座日产500t反渗透海水淡化工程在浙江省舟山群岛最东端嵊山岛建成投产，切实解决了嵊山岛居民长期淡水紧缺的困难，纾解了当地因供水困难而产生的经济发展瓶颈，在这项工程中，起到核心作用的正是膜法反渗透海水淡化技术，高从堦真切地看到自己的技术造福了人民，成就感与幸福感油然而生。2001年6月，升级为日产1000t的海水淡化一期工程在嵊泗县泗礁岛投入试运行，真正实现了"有海洋，我们就有水喝"的畅想与承诺。在接受记者采访时，高从堦说："我国自20世纪50代研究海水淡化以来，连续几个五年计划都将其列入国家科技攻关项目，并将海水淡化产业列入了《当前优先发展的高技术产业化重点领域指南》。经过40余年的发展，我国不但建立了海水淡化科研基地，培养和锻炼了专门人才，而且在海水淡化领域取得了令人瞩目的成绩，奠定了我国在海水淡化领域的世界强国地位。"高从堦与他的同事们多年来在膜领域取得的科技成果，从建立国内第一条复合膜生产线再到第一套反渗透海水淡化示范装置，通过技术产业化之路，如愿地造福了社会。

早在1998年，当正渗透膜尚未成为国际研究热点时，高从堦就已与留美归来的学者一起开启了正渗透（FO）研究，之后又与中国海洋大学合作，最先在国内系统地开展对正渗透膜及其性能的研究，包括对正渗透膜结构改进、减轻内浓度极化、汲取液选择和回收等方面进行深入探索，为我国正渗透过程的研究开发打下良好的理论和应用基础。2000年，高从堦和弟子金可勇等在《科技通报》发表了《渗透现象实验研究》一文，提出这是有望成为解决水资源和环境问题的一个新的膜过程。直到2006年，正渗透才成为国际上的研究热点，高从堦的学术前瞻性和敏锐度可见一斑。

肩负祖国的重托，高从堦带领团队承担多项国家技术研究发展863计划、国家重点基础研究发展973计划、国家自然科学重点基金项目，探索膜技术的创新和应用。如：2002年，担任国家高技术研究发展计划项目（863计划）课题"高性能反渗透复合膜关键功能材料研究"和"高通量多功能新型液体分离膜材料及相关制品、组器关键技术研究"（与宁波大学合作）副组长，申报并主持国家自然科学基金项目（与清华大学合作）

"优先选择吸附-固载促进传递的膜分离新模式探索";2003年,参与国家重点基础研究发展规划项目(973计划)课题"高分子复合膜微尺度加工理论与方法研究";2006年,参与国家自然科学基金重点项目(与中国科学技术大学合作)"基于电膜的绿色与环境化工过程的关键科学技术问题研究"、国家自然科学基金项目"纳滤海水软化过程中的截留机理及膜污染研究";2007年,参与国家863计划项目"基于海上油田三次采油注水的海水膜软化技术装备的研究开发"、国家自然科学基金项目"制膜液性质在相转化成膜机理和密度梯度超滤膜制备中的调控作用";2008年,参与国家重点基础研究发展规划项目(973计划)论证,在"面向应用过程的膜材料设计与制备基础研究"中承担"节能型高分子复合膜的微结构调控与制备方法"课题;2010年,继续参与国家863项目"基于海上油田三次采油注水的海水膜软化技术装备的研究开发",并在国家973计划项目"面向应用的高性能水处理膜设计与制备"中承担"海水淡化膜高性能化的混合基质方法"课题;2015年,主持国家863项目中的课题"膜技术分子筛催化剂无废水排放清洁生产新工艺开发及工业示范"。

高从堦及其团队步履不停,在膜技术前进的浩荡洪流中一次次掀起新的波澜,后浪推进前浪,生生不息:1998年,高从堦首次提出"优先选择吸附-固载促进传递的膜分离新模式",将优先选择吸附-固载促进传递和膜分离相结合,而这一模式当时在国际上未见报道。此后，在浙江省科技计划项目和国家自然科学基金项目的资助下，高从堦率领团队在提高传递速率的同时增加分离选择性，合成了具有良好的二氧化碳（CO_2）透过性和二氧化碳/甲烷（CO_2/CH_4）渗透选择性的复合膜，成功制备了适用于蒸汽渗透分离甲苯/环己烷体系的双层结构支撑液膜等，这一理想模式既可解决料液中被分离组分向膜面富集的问题，增大组分在膜中扩散的浓度差或促进传递的初始浓度，又可解决组分在膜中迅速向下游传递的问题，在膜分离技术领域具有更深远的影响和价值。

2006年，杭州水处理技术研究开发中心整体进入中国化工集团蓝星总公司，从国家海洋局的直属科研机构转制成为科技型企业，更名为杭州水处理技术研究开发中心有限公司。这种转型在一定程度上基于中心所拥有的走向市场、孵化为产业的核心竞争力。此时的高从堦虽然已年过花甲，但依然以活跃的创新思维和卓越的科研能力，开展着高水平高密度的科研工作，为推进我国的膜分离技术不懈奋斗着。2015年前后，高从堦指导团队开展对双极膜技术的研究，其时国内双极膜的技术应用研究几乎还是空白，没有可借鉴的技术，相应的材料也很难获得。金可勇团队在高从堦的指导下，经过近10个月的实验研究，研制出第一台可实用的双极膜装置，并在某企业成功应用于葡萄糖酸回收。之后，团队不断改进装置性能，将双极膜技术应用于海水淡化预处理、淡化水调质、无机和有机酸碱制取、分子筛脱硫、化工废水处理等领域，并逐步实现市场化应用，进入批量生产阶段。同年，高从堦领衔的"海水淡化膜技术应用创新团队"因其对产学研用紧密合作的大力推动，以及在整体研究水平和创新能力上表现出来的卓越性，经由杭州水处理技术研究开发中心牵头申报，入选了浙江省重点科技创新团队。该团队建立了国内一流的膜法海水淡化队伍；建成了浙江省海水淡化技术研究重点实验室、浙江省海水淡化产业技术创新战略联盟、国家海水淡化产业联盟（东南海）和国家海水淡化产业发展试点基地等公共科技创新服务平台及产学研相结合的示范基地；不断开发出面向实际应用的新材料、新技术、新产品、新工艺和新装备，为浙江省海洋新兴产业的发展做出了重要贡献。

在膜分离技术领域，高从堦以其前瞻意识和创新思维引领着整个行业。1998年，他主持了中国工程院"中国可持续发展水资源战略研究"课题中的子专题"海水和苦咸水利用"；1999年，主持国家自然科学基金重点项目（与浙江大学合作）"有机物体系膜分离及膜材料成膜技术"、科技部软课题"加快我国海水利用技术产业发展及政策研究"；2001年，延承1998年中国工程院"海水和苦咸水利用"子专题，针对我国大西北地区的用水问题，主持了"西北地区水资源配置、生态环境建设和可持续发展战略研究"中的子专题"苦咸水利用"课题；2004年，承担中国工程院"海水淡化及海水与苦咸水利用发展建议"专题，高从堦作为第二完成人完成的项目"反渗透复合膜技术产业化"获2004年度中国膜工业协会科学技术进步奖二等奖；2018年，高从堦进一步向国家基金委建议设立"优先选择、强化和促进传递"的重大或重点基金项目，组织精兵强将，用大数据、分子模拟等先进手段，从不同膜过程的热力学和动力学分析入手，形成一批定性和定量的阐述和精确合理的表达式等，形成中国自己的特色，促进膜的传递机理和强化的发展，同时带动和指导膜材料和过程的进展。

高从堦心怀国家、落脚民生的情怀还体现在他科研之余一场又一场的学术报告和演讲中。仅以2011年为例，4月，他在南京召开的"膜科技产业紫金论坛"上呼吁国家加强膜技术在海水淡化领域的示范应用，建议国家支持试点，建设一个日产100万～200万t的膜法淡化系统，并引入城市自来水管网，以缓解北方干旱地区的用水困难；5月，他在"中国膜产业成果与发展（苏州）研讨会"作题为"大力加快膜技术的产业化"的大会主旨演讲；6月，他在"国际海水淡化与水再利用大会"和"2011水业高级技术论坛"上分别作了题为"海水作为饮用水的后处理问题"与"海水淡化面临的机遇与挑战"的学术报告和主题演讲；9月，参加了由山东省人民政府、东北亚地区地方政府联合会海洋与渔业专门委员会在烟台举办的海洋资源科学利用论坛，并作了题为《海水利用（含海水淡化）在中国的发展》的大会报告。可以说，像2011年这样高频次的学术讲座、主题演讲是高从堦高密度的学术教育和传播活动的日常。

作为我国海水淡化领域唯一一位院士、膜分离领域首位院士，高从堦致力于将我国膜领域的研究与开发推向世界，提升我国膜科技的国际影响力，2014年在苏州召开的"第十届国际膜与膜过程会议（The 10th International Congress on Membranes and Membranes Progress，ICOM）"即为一例证。ICOM发起于1984年，是全球膜领域中规格最高、规模最大的学术会议，2014年在苏州胜利召开，这是ICOM自创办30年来首次在中国举办。高从堦与台湾中原大学薄膜技术研发中心教授赖君义、南京工业大学金万勤教授和清华大学王晓林教授共同担任大会主席。会议盛况空前，近10位院士及各膜学（协）会主席等著名学者出席会议并作学术报告，来自40多个国家的1281名专家、学者和专业人士参加了会议，这次国际膜界的盛会全面展示了国际膜科技领域的最新科技成果，也将我国膜科学技术的研究与开发推上了该领域的显著地位。

2018年，因为在膜分离技术领域的重大成就，高从堦众望所归、当之无愧地获得了"浙江省科学技术重大贡献奖"。2019年，获赠中共中央、国务院、中央军委颁发的"庆祝中华人民共和国成立70周年"纪念章。

2024年6月，82岁的高从堦再一次迎来"膜"法人生的高光时刻，他作为第二完成人的成果"新型膜法水处理关键技术及应用"（浙江工业大学为第一完成单位，第一完成人为侯立安院士）获国家科技进步奖一等奖。膜分离是海水淡化、超纯水制备、医药纯化、核污染水处理的关键核心技术，对保障石化、半导体、医药、核能等国家战略产业水安全意义重大。该项目历经十余年攻关，取得新型膜分离原理、膜材料制备、膜法水处理及膜固废后处理全链条技术与工程创新，水平国际领先。建成了超大型海淡工程，国内市场占有率第一；实现了芯片超纯水分离膜国产化；解决了相关药企药物高纯化难题；开发了核污染水处理装备，应对突发核泄漏风险。成果应用于30个省级行政区及24个国家。

站在这个时间节点，回顾高从堦多头并进的科研生涯，可以清晰地看到他几十年如一日密集的巨大的投入和付出，看到他积跬步以行千里的抵达与重大贡献：他作为膜分离技术的开拓者之一，始终围绕膜分离性能与膜材料微结构的关系、膜材料的微结构形成机理与控制方法、应用过程中膜材料微结构的演变规律三个关键科学问题开展研究，完善面向不同应用过程的膜材料设计与制备理论框架，在膜材料的基础理论研究方面取得了重大突破，形成了一系列原创性的膜材料和专有制备技术，包括高性能的反渗透膜、纳滤膜、超滤膜、离子交换膜等，引领了我国膜分离技术的发展；他指导创建了我国膜材料设计与制备、膜组器制作的技术平台，为我国开发具有自主知识产权的高性能分离膜、组器及推广应用奠定了基础，极大地推动了我国膜科学与技术这一学科的建设和发展，以及与化学工程与技术、高分子化学、海洋化学等一级学科的交叉研究。

四、桃李无言　下自成蹊

高从堦在潜心学术研究、科研创新的同时，为构建符合我国国情的海水淡化及膜技术学科、为培养后继人才而殚精竭虑。

1991年，杭州水处理技术开发中心成为国家海洋局第二海洋研究所的研究生定点培养单位，高从堦作为中心的首批导师之一，自此开启了他科学研究与培养人才双轨并进的职业道路。在30余年的教育生涯中，高从堦在杭州水处理技术开发中心、中国海洋大学、浙江大学、中南大学、浙江工业大学等单位，共指导了近130名博士和硕士研究生，为国家培养了大批急需的膜技术领域的青年科技人才。他先后编写并出版的两部教材，均成为膜领域的经典教科书和工具书。2001年，高从堦作为主编之一的《膜技术手册》（时钧、袁权、高从堦主编）由化学工业出版社出版发行；2004年，他作为第一完成人的《海水淡化技术与工程手册》由化学工业出版社出版发行，并于次年获中国石油化工协会科技进步奖二等奖。

现为浙江理工大学化学系研究员的俞三传是高从堦指导的第一个硕士研究生。时至今日，俞三传在谈及师从高从堦攻读硕士研究生的经历时依然饱含崇敬与深情，他说自己师从高老师攻读研究生和从事科研工作，给他感受最深的是老师严谨的治学作风、任劳任怨的工作态度和言传身教的授业风格。无论在治学还是为人处世上，高从堦的悉心指导和谆谆教诲都使他受益终身。当时的教学条件很差，专业课程缺乏教材，高从堦每次上课前都要手写课程讲义，并复印一份给他；在膜材料成膜机理、界面聚合机理等内容的授课过程中，将掌握的最新知识倾囊相授；每当他在论文撰写中碰到问题和难点，高从堦都细心地帮他分析，传授研究的要点和制膜的关键；作为国内复合反渗透膜研究第一人，高从堦手把手地将在国外学到的最新技术和方法传授给了他。

2003年开始，高从堦作为中国海洋大学双聘院士，开始招收第一批硕士和博士研究生；2005年，又开始在浙江大学招收博士研究生；2006年，开始在中南大学培养博士；2013年，出任浙江工业大学全职院士后，于次年起在该校招收研究生。在带学生的过程中，高从堦言传身教，在专业学识上，对学生不遗余力地指导；在工作上，为学生搭建学术平台；在学术研讨时，注重锻炼学生的独立思考能力与实际操作能力。

平时，无论自己的科研工作和任务多繁重，高从堦都要挤出时间指导学生，为学生们提供锻炼和成长的平台。比如，担任中南大学博士生导师后，高从堦给自己定了个要求——只要出差到长沙，不管多忙，一定要在中南大学停留一两天，全程用来指导他的博士生。而为了提高指导的针对性，每次去长沙之前，他都要求他的博士研究生提前写好研究报告并发给他，他则提前阅读，到中南大学后再结合学生的现场汇报，给出具有针对性和建设性的指导意见。平日里，只要看到有价值的文献，就会及时发给学生，帮助他们追踪前沿、拓宽视野。正是秉持着这种传道授业解惑的师者初心，高从堦至今已培养出近130名硕士、博士研究生，有的已成长为海水淡化领域、膜技术领域的中坚力量。现任杭州水处理中心教授级高工的金可勇，1998年从浙江大学本科毕业到杭州水处理中心求职，因得到作为面试专家的高从堦的赏识而顺利入职，继而在2000年7月考取硕士研究生师从高从堦，之后在高从堦的指导下致力于功能分离膜研究，并获得了一系列成绩：2015年，他的研究成果获国家专利金奖；2017年，获浙江省科技进步奖一等奖；2018年，金可勇入选浙江省"151"第一层次人才，承担国家863计划、国家海洋公益科研专项等多个重要科研项目。金可勇作为第一发明人获21项发明专利授权，其中"一种电渗析浓缩的制盐装置"获中国化工优秀发明专利奖。2019年1月，他作为第三完成人参与的"均相离子膜制备关键技术及应用"项目（高从堦为第六完成人），获国家技术发明奖二等奖。金可勇在《学生眼中的高老师》一文中以质朴的语言讲述了导师作为中国膜行业第一位院士带给他们的高起点、高平台："正是有了高老师，我们才得以跻身国内一流研究团队，获得更多出成果甚至是出一些可以填补国内空白的技术成果的机会。"他感激高从堦作为导师对弟子在专业上的悉心指导，更为其在日常工作与生活中的无言身教而感动。他说："高老师作为老一辈知识分子，境界与觉悟非常高，令我印象深刻的是高老师出差，总是拒绝享受院士该有的差旅规格，交代我们买机票不要买头等舱、公务舱，他坐经济舱就可以了；也不需要安排豪华套间，住普通房就行；在公费开支上带头严格践行节约原则，力求将每一分钱都花在刀刃上。高老师还是一个非常勤于学习、善于接受新事物、善于向年轻人请教的人，也是一个心有大爱、乐于助人的长者。如果说我在研究之路上有所斩获，那要感谢高老师给予的机会和扶持。"

而如今在中国海洋大学化学化工学院化工系担任博士生导师的徐佳教授，是高从堦在中国海洋大学指导的硕博连读的研究生。2003年，徐佳考上研究生后就加入了高从堦的课题组。徐佳说高老师指导研究生时非常尊重学生个人的学术追求，允许他们自己选择方向，有些同学选了膜制备，而她和另一位同学王玉红则选择了分离应用。当时，中国海洋大学尚没有相关实验室，而山东黄岛发电厂正在与国家海洋局天津海水淡化与综合利用研究所合作筹建一个膜法海水淡化的示范工程，高从堦就亲自出面与相关单位协调，让她和王玉红到山东黄岛发电厂去做实验，进行现场学习，甚至用自己的经费在示范工程边上为她们建造了实验设备齐全的集装箱实验室。自2004年开始，徐佳与王玉红便一直驻守在位于胶州湾西海岸的黄岛发电厂的集装箱实验室，直接取海水做实验，相比较其他实验室采用配置出来的模拟海水做实验，这一做法有着得天独厚的优势，这种真实的自然条件对于膜应用实验至关重要，尤其是可以观测到极端天气时海水对膜产生的影响；而模拟出来的海水对于应用研究的价值就相对较弱。徐佳在接受笔者访谈时，讲述了那段特殊的科研经历，为了保证科研数据的可靠性，无论是酷暑还是寒冬，她们都坚守在没有空调的集装箱实验室里，晚上也需要采集数据，如今这些都成了闪闪发光的记忆。这段经历对她的科研道路产生了重要影响，自2005年起她将自己的主要研究聚焦于面向海水资源综合利用的分离膜技术，正缘于此。徐佳说，恩师为她们所创造的科研环境是很不容易得到的条件，除了巨额的科研经费，派驻研究生到发电厂做实验还需要办理很多手续。她说现在自己也是博士生导师，却没有能力为学生创造这么好的科研条件，更做不到为研究生特地建一个集装箱实验室。她非常感激恩师为培养研究生所投入的大量精力和经费、不遗余力为学生提供不可复制的科研平台。2007年6月，徐佳提出希望出国深造，高从堦第一时间就帮她联系好了加拿大滑铁卢大学的冯献社教授，仅在3个月之后，她就以奇迹般的速度抵达了加拿大滑铁卢大学，开启了留学深造之旅。徐佳特地讲述了恩师为她修改博士学位论文的过程："我每写完一章就发给高老师，而高老师收到后总是第一时间修改，大到论点、框架，细到词句、标点，都予以一一修改，因此我的博士学位论文完成得非常顺利。"即便读博期间在加拿大做访问学者，徐佳也提前一年完成学位论文并通过答辩，获得了博士学位。

高从堦对学生的培养是全方位的。他经常教导学生："做科研要顶天立地。'顶天'就是对膜领域最前沿的一些问题开展最基础的研究，做一些原创性的工作；'立地'就是要把这些原创性的工作真正落地实施。"他会为学生提供前沿的信息和有效的建议，重视培养学生的思维能力与思维方式，他强调"科学研究一定要促进整个行业的发展，而不仅仅是为了发论文、拿项目以及获奖"。他教会学生如何让科研成果走出实验室，如何耦合产业链。他的科研观深深地影响着学生，就如徐佳说，她自己取得一些成果，都是因为从高老师的言传身教中获得了正确的科研观及方法。

2006年，中南大学有色金属冶金学专业博士生导师张启修教授向高从堦发出邀请，请他兼任该校的博士生导师，高从堦欣然答应，但提出一个条件：不要任何报酬。曾理、陈家武是高从堦在中南大学培养的第一届博士。曾理回忆："2009年11月，高院士到中南大学，上午为冶金与环境学院师生作了近2个小时的学术讲座。午饭后，近70岁的高院士也没顾上休息，就召集几位博士生，集中听取了大家的课题进展汇报，逐个给出针对性的意见。"陈家武则说："我的博士学位论文在盲审时5个专家都给了优，这离不开恩师的指导。不管是邮件还是面授，高老师说得最多的是要瞄准专业前沿，找到创新点，他总是鼓励我，要克服困难，攻克科研中的种种难点问题，不可急躁。有一次，我在做膜生物反应器在冶金中的应用实验设计时，遇到了关键难题，高老师连发几封邮件，帮我找问题，想办法，直至问题解决。还有一次，他应邀来中南大学冶金与环境学院作学术报告，其间特地来到我的实验室，了解实验进度和研究进展，在对实验设计、实验过程进行仔细查看后，对我的实验进展给予了肯定，并提出了宝贵的指导意见。除学习方面的指导外，高老师也很关心我的生活，他经常对我们讲，做学问是很辛苦的，特别是攻读博士是一项巨大工程，要注意身体，身体是革命的本钱嘛！"

2013年，高从堦成为浙江工业大学的全职院士，他非常注重与本科生的交流，激发他们的科学理想。如2017年，他为浙江工业大学海洋技术专业2016级本科生作主题为"膜分离科技的进展"的讲座，针对本科生的特点，从膜的材料选择、制备、膜的结构和性能的表征、膜的分离机理以及膜的应用等多个方面进行深入浅出的讲解；为了让同学们对膜有直观的认识，高从堦特地带了两片海水淡化膜到课堂上，展示给同学们。类似这样的讲座有很多次，对海洋技术专业的本科生而言，这样的专业教育课激发了他们对膜技术的兴趣，提升了专业抱负水平，拓宽了学术视野。

令人动容的是，院士高从堦及其家人都过着很俭朴的生活，他基于朴素的教育理想——"培养人才是我的义务"——接受中南大学等高校兼职担任博士生导师的邀请时，提出的唯一要求是不要一分报酬，不仅如此，他还非常慷慨地将自己的积蓄捐赠出来，用于支持教育事业，促进高校的学科建设、人才培养和师资队伍建设。2007年，他就在浙江大学设立了一个30多万元的奖学金；2016年，他向中国海洋大学教育基金会捐赠100万元，用于奖励那些培养出优秀学生的老师以及学业突出的学生；2019年，他又向浙江工业大学教育基金捐赠100

万元，下设两个子基金项目，即"高从堦奖学金"与"高从堦卓越基金"，前者用于奖励该校品学兼优的研究生，后者用于表彰在指导青年教师中做出卓越贡献的优秀导师。难能可贵的是，高从堦的每一次捐赠决定都得到了家人的支持；且出于一贯的低调作风，每一次他都要求不搞捐赠仪式、不做新闻报道。当谈及自己捐赠的初衷时，他说："我作为科研工作者和教育工作者，要始终秉持做人做事的原则，要有理想、有信念，要知奋斗、懂感恩、讲传承。老师最重要的是为学生指明前进的方向，鼓励他们为理想努力奋斗，激发创新，并让这种激励一代代传承下去。希望通过这个基金为学校培养更多的优秀教师和学生贡献一份力量，也能为国家输送一批又一批的优秀科技人才。"

作为学科带头人，高从堦不遗余力地构建创新团队，探索通过协同创新促进企业、高校、科研院所在人才培养、平台建设、科学研究和产业化等方面实现产、学、研、用开放合作发展的新模式。如自2009年起，高从堦作为浙江省重点创新团队海水淡化膜技术应用创新团队的带头人，在团队建设过程中，推进了共建单位和团队成员之间的产、学、研、用紧密合作以及科技人才的培养与成长；不仅建立了国内一流的膜法海水淡化队伍，还建成了浙江省海水淡化技术研究重点实验室、浙江省海水淡化产业技术创新战略联盟、国家海水淡化产业联盟（东南海）和国家海水淡化产业发展试点基地等公共科技创新服务平台和产学研相结合的示范基地。至

2014年验收时，该团队已成为国内一流的海水淡化膜技术应用创新团队，巩固了浙江省海水淡化技术的创新领先地位，为浙江省海洋新兴产业发展做出了重要贡献。2014年，他以极大的热忱在浙江工业大学组建了膜分离与水处理协同创新中心，该中心入选浙江省第三批2011协同创新中心，同时他构建了校所企及国家间深度融合的新型协同创新体，培养了一批人才，突破了一些重大关键共性技术，取得了一些技术先进、国内外市场占有率高的产业化成果，成果应用覆盖20余省市200多家用户，社会效益和经济效益显著，先后获得多项国家技术发明奖、国家科技进步奖及省部级科技奖励，浙江工业大学的膜分离与水处理研究由此步入了快车道。

如今已到耄耋之年的高从堦，依然葆有一种澄澈的少年气——见过他的人，大抵会产生"问渠那得清如许"的讶异，旋即会有"为有源头活水来"的释然。也许是因为他的生命蘸染了第一故乡青岛熠熠的蓝，又浸染了第二故乡杭州葱郁的绿，而他的衬底却是一片纯粹洁净的白。他那看似波澜不惊的生涯动线里布满乘风破浪、奋楫前行的痕迹；他那自带净化系统的精神世界里没有个人得失的思虑，只有科技兴国的信仰、产业济世的情怀和奖掖后学的气度。他说："我是一名科技工作者、教师，我要尽我所能奉献于国家和社会，推动海水淡化和膜技术事业的发展。虽然我年事已高，但我仍要保持聪敏耳目，继续见证我国科学事业的腾飞。"

高从堦，将自己概括为：为一张"膜"奉献一生的人。

1942年 1岁

11月12日（农历十月初五），出生于山东省即墨县下泊公社西元庄村（今青岛市即墨区通济街道西元庄社区）。

西元庄村离青岛市区仅30公里之遥，青岛至济南的公路与铁路从村南穿过，因此交通非常便利。村庄很大，共有300多户人家。高姓是村子里最大的姓。

高家世代居住在西元庄村，祖父讳玉深，是干庄稼活的一把好手，闻名乡里，靠着精通各种农活与辛勤劳作让全家人过上了富足的生活。祖父心地纯良，那个年代穷人多，断粮是穷人家常有的事，他就在自家的庄稼地里搭了一间小棚，在里面存放一些土豆番薯等杂粮，小棚的门从来不上锁，附近家中断粮的村民可以自行到这间屋子里取食物。村里穷苦人家有人去世，办不起丧事，祖父会送去所需钱粮。高从垲记得他祖母去世时，村里人纷纷赶来送殡，以回报高家的恩德。

高玉深有两个儿子，长子炬业，次子炳业。高玉深虽然是农民，但他希望子孙都能成为有文化的人，因此将两个儿子都送入了学堂，他的孙子孙女也都上过学。

高炬业后来成为一名教师。

高炳业即高从垲之父，字鸿文。年少时在距家3公里处的城阳榨油厂当学徒，学徒期满后，与另两位学徒合伙开了一家五金行，店铺位于青岛市即墨路18号。高父人品好、能力强，被推举为经理，由此成了一名小业主，经过多年的辛苦经营，积累了些许家产。20世纪50年代初公私合营时，高家的财产总值大约相当于3辆自行车。

高从垲母亲金氏讳秀谟，本是即墨县大金家村人，距离西元庄村约5公里，高从垲外祖父家境也比较殷实，育有一个儿子五个女儿，高从垲母亲是第四个女儿。

高炳业与金秀谟共育有6个子女，依次为长女高淑馨、长子高从壎、次子高从墀、三子高从垲、四子高从圻、小女高惠蘋。高家祖上以金木水火土五行偏旁字为各辈男丁取名，"从"是高从垲这一代的辈号，名则以"土"为偏旁。"垲"为"阶"的异体字，1956年12月，国家有关部门发布《第一批异体字整理表》，该表共收异体字810组，选出810个为正体字，1055个为异体字，自次年2月起，全国出版的报纸、杂志、图书一律停止使用这些异体字，这些异体字中就含"垲"字，因此，高从垲早年的成果署名有较多的被印刷为"高从阶"，以知网查询到的论文署名为例，1983年至2001年有27篇被印刷为"高从阶"（印刷为"高从垲"的有29篇）。一直到21世纪初，计算机排版普及，汉字字库越来越大，异体字的输入与其他正体字同样便捷，署名才统一为"高从堦"。

1946年 4岁

本年前后，在大姐高淑馨的辅导下，开始学习简单的算术和汉字。

大姐高淑馨出生于1933年，读过4年小学，在中国农村的同辈女性中，高淑馨已经属于文化程度较高的人了。长高从堦9岁的高淑馨对天资聪慧的弟弟很是喜爱，经常教他学习简单的文化知识，高从堦掌握得很快。因此，高从堦的早慧也得益于大姐的关爱与开蒙。

其时，父亲是青岛阜华五金店的经理，每个月回家一两趟，每次都是周六回，而且每次都提前告知家人。父亲回家的这一天，哥哥姐姐会带着高从堦一起到村口去等候父亲。

1948年 6岁

9月，进西元庄小学读书。

其时，高从堦尚不足6周岁，大姐高淑馨认为以高从堦的智力完全可以进小学读书了，且父亲在城里忙于五金店的生意，母亲忙于农活和家务，五六岁大的小孩如果不进学堂，就只能天天在家玩耍，荒废时日，于是本年秋天15岁的姐姐高淑馨拉着不足6岁的弟弟高从堦，将其送进了小学。

西元庄是个规模较大的村庄，适龄上学儿童较多，这一年上学的孩子大约有30多个。老师是村里人，一个人既教国文又教算术。

西元庄小学是新式学堂，虽不是旧私塾，但学校的教育依然保留一些旧式教育的做派，比如老师可以体罚学生，用戒尺打学生手心或用藤条打学生脖子。高从堦清晰地记得自己唯一一次被打的经历：上课时，同桌问他一个问题，老师就认定他们在交头接耳，于是用藤条打了他和同桌。

谈起5岁多就得以上学的往事，高从堦很感激大姐，他经常说，姐姐的这一举动决定了他一生的命运，他总是感慨："有姐姐，是一件很幸福的事。"高淑馨在校学习成绩很好，能力也很强，但此时她已经有三个弟弟，在读了4年小学后不得已辍学，在家中帮助母亲干农活，并照顾三个弟弟。2023年7月6日，笔者访谈高淑馨时，她已经90岁高龄，除了耳朵略有失聪，身体依然健朗。和笔者聊起弟弟高从堦的求学往事，兴致盎然，滔滔不绝，语流顺畅，表达清晰，言语中始终带着自豪。

因为高家房间较多，有9间房，有一段时间东厢房曾经住过几个国民党官兵。高从堦回忆说，国民党官兵在村里像土匪一样为所欲为，随意拿走甚至是抢夺老百姓家的财物，高家有一棵大苹果树，就被国民党部队以修工事为名砍走了。

1949年 7岁

2月，进入西元庄小学初小。

5月26日，中国人民解放军攻克即墨县城，即墨全境解放。高从堦自此开始接受新中国的学校教育。

高从堦清晰记得当时解放军驻扎在村里的一些情况，他回忆道：解放军官兵对老百姓非常尊重和爱护，不拿老百姓的一针一线，在老百姓家吃饭，每人每顿给2毛钱，从不赊账。也不打扰老百姓，晚上都睡在户外。

姐姐高淑馨因为有文化，又能说会道，懂得协调沟通，解放军驻扎在村里时，高淑馨就为部队做后勤工作，具体工作是负责安排解放军的一日三餐，比如安排到哪户人家用餐、饭菜标准等；还负责记账，发放解放军支付给老百姓的饭钱等。

新中国成立后，公私合营时，父亲进入青岛一家五金公司，从事老本行。而母亲、大姐和大哥则继续在西元庄务农。

1951年 9岁

9月，就读小学四年级。

被选为少先队队长。高从堦虽然年龄比同班同学都小，但因为天资聪颖，认真好学，成绩优异，兴趣爱好广泛，喜欢参加文艺活动；虽然个子小，但在劳动中很积极，参加很多诸如搞卫生、种树等活动，从来不偷懒，加上他品性纯良，性格谦逊和善，老师和同学都很喜欢这位小同学，因此推举他为少先队队长。

长姐高淑馨回忆说："从堦从小爱读书，每天放学回家，第一件事情就是做作业，做完作业再跑出去玩。"

1952年 10岁

9月，在南万高小西元庄分班读高小。

南万高小距离西元庄有3公里，此前没有在西元庄设立分班，西元庄去南万高小上学的孩子要每天步行，来回6公里。适逢该校本年在西元庄设立分班，高从堦得以在本村读完高小。

长姐高淑馨说弟弟从堦从小勤快懂事，北方入冬后天气很冷，读高小时，10岁的高从堦是全家最早起床的人，他起床后就烧一大锅热水，自己洗漱完后，将剩下的热水用锅盖盖严实，母亲起床后就可以直接洗上热水脸。

本年是中国人民志愿军抗美援朝战争的第三年，美国罔顾国际公约，对中朝部队使用细菌弹，还在我国东北、山东青岛等地区撒布带菌物和毒虫。童年的高从堦心里早已种下爱国的种子，美国的恶劣行径激起了高从堦强烈的愤慨。他和同学们在老师的指导下，积极参加支持抗美援朝的各种课外活动，如捕鼠灭蝇，宣传反对细菌战、反对战争、热爱和平。这一段经历更激发了高从堦的学习热情，他立志要苦读修身，长大后为建设强大的国家奉献力量。

1954年 12岁

7月，小学毕业，考入即墨第二中学。

高从垲在高中时写过一篇题为《自传试写》的总结，回忆小学毕业前老师给他们做思想动员工作的情景，老师教育他们："考上初中就能学到更多的知识，日后就有希望上高中、上大学；考不上的同学要愉快地回到农村，参加农业劳动，建设祖国。行行出状元，在农业战线上一样能发挥自己的力量。"虽说行行都可以出状元，但少年高从垲依然渴望能够上中学、读大学，因此努力学习，成为西元庄全村仅有的两名考入初中的少年之一。

9月，开始初中阶段的学习。

因为即墨二中离家很远，有十多里地，所以高从垲就住校，每星期六晚上回家，星期天晚上返校。

进初中伊始，未能很快进入学习状态，一方面未能合理地安排时间，将很多时间与精力花在少先队活动上，比如出黑板报、做监督岗等；另一方面，学习尚不得法，除语文课外，其他课都不记笔记，第一个学期每次考试总是仅得60多分。

本年，大姐高淑馨与西元庄小学教师张瑞仁结婚，高父为她准备了一台缝纫机做嫁妆。大姐为人正派，有小学文化，会记账，中华人民共和国成立后村里安排她负责西元庄小学老师的用餐等事宜，她因而结识了在西元庄小学当老师的张瑞仁，并喜结连理。

二哥高从墀从青岛十一中初中毕业，报名参军，进入海军学校。高从墀身材魁梧，体格健壮，因此顺利地被海军学校录取。

1955年 13岁

2月，初一年级第二学期开学。第一学期考试成绩很不理想，高从堦自己总结为"草草收兵"，这样的成绩让高从堦感到沮丧，但也催他奋发。自本学期，开始重视课程学习，认真听课，每门课都认真做笔记，注重预习和复习，因此进步很快，期末考试各课程的平均分有87分多。

9月，升至初中二年级。因为前一学期的成绩优异，加上高从堦为人和善，性格活泼开朗，多才多艺，又热爱劳动，因此被推选为少先队的大队委员。

初中第二学年功课很多，有的功课很难学，比如化学课、几何课的平时测试都曾得过2分（满分为5分），但高从堦打小就有很强的学习主动性，他利用课余时间，自己花大力气学好了这些课程。

1956年 14岁

初二年级结束后的暑期，参加了青岛航海俱乐部组织的少先队夏令营。

初中时期的高从楷对课外科技活动表现出强烈的兴趣，他参加了学校的航海模型小组，学习制作模型。因为他有这一兴趣爱好，加上各方面表现优异，得到学校少先队队部的推荐，参加了本次夏令营，地点在位于青岛市嘉峪关路的海军子弟学校（现为青岛嘉峪关学校）。在这次活动中，高从楷初步了解了各种舰艇的构造、功能、重大用途等方面的知识，学习了绘画和舰船模型制作技能。在俱乐部老师的指导下，每个同学都制作了帆船模型，高从楷制作的帆船模型大约有一尺长，有主次两个帆，船底还加了一块铅以增加船体重量，保证帆船模型放入海中时不会被风浪掀翻。有一次他和同学们一起带着帆船去海边摄影，有同学的帆船随风浪飘出了游泳安全网（防止鲨鱼进游泳水域的网），航海俱乐部派出船只，将他们的小帆船收了回来，由于模型制作得精密坚固，竟然没有被风浪损坏。高从楷还学会了在大海中游泳。他在高中时写的《自传试写》一文中讲述了这次夏令营活动中一些印象深刻的记忆："我记得在来到目的地时受到教员的热烈欢迎。晚上，由于我只带了一条被单，教员李树才看到后，马上给我盖上一条被子，当时我正睡得很熟呢。我们每天学习喜欢的东西，学画画，我画得很不好；每天中午洗海澡；进行了一次野营，露宿于汇泉山，晚上还进行站岗抓特务的游戏。在最后一天的晚上，我们和海军叔叔联欢，大卡车载着海军叔叔开来了，我们高喊'海军叔叔好'，海军叔叔也喊'小朋友们好',并热情地和我们握手,篝火烧起来,在手风琴的琴声中,我们和海军叔叔一起围着篝火唱歌跳舞。""在那短短的几天里,我认识了一个同学叫李永忠,在九中高一(4)班学习,在学校也是积极分子。聊天中,我就建议他争取入团,他决心尽早加入。"本次暑期夏令营活动使高从堦深深爱上了大海,更激发了他探究海洋世界的好奇心。时至今日,谈及少年时的这次夏令营,高从堦依然一再击节赞赏。

二哥高从埠进入海军学校后,经常写信给高从堦,鼓励他好好学习。因为二哥在初中阶段学习不是很努力,成绩一般,而进入海军学校后必须学习与海军相关的复杂知识与技能,比如舰艇结构与驾驶等,二哥深感学习的困难,后悔初中没有好好学习,他在信中将自己的这种切身感悟告诉弟弟,鼓励弟弟一定要努力学习。而高从堦在二哥的鼓励下,学习动力越来越强,且对与海洋有关的知识以及活动倾注了很大热情。

9月,升至初三。

12月,加入中国新民主主义青年团(1957年5月,在中国新民主主义青年团第三次全国代表大会上改名为中国共产主义青年团)。升入初三后,高从堦经常去听团课,深入了解了中国新民主主义青年团,并萌发入团的愿望,他向团支部提出了入团申请,因为高从堦的全面发展,团组织批准了他的入团申请,介绍人为同班的团员逄立讲和韩守广。

其时,高从堦更有志于成为一名地质勘探队员。

1950年2月17日，毛泽东在访问苏联期间，前往中国驻苏大使馆看望中国留学生，并为学习地质专业的学生题写"开发矿业"四个大字。20世纪50年代初，青少年纷纷把"为祖国寻找宝藏"作为自己的人生理想，时代的号召力与感染力使得少年高从揩也立下了这一志向。而高从揩所在班级的班主任姜老师正好是教地理的，姜老师有丰富的地理知识，在课堂上介绍祖国的大好河山、丰富的矿产资源及其分布，告诉同学们祖国大地上有很多矿藏尚待开发，以此激发同学们的爱国情怀，姜老师的课更坚定了高从揩成为一名地质勘探队员的志向。高从揩懂得地质勘探队员必须拥有强健的体魄，于是他坚持体育锻炼，长跑、双杠、打球都是他擅长的项目。如今，82高龄的高从揩依然清晰记得当年与同学们一起高唱的《勘探队员之歌》："是那山谷的风，吹动了我们的红旗，是那狂暴的雨，洗刷了我们的帐篷。我们有火焰般的热情，战胜了一切疲劳和寒冷。背起了我们的行装，攀上了层层的山峰，我们满怀无限的希望，为祖国寻找出富饶的矿藏……"

1957年　15岁

2月，初三第二学期开学。

进入复习阶段后，高从揩一方面认真复习，力争考上高中；另一方面也做好了万一考不上就回乡参加农业劳动的心理准备。当时的农村正在搞"高级农业生产合作社"，高家已经加入了"高级农业生产合作社"，母亲、大哥、大姐都是农民，高从堦的祖父是闻名乡里的庄稼活的好把式，因此高从堦觉得从事农业劳动也会很有作为。

7月，初中毕业，考取青岛第九中学。

> 青岛第九中学的前身是著名汉学家、德国人卫礼贤在清光绪二十六年（1900）创办的"礼贤书院"，这是青岛近代史上第一所中学。1919年，"礼贤书院"改名为"礼贤甲种商业学校"。1923年，改为普通中学，更名"私立礼贤中学"。1931年，设置高中工程科。1952年，更名为"山东省青岛第九中学"。作为一所百年名校，青岛第九中学"名重齐鲁学界"，为国家培养了大批杰出人才，如两院院士、共和国"两弹一星"元勋王大珩，中国科学院院士曲钦岳、解思深、朱兆良，中国工程院院士陈秉聪、高从堦、戚颖敏、谢立信等，因此有"学在九中，院士摇篮"的美誉。

9月，进入青岛第九中学，开启高中阶段的学习。

因为入学考试成绩优异，被编入了高一（1）班，学号为"九高字第60009"。

高从堦从小就是一个勤奋的人，而九中深厚的文化底蕴、"博学求实"的校风以及知识渊博的老师、勤奋好学的同学更加激发了他的学习冲劲，他以积极上进的姿态、勤奋刻苦的精神、严格的自我要求投入了高中的学习生活。

读高中后，高从堦住在父亲单位的集体宿舍。父亲单位离学校大约有五六里地，高从堦从周一到周六每天步行往返（每周休一天）于父亲单位与学校之间，风雨无阻，所以必须每天天没亮就起床，这样才赶得上第一节课。这三年的通校生活，磨砺了他坚强的品格和坚忍的意志。

1958年　16岁

高一年级的第二学期，参加了劳动实践。同学们一般都在学校的木工厂、纱包线厂和烤胶厂里劳动，高从垲在劳动实践中学会了木工、拔丝、纱包、烤胶等技能。此外，学校还组织学生到海港装卸、搬运东西。高从垲在劳动实践中不怕累、不怕脏，被评为积极分子。

高中阶段的高从垲生活上已经很自立，日常生活基本上都是自己安排，比如自己洗衣服等。

9月，进入高二，担任了班级团支部宣传委员。

1959年　17岁

自本年至1961年的3年间，农田连续几年遭受大面积自然灾害，出现全国性的粮食和副食品短缺危机，新中国面临成立以来最严重的经济困难，史称"三年困难时期"。高从垲家里人口多，加上这个年龄段的男孩正在长身体，因此经常会吃不饱，但高从垲很懂事，他在学校尽量少吃点，多攒一些粮票，放假时带回家，交给母亲。假期在家则和家里人一起吃只掺了一点点面粉的菜团子。同时，在学习上他也从来没有松懈。

7月，高二年级结束，学校给高从堦的品德鉴定为："关心班集体，对工作认真负责，热情地帮助同学，和同学们打成一片。劳动很积极。评为甲等。"

1960年 18岁

2月，进入高三第二学期，与同学们一起全力准备高考。

3月，获评青岛九中"四好学生"（即政治思想好、业务学习好、身体健康好、生产劳动好）称号。

6月，填报高考志愿，初填北京化工学院化学专业，后改为山东海洋学院海洋化学系。

高从堦立志攻读化学专业，源于青岛九中刘宗锷老师讲授的化学课。高从堦至今对刘老师的化学课记忆犹新，刘老师在课堂上饶有趣味地讲解化学的种种奇妙之处以及日常生活中常见的化学知识，他不仅系统深入地讲授高中化学，还提前讲授了大学化学的一些知识；刘老师的化学实验课很有趣味，他自己动手制作了一个小型烤胶工作间，用于给学生上实验课。刘老师的课犹如一把神奇的钥匙，为高从堦打开了奥妙无穷、丰富多彩的化学世界，激发了他对化学领域的向往，那时的他对自己未来学习和从事的专业具有很明确的目标："化学真有意思，我要去北京化工学院学化学！"因此，在填报高考志愿时，高从堦毫不犹豫地填写了向往已久的北京化工学院化学专业，而以他的成绩与能力也能够抵达这一目标。

其时，高考需要政审，高从堦的父亲新中国成立前在青岛与人合伙开了一家小五金商行，母亲、姐姐、哥哥等均在家务农，家里曾经有14市亩土地和9间房屋，因此家庭成分就被划定为中农，学校团总支书记担心北京的高校会因为高从堦的家庭成分而不录取他，劝他报考青岛当地的高校，加上高从堦初中曾参加青岛市航海俱乐部的少年夏令营，就此与海洋结缘，与海洋相关的专业也是高从堦喜欢的，于是他就填报了山东海洋学院海洋化学系。

7月，参加高考。

同月，高中毕业。据填写于1960年4月的《山东省高中毕业生登记表》记载，从第一学期到第五学期，高从堦的操行评定均为甲等，学校总是在学年的品德鉴定上这样评价高从堦："关心班集体，对工作认真负责。热情地帮助同学，和同学们打成一片。劳动很积极。"

高从堦一直铭记母校青岛九中的培养，后来曾向青岛九中捐赠1万元，作为校园树木的维护费用，这笔款捐赠的时间较早，当时是他的大部分存款。

8月，被山东海洋学院海洋化学系录取，考试成绩居当年海洋化学系全班第一名。高从堦所在的高三（1）班有两位同学考进山东海洋学院，另一名同学向仲观录取在海洋系。

9月，进入山东海洋学院海洋化学系学习，学号为20228。

> 山东海洋学院的前身是创建于1924年的私立青岛大学，它是山东第一所本科起点的现代大学。1928年，因北伐战争停办。1930年，在原私立青岛大学校址上成立国立青岛大学，学校渐次增设海边生物学、海洋学、气象学等与海洋相关的学科，为后来海洋、水产等学科的发展奠定了基础。1932年，更名为国立山东大学。1937年，因抗日战争爆发，学校被迫迁往四川万县，并于次年停办。1946年，在青岛复校。之后，创设了海洋研究所、水产系和水产研究所。1951年，与华东大学合并，定名为山东大学。1952年，全国高等院校院系调整，厦门大学海洋系理化组的部分力量与学校海洋研究所合并，成立了海洋系。1959年，更名为山东海洋学院。1988年，更名为青岛海洋大学。2002年，更名为中国海洋大学。是国家"985工程"和"211工程"重点建设高校，2017年入选国家"世界一流大学建设高校"（A类）。

该校的海洋化学系成立于1959年，是年9月开始招生，招生规模为30人左右，一个行政班，高从楷所在的1960级为该系招收的第二届学生。

进校后，海洋化学系主任闵学颐教授为新生作报告。

当时正值三年困难时期，18岁的高从楷与大家一样经受着粮食匮乏、营养不足的煎熬。虽然物质生活比较艰苦，但同学们的学习热情依然很饱满，高从楷回忆说："我们这些目睹过战争、饥饿和苦难的同学们，一心想的是建设祖国、为祖国奉献一生，所以非常珍惜上大学的机会。"除了努力学好各门课程，高从堦还与同学们一起参加抗灾斗争。他和同学们曾经到位于青岛郊区的棘洪滩村打井垦荒，虽然身体很疲劳，但他们干劲冲天，高从堦还写了一首诗，大意是："师生抗灾棘洪滩，犁地播种挥热汗。饥渴劳累全等闲，金秋丰登尽笑颜。"本来想自己在空闲时间为大家朗诵，谁知被领队杨靖先教授看到了，他坚持要亲自朗诵给同学们听，这首诗鼓舞了大家的劳动干劲。

大学一年级的第一学期，高从堦与同学们在即墨县南泉公社参加了为期两个半月的"三秋劳动"（秋收、秋耕、秋种），主要劳动有种菜、收割庄稼、挖茅草根等。此后每个学期都下乡参加农业劳动，劳动地点有南泉农场、即墨北村、崂山县城阳镇、小寨子、南町、北町及青岛市南大窑、田家村等，一般每次10天左右，主要是夏收夏种和秋收秋种（共2个月）。此外，还参加校内外的分散劳动和其他义务劳动。

本年前后，参加义务献血，并因此患了坏血症。

其时，青岛钢铁厂有个工人被严重烧伤，送往青岛医学院附属医院抢救，抢救过程中急需"O"型血，听到消息的高从堦和同班同学都急急赶去医院，要求献血，经化验，高从堦正好是"O"型血，当即为那位炼钢工人献了血。由于当时粮食和副食品依然匮乏，高从堦自身体质也不是很强，身体处于营养不良的状态，献血后得了严重的坏血病，病情一度很严重，幸好得到青岛医学院附属医院一位老中医的医治，用中药调理了一年多，才没有了性命之忧，但高从堦的身体在之后很长一段时间里都比较虚弱。后来有同学曾经问高从堦是否后悔献血，他当即答道："不后悔。救人要紧，谁面临这样的时刻都应该做出这样的选择。"高从堦的大学同班同学、国家海洋局杭州水处理技术开发中心研究员鲁学仁和刘玉荣对笔者讲述起这段往事，言谈之中充满敬意，鲁学仁说："在三年困难时期，同学们的身体都处在营养不良的状态，有的还得了浮肿病，在那个条件下，献血是有风险的，因此我们大家对高从堦始终很佩服。高从堦在献血后很长一段时间，看上去总是面黄肌瘦的。"

1963年 21岁

9月，进入三年级，担任本专业的学习股长。

当时，山东海洋学院海洋化学系每个年级一个班，共有5个班，每个班有一个学习委员，一个系设一个学习股长，学习股长负责召集5个班的学习委员开会，讨论同学们在学习中遇到的各种问题以及解决办法，督促各班的学习委员组织好班级同学的听课、实验、自学、作业、复习、考试等学习的各环节。虽然当时食品等物资比较匮乏，生活比较艰苦，但高从堦和同学们都经历过旧中国的战争与苦难，他们珍惜上大学的机会，始终保持着良好的学习状态，从政治课程到专业课程再到外语，每一门课都学得很投入、很扎实。

1964年 22岁

5月中旬至6月下旬，实习。实习的主要内容为气象调查方法、海洋化学调查方法以及资料整理。其中有2周的实习在北海舰队的军舰上完成，主要目的是让学生能够适应舰船及在海洋上航行。在海上，高从堦克服风浪带来的晕船等身体不适，努力拉近自己与大海的距离。

1965年 23岁

7月，从山东海洋学院海洋化学系本科毕业。

毕业前，高从堦遵照毛泽东同志"我是革命一块砖，哪里需要往哪搬"的教导，在"高等学校毕业生登记表"的工作志愿一栏填上："服从组织分配，服从党和国家的需要。"

在山东海洋学院5年系统而深入的学习，为高从堦后来的研究工作打下了宽厚坚实的专业基础。高从堦总是说自己不是班级里禀赋最好的学生，但他坚信勤能补拙，所以学习非常刻苦，长姐高淑馨向笔者讲述了一个细节：高从堦读大学期间，有一回姐弟俩一起坐公交车出行，弟弟一直捧着书看，姐姐就让弟弟不要在公交车上看书，高从堦回答姐姐："我的专业是化学，属于理科，理科的课程难度较大，一定要花大力气才能学透。"还有一个佐证是，当时的大学，学生的第一外语基本上都是俄语，高从堦从大一开始学习俄语，但在五年级时，山东海洋学院从同学中选拔出俄语成绩优秀的人，为他们增开英语课，海洋化学专业有10个同学入选英语班，高从堦即在其列。从高从堦的"高等学校毕业生鉴定表"上可见，他的"无机化学""有机化学""物理化学""物质结构""普通海洋学""海洋化学""仪器操作"等专业主干课程成绩均为优秀，5个学年的总成绩在班级同学中排名前三。

在山东海洋学院得遇恩师闵学颐教授，是高从堦迈上为水和膜奋斗之路的催化剂。高从堦高考时报考化学系是受了高中化学老师刘宗锷的影响，而报考山东海洋学院则是虑及家庭成分；刚进大学时的高从堦，对大学毕业后的职业生涯并没有非常清晰的思考和明晰的规划；而闵学颐教授的指导在高从堦心里埋下了一颗立志研究膜分离技术的饱满的种子。

闵学颐（1927—1968），时任山东海洋学院海洋化学系主任、教授，高从堦刚进大学时，就听了闵学颐的报告，后来"物理化学""热力学"等专业课程均由闵学颐讲授，高从堦说这些课都是他后来从事海洋化学研究的基础。更为重要的是，闵学颐当时正致力于海水淡化反渗透膜的研究。据高从堦介绍，20世纪60年代初，美国加利福尼亚大学的科学家索里拉金（Srinivasa Sourirajan）和劳伯（Sidney Loeb）使用醋酸纤维素研制出了世界上第一张可实用的反渗透膜，脱盐率高达

98%。1963年，闵学颐敏锐地意识到膜技术是海水淡化发展的新方向，也必然会成为海洋化学的重大研究领域，于是就带领同事启动了海水淡化反渗透膜的研究，开了我国反渗透膜研究的先河，闵学颐也因此成为我国膜技术的奠基人之一。同时，闵学颐着手培养该领域的科技力量，他组织一批有志于此的教师投入其中，而勤奋刻苦、成绩优异、专业能力较强的高从堦等同学也由此结缘膜法海水淡化技术。

高从堦在毕业环节幸运地得到了闵学颐的悉心指导。在闵教授的直接指导下，他完成了题为"海水电导率与海水温、盐（密度）关系"的毕业论文，论文主要内容为："用交流或直流电导仪，尽量消除各种干扰因素，测定不同温度和盐度的海水的电导率，同时测定不同温度和盐度的海水的密度。找出它们之间的关系。"这篇毕业论文的部分内容后来纳入《中国近海海水电导率、氯度和密度的相互关系》一文，于1984年发表在《海洋与湖沼》杂志上。

闵学颐教授治学非常严谨，对学生的科研活动、学术道德、学术规范等要求极为严格，比如要求实验数据必须绝对准确，不容丝毫差错，更不容有半点虚假。正是闵学颐对学生的这种严格而规范的学术训练，培养了高从堦良好的科学素养。在后来的科研生涯中，高从堦始终谨遵恩师的教诲，并将这种严密谨慎、严格细致的学风传递给他的晚辈和学生们。

高从堦毕业论文的第二导师是年轻的陈国华老师，

他当时是闵学颐的助手，高从堦在后来数十年的科研工作中，与他多有合作。

> **陈国华** | 1938年生，中国海洋大学海洋化学系教授、博士生导师。师从闵学颐教授，主要从事海洋物理化学、海洋资源利用与保护等方向的研究，在水处理技术和壳聚糖及其衍生物纳滤复合膜的制备方面取得了诸多成果，先后获国家技术发明奖，教育部、山东省科技进步奖等奖项，有7项国家发明专利。两次获山东省专业技术拔尖人才称号，享受国务院政府特殊津贴。

8月，分配至国家海洋局第一海洋研究所海洋化学研究室，成为一名专业技术人员。

> 国家海洋局第一海洋研究所（简称"海洋局一所"），其前身为始建于1958年的海军第四海洋研究所，1964年划归国家海洋局，并更名为国家海洋局第一海洋研究所。2018年并入自然资源部，更名为自然资源部第一海洋研究所。

其时，海洋化学的主要研究方向是海水淡化、海水直接利用、海水综合利用及海洋防腐防污等技术，尤其是海水淡化技术，国家和军队对此有着迫切需求。高从堦大学期间就接触到了海水淡化技术，并接受过一定的科研训练，得到我国膜技术奠基人之一闵学颐教授的指导，因此顺理成章地被分配到海洋化学研究室，主要从事海水淡化研究。当时的海洋局一所海洋化学实验室大约有30多名研究人员，主要研究方向有海水淡化、海水的综合利用、海洋的防腐防污等。

从这里启程，高从堦踏上了探索海洋化学和膜技术的漫漫长路，此后一个甲子的岁月，始终聚焦于膜与水，心无旁骛，孜孜以求，终达化境。

到海洋局一所报到后不久，即与同事一道前往青岛市崂山县棘洪滩公社（今青岛市城阳区棘洪滩街道）参加"四清运动"（1963年至1966年在部分农村及少数城市的工矿企业和学校开展的清政治、清经济、清组织、清思想运动，简称"四清运动"）。次年8月，"四清运动"结束，在这一年时间里，高从堦与同事们在农村，与农民同吃、同住、同下地劳动。

1966年 24岁

8月，"四清运动"结束，从棘洪滩公社回到海洋局一所海洋化学实验室，从事研究工作。其间，高从堦与同事们乘坐考察船去不同的海域调查研究，当时的考察船吨位很小，因此只能在近海考察。

1967年 25岁

本年，作为技术团队成员，参加由国家科委组织的海水淡化会战。

淡水资源匮乏是一个全球面临的共性问题。地球上大约四分之三的面积被水覆盖，地球上水的总体积约为

13.6亿立方千米，其中97.5%是海洋里的咸水，淡水仅占2.5%。而且这2.5%中占比很大的部分是南北极冰雪，真正可以用的只有占地球总水量0.77%的地下淡水、湖泊水以及河水。但实际上我们可以饮用的水只占了地球总水量的0.2%左右。而这些可取用的水，在全球的分布极为不平衡。随着地球人口的增加和各国经济的发展，用水量骤升，而日趋严重的污染，更是加剧了可用水的供需矛盾。

中国也存在水资源严重短缺的问题，被联合国列为水资源严重紧缺的国家之一，人均水资源不足；水资源时空分布不均，空间上北方地区、西部地区缺水严重，时间上各季节水资源也分配不均；一些大城市严重缺水。

如何缓解人类的用水矛盾，人们将目光投向了取之不尽、用之不竭的海水，海水淡化成为解决水资源供需矛盾的重要手段，世界各国都很重视海水淡化技术的研发。

海水淡化是从海水中获取淡水的技术及工艺过程，同时也是水再利用的主要技术之一，世界各发达国家均很重视该技术的研究与开发。现代意义上的海水淡化技术始于20世纪40年代，第二次世界大战后，因为中东地区濒临海岸，石油资源丰富且价格低廉，国际资本纷纷进入，使得该地区人口迅速增长，然而该地区淡水资源的严重缺乏导致海水淡化成为很迫切的选择。同时，美国一些地区也面临着严重的水资源短缺困境，并已经出现全国性的过度使用地下水问题，肯尼迪政府也将目光转向海水淡化技术，1952年美国通过了盐水淡化转化法，三年后设立了盐水办公室（Office of Saline Water, OSW）。日、英、法、德、意、澳等国也相继开始研究开发海水淡化技术。

我国的海水淡化研究历史最早可追溯至20世纪50年代。1958年，中国科学院化学研究所研究员朱秀昌和海军某部副研究员石松研制出我国第一张离子交换膜，离子交换膜是电渗析法淡化苦咸海水技术的关键部件之一。1960年，美国科学家研制出世界上第一张可使用的反渗透膜，山东海洋学院教授闵学颐及时跟进，于1963年率教研组着手开展海水淡化反渗透膜的研究工作。

本年8月，国家科学技术委员会决定在全国开展海水淡化会战，会战由国家海洋局牵头组织。高从堦说："海水淡化会战的情况，大概和我们今天已经熟知的'两弹一星'等那个时期仅有的几项国家重大科学研究工程差不多。全国多系统、多专业，包括水处理和分析化学、材料化学、流体力学等各个学科的科研人员被组织了起来，海水淡化会战在北京、青岛和上海同时展开。由中国科学院、国家海洋局、机械工业部和部分高校等20余家单位的技术专家组成的研发团队，在朱秀昌研究员和石松副研究员等的指导下，开展了电渗析、反渗透和蒸馏等多种海水淡化技术的研究。"

根据会战的任务分工，北京和青岛主攻反渗透法的研究，青岛会战点设在中国科学院海洋研究所，北京会战点设在中国科学院化学研究所，这两个会战点的任务是研制出性能优异的反渗透膜，并制作出日产1t的反渗透海水淡化装置样机，实现直接从海水制取淡水。上海会战点的主攻方向是电渗析技术，目标是研制和放大异相离子交换膜、整套电渗析装置（膜、电极与隔板等）以及针对性地解决除盐电渗析器在运行中的一些问题。

国家海洋局第一海洋研究所派出一支精悍的技术团队参与海水淡化会战，而理论知识全面扎实、肯吃苦耐劳的年轻的实习研究员高从堦理所当然地成为团队成员之一。其时，青岛会战点的工作是在中国科学院青岛海洋研究所内进行，该所共有6人参加，其中魏研究员为组长，海洋局一所参加人员还有王洪梅、刘玉荣和鲁学仁，海洋局二所参加人员为程义方，海洋局三所参加人员为任德谦等两人，山东海洋学院参加人员为孙明昆和刘汝皋。

高从堦读大学期间曾在闵学颐教授的教研室观看过反渗透海水淡化演示实验的全过程：从冰箱中取出装有事前配置好的低温制膜液的玻璃瓶，将制膜液均匀地倒在玻璃板的上部，用一把两端有固定厚度线圈的玻璃刮刀将制膜液从上部刮到下部，再将涂有膜的玻璃板放入到一定温度下的水槽中，形成的膜会脱离玻璃板，将所得的膜放在耐高压的膜性能测试设备中测试其性能，通过改变制膜溶液的浓度、制膜的工艺条件等，可得到最佳的膜制备条件，然后从膜到样机，再到整套淡化装置的制备和运行，就可将海水变成淡水。然而实战完全不似演示实验那么简单，从前期的调查研究、资料的收集和分析，到膜材料的选择、膜的制备配方、成膜工艺、膜性能的测试设备及评价方法，再到膜的放大、关键设备的制作，然后到小型样机的设计、制作、测试，最后到样机的现场运作，每一个环节都充满着未知数和不确定性。

为了早日完成海水淡化会战任务，参加会战的同志们坚守在实验室里，除了每个星期六半天的"正面教育学习"，其他所有的时间和精力都投入会战的实验中。高从垲承担的主要工作是反渗透片状膜小膜的制作、评价和长期性能试验，以评价工作为主，同时参加制作方面的工作。高从垲有厚实的专业基础、良好的学术素养、精湛的业务能力，加上为人谦和，踏实肯干，在会战中又得到前辈专家的指导，迅速地成长为技术骨干。

会战开始约半年后，高从垲和海洋局一所的刘玉荣、山东海洋学院的刘汝皋一起被派往北京的中国科学院化学研究所，参与反渗透膜研究。之后由于青岛会战点的工作进度快于北京，上级就将三人团队撤回了青岛。因为刘玉荣和刘汝皋都已经有家室，他俩先期返回，还是单身的高从垲就留下完成一些收尾工作，这样，高从垲在北京共待了100天。刘玉荣是高从垲大学同学、班级团支书，毕业后同时分配到海洋局一所工作，之后又一直是海洋局二所的同事。刘玉荣回忆道，他们三人一同乘火车去北京，火车经停在德州站时，刘玉荣随口说了一句："德州的扒鸡很有名。"当时车厢里挤满了人，根本无法走动，没想到高从堦就从车窗里爬出去，自己花了五角钱，买了一只扒鸡，又从车窗爬回车厢，他们三个人第一次尝到美味的德州扒鸡。在20世纪60年代，五角钱不是一笔小钱，而且从火车的车窗爬出又爬进也不是件容易的事，刘玉荣因而对此事印象很深刻，她说高从堦始终能替他人着想。

1968年 26岁

本年初，会战组研制出高性能醋酸纤维素不对称反渗透膜。

当时，制膜组组长是中国科学院海洋所的魏研究员，他与同事们从美国商务部出版局（PB）公开发布的报告中看到常温条件下使用甲酰胺作为添加剂可以制备醋酸纤维素膜，并用于海水淡化。但是，选用什么样的醋酸纤维素和溶剂，在什么样的条件下才能做出来，这些关键要素都是保密的，他们自然无从获知，除了自主探索，别无他途。参加会战的研究人员一起在中国科学院海洋研究所的实验室里，实验、实验、再实验，寻找最好的材料、最佳的配方和最合适的条件。真可谓天道酬勤，经过无数次的实验、分析、改良，会战终于取得重大突破，在本年初成功研制出醋酸纤维素不对称反渗透膜，脱盐率可达96%以上，这一成果实现了我国海水淡化反渗透膜从无到有的突破。

在会战中，高从堦起初主要承担膜性能测试的工作，后来又参与反渗透膜的制备工作，勤勉好学的他迅速成长起来。此外，高从垲还参与中国科学院海洋所青岛会战点的另两项会战工作，一是管式反渗透膜制作的研究，研究小组通过努力，使1/2英寸和1英寸内壁脱盐膜的脱盐率为90%～95%、水通量为2ml/（h·cm^2），3/4英寸外壁脱盐膜的脱盐率在98%以上、水通量为1ml/（h·cm^2）；二是参加中空纤维反渗透膜的试验工作，具体工作是先将一根细的玻璃管拉伸得更细（例如0.4/0.8mm的内外径），作为喷丝头的内管，再将一根粗一点的玻璃管合适地拉伸（例如1.0/1.2mm的内外径），作为喷丝头的外管，再与其他合适的玻璃管组合通过熔融和焊接技术获得所需的中空纤维喷丝头，用气压使制膜液通过喷头的外环后，落到下面的水中凝固成中空纤维，初步认识了中空纤维膜的基本制备过程。

本年，恩师、山东海洋学院闵学颐教授去世。在大学期间，闵学颐的指导给予青年高从垲很大的助益，也直接影响了高从垲对人生目标的抉择。闵学颐教授的英年早逝是我国海水淡化技术研究领域的重大损失，高从垲感到无比悲痛，也感到迷茫而无助。高从垲明白只有研发出领先的海水淡化技术才是告慰恩师的最佳方式，于是他强压内心的悲痛与困惑，调整好情绪，走出迷茫，一头扎进海水淡化会战的实验室，埋头搞起了研究。

1969年 27岁

本年初，会战组研制出日产1t的板式反渗透海水淡化样机，并在青岛的朝连岛进行了半年多的运转试验，各项指标达到了预期目标。

在成功研制出高性能醋酸纤维素不对称反渗透膜后，会战组就着手设计日产1t淡水的反渗透海水淡化样机，又经过成百上千次实验，终于完成了淡化器的设计。样机设计出来后，又面临着获取制作材料的大难题，20世纪60年代末本来就物资匮乏，而海水淡化器对材料的要求很高，要寻找样机所需的多孔板、承压板、橡胶圈等材料已属难事，要找出一台高压泵更是难上加难。会战组耗费了很长时间与很大气力，幸运地在上海的一家小型泵厂找到了高压泵，找不到的材料与配件则干脆自己动手制作，他们制作出用于密封的橡胶圈，用聚氯乙烯烧制出多孔板，用环氧树脂压制出承压板，总算集齐样机所需的高压泵、多孔板、承压板、橡胶圈等配件与材料。就这样，参与会战的科研人员秉持为国家而战的初心，凭着"不破楼兰终不还"的信念和咬定青山不放松的韧劲，终于在本年初成功研制出了日产1t淡水的板式反渗透海水淡化样机。为期半年多的现场运转实验表明，样机的各项指标均达到了预期目标。

与此同时，以电渗析技术为主攻方向的上海会战点也顺利完成了会战任务。在本年10月举办的中国人民解放军"全军后勤技术革新展览会"上，海水淡化技术作为一项重要成果展出，更令大家振奋的是毛泽东同志等国家领导人接见了参展人员。

12月，以制造出可稳定产出淡水的小型海水淡化器为标志，历时2年4个月之久的全国海水淡化会战宣告胜利结束。

这次会战是我国海水淡化历史上的里程碑，也开启了我国海水淡化事业的一个崭新的时代。回望这一段重要的人生经历，高从堦说，参加海水淡化会战的经历极大地提高了自己的科研能力，他学会了如何搞科学研究，懂得做一项研究开发必须全面把握本领域的国内外研究现状和趋势，追踪研究前沿；同时，他也认识到各地、各部门、各条线的紧密配合、协同作战是取得胜利的关键要素，在反渗透膜海水淡化技术会战中，正是因为膜制作、评价和测试、样机制造、现场运行管理等各条线做到了完美配合，才取得胜利成果。

1970年 28岁

3月，调往位于杭州的国家海洋局第二海洋研究所。

海水淡化不是一个短期的科研项目，而是我国实现水资源可持续利用、解决水资源短缺问题的长期战略，虽然海水淡化会战结束，但是海水淡化研究必须持续进行下去，因此参与会战的主力依然留在这一重要领域。当时，海洋局一所用房比较紧张，进行海水淡化研究的场地是租借来的，而位于浙江杭州的国家海洋局二所刚刚筹建不久，有富余的房子可安置海水淡化会战期间使用的仪器设备，有足够的空间供科研人员开展研究工作。基于这一实际情况，国家海洋局决定将从事海水淡化技术研究的相关人员集中调到二所，组建了全国第一个海水淡化研究室。

3月5日，作为首批调往海洋局二所海水淡化研究室的研究人员之一，高从堦背着简单的行囊，离开生于兹长于兹的家乡青岛，离开了生活在青岛的父母和兄弟姐妹，抵达位于杭州市西湖区西溪河下9号的海洋局二所，从此扎根在了有着"人间天堂"美誉的杭州。2023年5月31日，高从堦与笔者同车前往位于杭州市临平区的蓝星（杭州）膜工业有限公司，看着路旁的树木一棵一棵从车窗外掠过，他用浓厚的山东即墨口音感叹道："杭州的绿真是沁人心脾啊。"于是，他聊起50多年前的那个初春，他与同事乘火车从萧瑟的北方一路向南，到达杭州时，扑面而来的是江南独有的郁郁葱葱、春意盎然，这种浓浓的绿冲淡了他离别青岛和父老乡亲的愁绪。

与高从堦同批调往杭州的还有同事王洪梅、任德谦，他们三个人将海水淡化会战资料、试剂、仪器、设备也一并带到了杭州。3月10日晚上，杭州城大雪纷飞，高从堦一行抵达海洋局二所做的第一件工作就是抢救被积雪压弯树枝的女贞树等树木，他们用长杆敲落树冠上的积雪，并用木头支撑住树干，以防树被雪压断。高从堦对这一幕记忆尤深，他和同事开玩笑地说，是他们把北方的寒冷带到了杭州。

1965年12月，经国家科委和海军司令部批准，原中国科学院华东海洋研究所浙江海洋工作站与国家海洋局所属海洋调查第一大队合并，组建成国家海洋局第二海洋研究所，并由杭州市迁驻宁波市。1966年3月，海洋局二所正式成立，人员分驻宁波、杭州两地，由东海分局代管，同年9月，海洋局二所划归东海分局建制领导。1968年，海洋局二所由东海舰队代管。1972年11月，经中央军委批准，海洋局二所定址杭州。次年12月，海洋局二所从宁波迁至杭州。2018年，国家海洋局第二海洋研究所更名为自然资源部第二海洋研究所。

到海洋局二所后，继续攻坚反渗透膜海水淡化技术。此后的3年，高从堦主要聚焦于片状反渗透膜的研究与制备。

经过海水淡化会战的集中攻关，我国的电渗析法技术进展较快，其技术利用从海水淡化拓展到了苦咸水淡化、污水净化以及矿区地下水淡化等领域。我国的反渗透膜研究则才刚刚起步，而一些发达国家的反渗透膜研究水平已经较高，高从堦与同事通过查阅国家海洋局海洋科技情报研究所等情报部门收集的资料，时刻追踪国际前沿，了解国外研究动态，吸收国外先进技术。

本年起，开始自学英语。

经过1967年至1969年的海水淡化会战，高从堦意识到要及时追踪国外的研究前沿，就必须先过外语关，尤其是英语，而高从堦读大学时主修的外语是俄语，仅最后一学年学了点英语，只能说是略知皮毛，不能阅读英文文献，更遑论用英语与人交流，所以他下决心要学好英语。此后的数年里，高从堦一直坚持自学英语。自1972年时任美国总统尼克松访华后，上海电台开始有了英语节目，高从堦花了近一个月的工资买了一台收音机，每天听英语广播，高从堦妻子对笔者说，那几年，下班回家后的高从堦，一到上海电台开始播放英语节目的时段，就打开收音机，走到哪儿听到哪儿，吃饭时把收音机放在饭桌上，洗衣服时就放在水池边，为此听坏了好几台收音机。这种强化学习使他很快就能借助工具书阅读英文资料。大学同学、毕业后又成为同事的鲁学仁认为，高从堦能在单位的一众同龄人中脱颖而出，固然和他的专业能力强分不开，但还有一个重要因素是英语好，因为掌握熟练的英语读写听说技能后，就能广泛地搜罗并阅读相关的外文文献、第一时间追踪国际前沿、顺畅地进行国际交流。鲁学仁一再对笔者夸赞高从堦学英语的毅力，他说在海水淡化会战期间，高从堦就认识到学英语的重要性，开始强化英语学习，此后始终坚持，不曾间断。

1971年 29岁

本年，继续开展反渗透片状膜的研究，同时协助任德谦组开展管束式反渗透器的研究。

1972年 30岁

本年，参加反渗透片状膜的大膜的制作试验，为之后半米和一米的宽膜连续机械化制备摸索各种条件。

20世纪70年代，科研条件很差，一些必要的研发设备都不具备，高从堦与同事们经常土法上马。比如制膜过程需要一定的温度和湿度，当时海洋局二所的实验室尚不具备保持恒温恒湿的设备，高从堦与同事鲁学仁就想到利用浴室的温度和湿度进行实验，他们在征得附近浴室负责人的同意后，用所里仅有的一辆三轮车拉着实验设备和材料到浴室，利用浴室的湿度制膜、静置。然而浴室温度和湿度是不稳定的，实验数据也就会产生波动，为了获得相对准确的数据，唯一的解决办法就是巨大的实验量。直到高从堦在实验中发现在膜上涂抹甘油能在一定程度上防止水分过快蒸发，才不再踩着三轮车去澡堂做实验。

在刮膜机发明之前，刮膜的操作条件也很艰苦。膜刮在玻璃板上后，必须置于低温环境下，才能较完整地与玻璃分离。高从堦与同事手工将膜刮在玻璃板上后，将其浸入冰水，接着双手伸入冰水将膜卷起来，这样的卷膜操作经常要持续几个小时，即便在数九寒冬，也需要这般操作，双手长满冻疮，也要伸进冰水卷膜，冰得疼得受不了时，只能跳一跳转移一下注意力或者嘴巴对着双手哈一下热气。用来做实验的冰也是他们骑着三轮车，去几公里外的冰库买来的，因为当时所里还没有冰箱等冷冻设备。大约在20世纪70年代末，高从堦的同事陈一鸣（刘玉荣的丈夫），设计制作出了刮膜机，用涤纶带传送，这才结束了手工刮膜的操作方式。据刘玉荣回忆，她有一次刮膜时，制膜液滴在了裤子上，无论如何都弄不下来，她从中得到启发，膜在布上的黏性比在玻璃上强很多。于是就和同事孙秀珍买来布做试验，当时刘玉荣小组研究的是醋酸纤维素膜，而涤纶布耐酸碱，所以就先试着用涤纶布刮膜，试验后发现膜刮在涤纶布上，黏性非常好。但当时市场上买到的普通的涤纶布纹理不均匀，这就导致刮膜的时候渗透不均匀。课题组就与上海丝织三厂、丝织六厂联系，请这两家厂专门为海洋局二所定制布料，从此膜就刮在布料上了。之后，他们又在实验中发现无纺布的效果更好。高从堦请刘玉荣小组协助进行膜的放大试验，刘玉荣小组对此非常支持，为高从堦课题组刮了几匹膜，高从堦很感激，还特地送给刘玉荣小组8个人每人一罐咸菜，另送给刘老师2斤毛线。刘玉荣一再说，她这个老同学为人大气谦和，特别懂得感恩。

更严重的问题是实验对研究人员身体的伤害，鲁学仁研究员说："早年做实验，不仅工作量很大，而且实验环境很差，几乎没有任何防护，巨大的实验量对我们每个研究人员的身体都造成了伤害。"鲁学仁说他的一口牙很早就全部脱落了。这种情况延续了很多年，高从堦的儿子回忆："父亲的实验量很大很大，那个时候没有研究生，所有的实验都是他自己亲自做的。那个时候没有什么防护措施，我小时候经常在家里的盥洗室看到父亲洗漱后留下的血迹。"

本年3月至次年3月，利用业余时间强化学习"高分子物理化学"，为了学好这门课程，高从楷与同事每周2至3个晚上去浙江大学旁听刘教授的讲课，这一段学习经历对他后来研究高分子膜的材料、制备、性能与结构有很大裨益。

1973年 31岁

与研究室同事在会战的研究基础上，继续从材料、设备、工艺技术以及各参数调控等方面，探索中空纤维与卷式反渗透膜组件的制备。

本年起，开始自学日语。

1969年，美国杜邦公司推出了"B-9芳香聚酰胺中空纤维反渗透膜苦咸水淡化器"，不久又推出了"B-10海水淡化器"，引起全球学术界与工程界的关注，一些国家相继开始研究，我国也开始尝试开展相关研究。因为日本的膜技术研究在国际上也属领先水平，为了追踪日本在该领域的研究进展，高从楷下决心学习日语。一方面，高从楷科研任务重，实验量很大；另一方面，日语对他而言是零起步，而且他已经在自学英语，上班之余要同时自学2门外语，压力显然很大，但是他并没有退缩。

海洋局二所距离杭州大学只有数百米，而杭州大学有日语专业，这使得高从楷学日语具备了地利条件。自

1973年起，连续一年多，高从堦利用业余时间去杭州大学旁听日语课，每周2到3次，每次2个小时。杭州大学的这个日语课程本来是为其师生开设的第二外语课，海洋局二所与杭州大学联系，希望能够接纳该所的研究人员去旁听，杭州大学不仅表示同意，而且还不收听课费，这样高从堦与同事们就在杭州大学旁听了一年多的日语。听课之余，高从堦还循序渐进地阅读日文资料，凭着这份执着，很快就能借助工具书翻译日文资料。后来随着日语水平的精进，高从堦翻译了很多日本在相关研究领域的第一手资料，将日本的研究成果和技术专利翻译介绍到中国，为我国的膜技术研究提供很多第一手的有价值的前沿信息。

本年1月，结婚。

海洋局二所分给高从堦夫妇一间13m^{2}的朝北的筒子楼宿舍，位于文三路学军中学东南角，这是海洋局二所与学军中学、杭州大学生物系三个单位职工合住的楼，两头各有一个楼梯。因水压不够，二楼和三楼基本没水，高家住在三楼，只能到一楼的共用洗漱间提水用；每层各有一个男女卫生间，有时需要排队使用；每家的烧饭炉子和煤饼就放在各自家门口的走廊上，生活极不方便。

1974年　32岁

担任中空纤维膜课题组组长。

1960年，美国科学家劳伯（Loeb）和索里拉金（Sourirajan）使用醋酸纤维素制备出世界上第一张非对称膜，它对氯化钠（NaCl）的截留率达到98%，这一成果证明醋酸纤维素反渗透膜具有开发为海水淡化用膜的极大潜力，因此引起了国际科技界的广泛关注。1967年，高从堦与众多海水淡化科技工作者一起参加的全国海水淡化会战，其目标就是要研究开发出醋酸纤维素反渗透膜和板式海水淡化器。1970年，美国杜邦公司推出B-9芳香聚酰胺中空纤维反渗透膜的苦咸水淡化器，三年后又推出B-10芳香聚酰胺中空纤维反渗透膜的海水淡化器，引起全球科技界和工程界的高度关注。

在这一背景下，国家海洋局二所决定成立"中空纤维反渗透膜和组器研究"课题组，但当时的海水淡化研究室研究力量很有限，所里只抽调出高从堦、宫美乐和宁修仁3名科技人员组成课题组，时任海洋局二所副所长的石松极力推荐高从堦担任组长。

石松	1926—2001，河南省获嘉县人。1954年，毕业于中国人民解放军第二军医大学，同年在中国人民解放军海军后勤部任军医、助理研究员等职。1970年，调往国家海洋局第二海洋研究所工作，先后担任副研究员、研究员、副所长等职。1984年，任国家海洋局天津海水淡化与综合利用研究所所长。石松是我国海水淡化技术领域的元老，是我国膜科学技术的开拓者之一。

课题组成立后，初步确定先探索B-9芳香聚酰胺中空纤维膜技术，高从堦与课题组成员一起因陋就简地建起了中空纤维抽丝实验室，安装了抽丝用的设备和仪器。当时，他们所在的实验楼是个三层楼房，高从堦课题组的实验室位于三楼西边，他们就因地制宜地在三楼西头的通道上安装了机器设备，而抽丝用的设备需要很高的空间，他们就利用楼梯所在的位置将设备从三楼贯通到一楼，课题组就这样土法上马，进行了中空纤维抽丝工作，达到了纤维连续中空。

　　课题启动后，高从堦小组和国内其他科研机构一样，按照B-9芳香聚酰胺中空纤维膜的工艺路线展开研究。然而，研究工作困难重重，首先是力量太单薄，当时，国内还有其他单位也在开展芳香聚酰胺中空纤维膜的研究，队伍都比海洋局二所强大，如有的研究所组织了约40个人的庞大队伍开展这项研究，另有单位组织了14人的团队在进行这项研究，而高从堦小组连同他在内只有3人；其次，课题进展得不顺利，其间高从堦曾向母校山东海洋学院寻求支持，请研究有机合成的老师帮助制作芳香聚酰胺，但耗时大半年之久，聚合物的分子量分布范围和纯度等的把控始终达不到理想状态；再次，上海合成纤维研究所进行的芳香聚酰胺（HT-1-高温1号）研究，也无合格的产品，此外，高从堦小组所掌握的研发资源也非常有限。基于上述因素，高从堦认为，很难在B-9芳香聚酰胺中空纤维膜技术的研发上率先取得突破性成果。

与此同时，高从堦赴上海、北京和天津等地查阅大量国外的文献资料，收集和分析国内外中空纤维反渗透膜和组器的研究状况、发展动态以及既有研发项目的得失，比较了三醋酸纤维素（CTA）的性能、价格及来源。他敏锐地意识到三醋酸纤维素（CTA）中空纤维膜会成为未来膜发展的主要方向之一，因此他毅然决定放弃此前已经进行了近一年的芳香聚酰胺中空纤维反渗透膜的研究项目，启动三醋酸纤维素（CTA）中空纤维形成的热致相分离（TIPS）研究。

12月，为推动我国海水淡化技术的发展，国家相关部门在北京召开了全国海水淡化科技工作会议，制订了《1975—1985年全国海水淡化科学技术发展规划》，海水淡化技术研究越来越受到国家和地方的重视，一些科研院所相继设立了相关的研究机构。

1975年 33岁

本年初，在我国率先启动以三醋酸纤维素（CTA）为原料的中空纤维膜研制，自此开始了长达8年的艰苦卓绝的研制之路。

其时，国内尚没有人开展过这项研究，没有任何经验可借鉴，没有任何参考文献可查阅，仅有美国的PB报告提到DOW化学公司开展过CTA为原料的中空纤维膜研制，高从堦率小组就在这种近乎是零基础的状态下摸索着起步。

课题组面临的困难远不止于此。首先，化工原料不稳定。品质稳定的原料是化工实验最基础的要素，但是当时我国还没有可以稳定生产化工原料的装置，不同批次化工原料的不稳定，导致做出来的实验结果有差异。高从堦他们只能一次一次做实验，原料生产厂家每生产一个批次，他们就做一批实验，如果做出来实验效果理想，就将该批次的原料全部买下来。其次，缺少必要的研发设备。

当高从堦小组正埋头于CTA中空纤维膜的研制时，国内研制B-9芳香聚酰胺中空纤维膜的科研机构先后因失败而放弃研究。20世纪70年代，国外相关企业获悉这一情况后，将产品单价抬高至15000元/支，甚至高达两三万元/支，这一状况严重制约了我国电子、电力等相关工业的发展。此时的高从堦毅然对大家说："国家的工业用水正被发达国家'卡脖子'，国家发展等不了那么久，顾不上那么多了。"面对国家重大而迫切的需求，高从堦及其小组把研制工作的艰辛甚至对身体的伤害都抛在了脑后。身边的同事经常听到高从堦说："一定要搞出来，一定要搞出来。"这是高从堦的自我加压，也是他对课题组战友的勉励。他先后到天津纺织工学院、上海合成材料研究所、中国科学院大连化物所等单位查资料、调研。

把三醋酸纤维素（CTA）变成中空纤维必须要用到挤塑机，但他们没有这一关键设备，高从堦就向浙江大学高分子系借用了一台螺杆挤出机（高从堦在借机器时要来了机器图纸，向杭州重型机械厂定制了两台，拿到新的螺杆挤出机后，将其中的一台还给了浙江大学），自己设计加工并购买部件组装的挤出机有三段温控的加热系统，到岳阳购得无级变速器，与杭州化纤厂合作制备出挤出设备和中空喷丝头。中空纤维的冷却和收集设备部分是他们自己设计，然后一部分由自己加工，一部分利用化纤厂的旧设备改装而成。中空纤维膜性能的测试设备也是课题组根据实际需求自己设计加工的，他们用单组分硅橡胶密封剂将一小束长约25cm中空纤维的头部黏合到一段约3cm长的铜管内，硅橡胶固化后，切掉露在管外的那部分，使纤维的中孔切面能露在外面，之后将中空纤维膜装入承压的测试管设备中，这样就可以在不同条件下测试其性能。

之后，高从楷率课题组解决了原料处理、配方优选和工艺条件优化等一系列关键技术，特别是对TIPS过程中熔化、挤出、蒸发、降温、分相、收集拉伸、热处理及膜的致密层取向和控制等方面进行了较深入的探索，如国产化的关键溶剂环丁砜的成功使用、添加剂的选择和调节、压力式进料挤出、分段变温加热熔融、挤出后蒸发和降温的调控、膜分相和取向结构的保证等。

8月16日，儿子学理在灵隐路117医院出生。当时，国家规定产假只有56天，产假结束后，高从楷的妻子就天天抱着儿子到单位上班，上班时把孩子放在婴儿室，因住处与单位间没有公共交通，每天抱着孩子走路往返，还要顺路买菜，路上需要两小时；儿子会坐了后，就在自行车的前杠上放一把小藤椅，来回推着走（当时的交规禁止骑自行车带孩子）；妻子回家后，要到一楼去洗涮（高从堦家住在三楼），儿子没人管，幸亏有邻居海洋局二所职工翁春梅的女儿小波、许良仁的女儿丽华及张宏祥的女儿张英等几个大孩子的帮助，她们几乎天天来照看儿子，儿子刚学会走的时候，她们经常抱他到学军中学的操场玩……高从堦夫妇对她们的帮助始终铭刻于心。1978年底，学军中学要收回这幢筒子楼，楼里的二所职工都搬出了这里，高从堦一家搬到海洋局二所的一间17m²的宿舍，房间在一楼，虽然还是在走廊烧饭，但楼里有两个公共卫生间，用水也方便。这时，儿子也上了二所幼儿园，接送很近。1980年，单位分给高从堦一套面积53m²的公寓，位于文三路，一家人住进了有独立厨房和卫生间的楼房。

1976年 34岁

继续开展以三醋酸纤维素（CTA）为原料的中空纤维膜的研制，改进了中空纤维抽丝实验室。

12月，因为"科研工作兢兢业业，在加工安装中空纤维纺丝设备中做了大量工作，通过设备的改进和纺丝工艺条件的试验，使中空纤维的尺寸和性能不断改进"，受到海洋局二所嘉奖。

1977年 35岁

5月，国家海洋局提出了"查清中国海、进军三大洋、登上南极洲"的奋斗目标，吹响了实现海洋科技现代化、海洋事业迈向极地深海的号角。

本年，主持的"CTA中空纤维反渗透膜及组器研究"获浙江省重点科技项目和国家海洋局重点项目立项，项目经费5万元。

率课题组加工安装中空纤维纺丝设备，通过设备的改进和纺丝工艺条件的试验，不断优化中空纤维。此时，课题组也不断壮大，1974年成立时只有3人，此后陆陆续续来了几个工农兵大学生，他们积极参与到项目的研发工作中，并发挥了很大作用，如卢光荣、姚松岳、郝素青和李秀英等在合适的助溶剂、添加剂以及压力式进料挤出、分段变温加热熔融、挤出后蒸发和降温的调控、膜分相和取向结构保证等方面不断进行改进和提高，李国庆对中空纤维膜的黏合密封和直径4英寸中空纤维膜组器开展了一些摸索工作等。

12月，受到嘉奖。

1978年 36岁

1月，加入中国共产党。

3月，全国科学大会在北京召开，邓小平在大会上强调"现代化的关键是科学技术现代化"，重申"科学技术就是生产力"，这是我国科技发展史上一次具有划时代意义的盛会，我国从此迎来了"科学的春天"。高从堦为此欢呼雀跃，他知道，我国的海水淡化技术以及他本人的科研事业都将迎来生机勃勃的"春天"。

6月，随石松为团长的6人代表团参加在西班牙拉斯帕尔马斯岛举行的第六届国际海水淡化论文讨论会，这是我国第一次派代表团参加这样的海水淡化国际会议。中国代表团参会的主要任务是了解国际海水淡化技术的研究进展和工程应用情况，加强与国际海水淡化领域的研究机构及著名学者的联系，促进国际交流与合作。代表团除参加会议外，还参观了拉斯帕尔马斯岛上的热法海水淡化厂；与会议组织者巴拉班女士进行了广泛深入的交流。

巴拉班	（M. Balaban），毕业于美国费城宾夕法尼亚大学化学专业。曾担任国际脱盐协会（International Desalination Association，IDA）理事，欧洲化工联合会海水淡化工作组的永久客座成员。1966年，创办Desalination（《脱盐》）杂志，并长期担任主编，"Desalination"至今仍然是水淡化和纯化领域里具有国际影响力的期刊［摘自张志诚《M·巴拉班》，水处理技术，1986（3），2］。

在这次会议中，高从堦还有特别的收获——他接触到了参会的日本代表团，获悉他们也正在研制以三醋酸纤维素（CTA）为原料的中空纤维膜，并看到了日本代表团所展示的在一个注满水的试管中放置的十几条中空纤维膜的成果。

1979年 37岁

6月，晋升为助理研究员。

随着中空纤维纺丝设备的改进和纺丝工艺条件的进一步探索，课题组做到了中空纤维尺寸的可控可调，不断提高了它的性能。此时，课题组队伍也得以持续壮大。

1980年 38岁

9月，赴广州进修英语。

这个英语进修班由中山大学和美国加利福尼亚大学洛杉矶分校合办，主要是帮助预备出国留学人员提高英语口语与听力。高从堦在上年通过了英语培训考试，获得了去中山大学参加培训的资格。此时，儿子才5岁，妻子每天要上班，高从堦虑及年幼的儿子，不想去广州进修。但是妻子认为出国留学机会很难得，对丈夫的事业发展一定大有裨益，因此坚持让高从堦去广州学习。在他踌躇为难之际，大学同学、同事刘玉荣伸出援手，表示可以帮着照看他儿子，高从堦才放心赴广州进修。

1981年 39岁

1月，广州英语进修班学习结束，考试通过，获得了结业证书。这次进修大大提高了高从堦的英语听说水平。

从20世纪70年代中后期到80年代初，我国的海水淡化技术发展步入了繁荣期，国家出台了《1975—1985年全国海水淡化科学技术发展规划》，国家科委成立了海洋专业组海水淡化分组，从芳香聚酰胺膜材料的制备到反渗透卷式淡化组件的研制，从反渗透圆板式玻璃钢淡化器脱盐试验到西沙日产200t淡水电渗析海水淡化装置现场运转，新材料和新技术不断涌现，应用领域不断得以拓展。

2月16日，赴加拿大滑铁卢大学，在该校化学工程专业开始了为期2年的访学。

高从堦孜孜不倦的努力和优秀的学术能力使得他脱颖而出，尤其是"CTA中空纤维反渗透膜和组器"项目的研发让大家看到了他的科研实力，于是他被选拔为公派出国人员，成为我国改革开放后第一批国家派出留学的科技人员之一。原本的计划是1981年出国访学，填报的第一志愿是加拿大国家研究中心，师从国际膜技术的权威专家索里拉金教授，但因体检结果胆红素偏高，加方因此延缓了高从堦的访学申请，并要求一年后，在由他们指定的医院体检合格后方能成行，访学因此延至本年。

高从堦抵达加拿大后，方知1981年抵达加拿大的中国科学院生态环境研究所刘廷惠已经在索里拉金实验室访学。加拿大研究中心规定，一名教授不能同时指导来自同一国家或地区的2名及以上研究人员。如此一来，高从堦只得改往滑铁卢大学，师从黄义明（R. Y. M. Huang）教授。

滑铁卢大学的化工系是国际上从事膜分离技术研究最早的机构之一，有一流的膜科学家，有一流的膜实验手段，在国际上享有较高的声誉，因此高从堦很珍惜这次机会。

1983年 41岁

3月，主持的以三醋酸纤维素（CTA）为原料的中空纤维膜及组件的研制通过国家海洋局和浙江省科委联合组织的鉴定。

在高从堦及众多科研工作者长达8年的执着努力下，我国自主研发、自主设计、自主生产的中空纤维反渗透膜及组件终于问世，它具有操作压力低、透水量大的优点，性能与当时国际同类产品相当，可以广泛地应用于纯水制备和苦咸水淡化，一举解决了我国电子、电力等工业发展的"卡脖子"问题。其时，国外产品单价大约为15000元/支，而我国自主生产的中空纤维反渗透膜价格仅为5000元/支左右。企业竞相购买，甚至反馈使用效果优于国外同类产品，国外企业不得不调整价格，相关产品应声降价30%~50%，高从堦和团队的发明成果为国家节约了大量外汇。讲述起当年的这一壮举，高从堦以平淡的语调说："从中空纤维膜的原料筛选，配方探索，制备的小试、中试到批量放大；从中空纤维束的性能测试、大型组件制备到与浙江工学院（即今浙江工业大学）张康达老师合作完成的组件离心浇铸密封，我和同事们一起攻克一系列CTA中空纤维膜制备、结构和性能的调控和检测、中空纤维组器设计和制造工艺、中空纤维黏合成型技术、组器的配套应用技术等关键难题，终于在国内最先研制成功CTA中空纤维反渗透膜和组件，并实现实用化。"该项目成果后获1984年度浙江省和国家海洋局科技进步奖三等奖。反渗透膜制备当时是反渗透系统的核心难题，其技术与产品一直以来被少数发达国家所垄断，而高从堦及其团队的这一成果使我国成为世界上能掌握中空反渗透产品工业化制造技术的少数国家之一，从而从根本上扭转了这类膜产品长期依靠进口的局面。

1974年，课题组刚成立时仅有3个人，8年间先后有其他课题组调入人员以及来实习的工农兵大学生总共20多人参与了这项研究，如：李国庆、卢光荣、姚松岳、郝素青、李秀英、周冠生、黄金钟、林斯青（高从堦赴加拿大访学时，林斯青暂任课题组负责人）、于品早、张希照、胡振华、陈联珠、赵玉兰、俞和英、孙志英等，他们都为"CTA中空纤维反渗透膜和组器"的研制成功付出了辛勤的汗水。

回顾这8年的筚路蓝缕，高从堦说："我感受最深的有三点：一是责任感，就想着一定要为国家做出这个膜，这是科研人员必须承担的责任。二是选择很重要，没有盲目开展实验工作，而是做好国内外研究情况的功课，在只有3个人的情况下，主动思考更适合我们团队的研究方向。三是重视合作，我们自己的力量有限，如果仅凭自己的力量，我可能永远也做不出来。要根据实际情况，团结一切能合作的力量，充分发挥每个机构、个人的优势和特点，大家分工合作，一起完成产品开发。我们和许多科研人员一起，发扬了攻关精神、合作精神，排除万难，最后才为国家完成了任务，解决了工业的'口渴'难题。"［杭州市科协、杭州水处理技术研究开发中心、浙江省院士专家服务中心整理《高从堦院士：一缕白发生 一汪清水来》，中国工程院院士通讯，2024（11），28］

继续在加拿大滑铁卢大学访学。

随导师R. Y. M. Huang参加在美国纽约召开的国际膜科学和技术会议。导师开车带高从堦以及另一名韩国的访问学者去参会，这是高从堦在访学期间唯一一次参加国际会议的经历，他深知这是非常难得的学习机会，因此尽可能全面深入地去了解本次会议的内容。会议期间，导师向与会者介绍了他们实验室的膜科研进展，主要内容是高从堦正在开展的离子交联聚丙烯酸（PAA）膜的研究。

同年，随导师前往渥太华拜访膜分离奠基人之一索里拉金教授，参观了他的实验室，观摩了该实验室制出的膜，还与实验室的马祖拉（M. Mattsura）教授以及中国访问学者刘廷惠就索里拉金实验室提出的优先吸附-毛细孔流动的反渗透分离机理进行了沟通。这次拜访多少弥补了高从堦未能到索里拉金实验室访学的遗憾，他至今珍藏着与索里拉金的合影。

索里拉金	（Srinivasa Sourirajan，1923—2022），出生于印度。1953年，在印度班格拉科学研究所获博士学位。次年，到耶鲁大学化工系从事研究工作，并获得工程博士学位。1949年，加利福尼亚大学洛杉矶分校的哈斯勒（Gerald Hassler）等人最早启动了膜脱盐研究。1956年，该校的尤斯特（Samuel Yuster）教授课题组在OSW的资助下也开展了膜脱盐研究，同年索里拉金到加利福尼亚大学洛杉矶分校任职，加入这项研究中。1960年，索里拉金与犹太裔科学家洛布（Sidney Loeb）首次制备出具有不对称结构的合成反渗透膜，这种膜后来被称为L-S膜，这一突破为后来反渗透技术的大规模工程应用奠定了基础，反渗透膜技术由此进入快速发展的时期。1961年，索里拉金到加拿大国家研究院从事研究工作。索里拉金在反渗透和超滤方面的建树得到国际膜领域的公认［刘廷惠《S·索里拉金及其实验室》，水处理技术，1982（2），44-49］。

8月，合作发表《CTA中空纤维反渗透膜的研制》［高从堦、林斯青、陈联珠、俞和英、卢光荣、于品早、张希照，水处理技术，1983（4），19-24］，全面报道课题组耗时8年研制出的"CTA中空纤维膜"成果，文章首先指出："以CTA为原料的中空纤维膜的研制，国内尚未见有报道。"然后分四个部分报道了成果：一、膜材料的选择；二、CTA中空纤维的纺丝工艺；

三、纺丝工艺参数及其对膜性能的影响；四、CTA中空纤维膜的性能与测试。结论指出："本工艺制备中空纤维反渗透膜，具有操作压力低、透水量大的优点。""这种膜适用于低盐度苦咸水淡化，制备电子工业用水。由该膜组装起来的组件，已用于制取蒸馏水。"

1984年 42岁

"4英寸中空纤维反渗透淡化器"成果（第一完成人）获浙江省1983年度优秀科学技术成果三等奖。

1月，合作发表《中国近海海水电导率、氯度和密度的相互关系》［闵学颐、陈国华、韩舞鹰、高从堦，海洋与湖沼，1984（1），82-90］。该文的部分内容为高从堦与同学韩舞鹰大学毕业前的实验成果，这项研究当时由山东海洋学院闵学颐教授提出并指导，由闵教授的助手陈国华老师直接指导，于1965年完成长江口样品的测定。文章由毕业后在中国科学院南海海洋研究所工作的韩舞鹰整理完成。

3月，结束访学，按期回国。

其时，国际上正在深入开展复合膜和荷电膜等方面的研究，高从堦在为期2年的访学中，与导师R. Y. M. Huang一起开展了多项研究，如离子交联聚丙烯酸（PAA）膜、磺化聚苯醚（S-PPO）与聚乙烯醇（PVA）互穿网络反渗透膜以及辐射接枝改性反渗透膜等，在国际上首次采用离子交联复合法、功能团等当量反应法和孔径热保护法等制备出多种荷电和复合膜，最终完成两篇有关荷电膜研究的学术论文，分别发表在*J. Appl. Polym，Sci.*和*Water Treatment*杂志上［1. Huang Yiming，Gao Congjie et al.；Ionic-crosslinked PAA RO Composite Membrane，J. Appl. Polym，Sci.，1983（28），3603-3607. 2. Gao Congjie et al.，S-PPO and PVA interpolymer RO membrane，Water Treatment，1986（1），28-35］。

同时，高从堦对芳香族聚酰胺反渗透复合膜的研究进行了系统梳理。他意识到这将成为未来发展的主要方向，如芳香族聚酰胺反渗透复合膜的支撑底膜的制备，复合在底膜上的芳香族聚酰胺超薄层的界面聚合制备方法，用的主要原料和性能等。为此，结束访学回国时，他特地带回一瓶100g装的均苯三甲酰氯，为此后在国内的研究和试制该试剂提供了便利。

访学期间，他旁听了"化学工艺""计算机应用""化学化工进展"等专业课程。在滑铁卢大学，访问学者如果要旁听课程，只需征得授课教授的同意即可，好学的高从堦自然不会错过这么珍贵的机会。他选了几门对他很重要的课，找到相应的授课老师，向他们简要介绍自己并简述自己的工作，表达他对旁听该课程的迫切愿望，这几位老师都答应了他的听课请求。高从堦从中国出发时，带了很多有中国特色的伴手礼如丝巾等，他就送点小礼物给任课老师表示感谢。其中"化学工艺"的授课教授是韩国人，授课内容和讲课方式等都很吸引人。

在滑铁卢大学，高从堦惊叹于它先进的仪器设备与研究方法。当时，滑铁卢大学的实验室已经使用计算机，其计算机设备及其应用在北美是最先进的，在国际上很有名，因为美国IBM公司与滑铁卢大学有着紧密的合作关系，IBM公司的新产品一般都先在滑铁卢大学试用，该校教师向IBM公司提供一些计算机软件。那时化工系已经有计算化学教研室，研究人员做实验时提交材料后计算机系统能自动反馈实验数据，研究方法也很先进。高从堦珍惜访学的每一天，如饥似渴地汲取新知识、学习新方法。

高从堦以其谦和友善的性格、孜孜不倦的科研态度和不俗的研究能力得到导师的欣赏，导师希望他能留在滑铁卢大学，继续开展合作研究，高从堦也很清楚，滑铁卢大学有着国际一流的研究条件，如果留在那里工作，自己的科研事业或许能更快获得丰收，随之而来的是优渥的物质生活。事实上，当时国家公派出国留学人员中的确有少数人选择留在了国外发展，但高从堦没有一丝犹疑，毅然决然地如期返回祖国。高从堦心里想的并不是个人的事业发展和生活享受，而是祖国的膜技术发展事业，他深知：我国的膜分离技术研究起步较晚，在很多方面落后于发达国家，尤其在膜的种类和性能方面，满足不了我国迅速发展的国民经济建设的需求。在高从堦的心里，祖国的膜技术发展才是他最大的事业。强烈的国家使命感使他放弃优越的工作和生活条件，于本年3月按时回国，投身于祖国的膜分离技术研究。

高从堦回国时，带回来三件宝贝：一是一套反渗透膜性能测试池的图纸。此前，国内使用的测试池直径大、厚度大、螺钉粗，重达数十公斤，且很占空间，使用起来很不方便，高从堦看到导师实验室里的反渗透膜性能测试池直径小、厚度小、螺钉细，仅几公斤重，这套轻巧便捷的设备就是洛布（Sidney Loeb）实验室的测试设备。他凭借大学里所学的机械制图技能，抽空对该测试池的各个零部件进行了测绘，绘出了这套设备的完整图纸。回国后，他将图纸交给单位，实验室搞装备工程的同事根据这套图纸制造出了轻便型的反渗透膜性能测试池。高从堦的大学同学、老同事鲁学仁谈起此事不由得竖起大拇指，鲁学仁说，这套设备当时在国内的膜技术领域简直是宝贝，高从堦第一时间就把它交给了实验室，分享给了同行。之后，我国的膜研究机构或生产企业均使用了这套反渗透膜性能测试池进行测试。二是荷电膜研究开发的相关资料，内容包括从荷电膜的材料、制备、膜的结构与性能到膜的一些应用等，其中测试荷电膜的流动电位图纸尤其有价值。根据高从堦带回国的资料，同事莫剑雄开发了对荷电压力驱动膜的流动电位（SP）测定法，得到国内同行的认可，之后又在高从堦的建议下，对其进行了改进，不仅有了国外资料报道的不同压力下的流动电位，同时还有了不同压力下的通量和分离性能，这样就能更全面地评价膜的优劣。在当时荷电膜已成为国际上的研发热点的背景下，高从堦带回来的上述资料尤其是测试荷电膜的流动电位图纸为推动我国荷电膜的研究与应用提供了很重要的技术支撑。三是一台小型计算机。这是他自己花钱买配件、请滑铁卢大学的朋友帮忙组装的，本来完全可以作为个人财产带回家，但是他回国后就将其交给了单位。虽然这台计算机内存只有200kB，但它是海洋局二所的第一台计算机，同事们通过它首次了解到计算机如何使用、能解决什么问题。他自己花钱购置的照相机也提供给海洋局二所同事出海考察使用。

12月，发表《膜材料的选择和几种反渗透膜》［独著，水处理技术，1984（6），25-42］。论文摘要如下：

> 列举了一些膜材料选择中可供参考的物理参数和它们之间的相互关系。据聚合物链段的硬、软，亲水和疏水等特性以及对一些性能优良的膜材料的分子结构的分析，提出了一个初步的膜材料结构模型。对离子交联的聚丙烯酸反渗透膜以及磺化聚苯撑氧和聚乙烯醇互聚物反渗透膜的制备和性能进行了简要的阐述。扼要地介绍了多孔的和复合的反渗透荷电膜在理论和实践方面的发展，以及这两种膜间的不同性能。

两年的出国访学经历和熟练的英语水平是高从堦的优势，回国后他承担了海洋局二所大量的外事工作、国际学术交流工作。为了让同事更多地了解国际膜研究领域的学术前沿，高从堦不仅自己及时追踪前沿，而且总是将获得的信息第一时间分享给大家。20世纪70年代至80年代末，获取资料的渠道很少，也很不方便，高从堦就去首都图书馆、天津国家海洋局情报所等处查阅、复印资料，其中美国商务部出版局（PB）公开发布的报告特别有价值，高从堦从来不藏私，每次查阅资料回到杭州，就将获得的资料放到办公室，供同事们阅读。他还把自己花钱买的一些外文书籍包括工具书等都放到办公室，供同事们使用。

本年，为了推动海水淡化和膜技术的快速发展，原国家海洋局以二所海水淡化实验室为主体，组建了国家海洋局杭州水处理技术开发中心，刚刚学成归国的高从堦幸逢其时，顺理成章地成了中心的科研骨干。

高从堦本来就是一个具有很强科研内驱力、主动性和前瞻性的人，而在滑铁卢大学学习研修的两年使得高从堦的学术视野更开阔、科研思路更清晰，置身于国家海洋局杭州水处理技术开发中心这一崭新的平台上，他设定了谋求我国膜技术发展的两条路径：一是在膜材料和膜工艺方面寻求创新；二是优化已有的成膜工艺。

在创新膜材料与膜工艺这条路径上，20世纪80年代初，荷电膜在国际上是一个研发的热点，高从堦以自己在滑铁卢大学访学时的研究成果为基础，决定将荷电膜作为突破口，在我国率先开展聚合物多元合金膜的研究开发，他申报了归国人员科技资助项目"荷电膜及性能研究"。在基础研究的层面，高从堦与同事努力探索多元合金溶液顺序凝胶对膜孔径、孔径分布的影响以及材料亲疏水和荷电强弱与膜孔径和性能之间的关系，为提高膜的性能、增加膜的品种夯实了基础。而在评价方法上，他们首创荷电压力驱动膜的流动电位（SP）测定法，为推动荷电膜的研究与应用提供了技术支撑，该项目成果后获得1990年度浙江省和国家海洋局科技进步奖三等奖。

1985年　43岁

"CTA中空纤维反渗透膜和组器"成果（第一完成人）获1984年度浙江省和国家海洋局科技进步奖三等奖。

3月，中共中央发布《关于科学技术体制改革的决定》，决定指出："要改革拨款制度，开拓技术市场，克服单纯依靠行政手段管理科学技术工作，国家包得过多、统得过死的弊病；在对国家重点项目实行计划管理的同时，运用经济杠杆和市场调节，使科学技术机构具有自我发展的能力和自动为经济建设服务的活力。"至20世纪80年代中期，膜分离技术作为重要的化工分离手段，已被广泛应用于化工、生物、食品、医药、医疗等领域。高从堦坚信，科技体制的改革必然激活科研工作、科研机构以及科研工作者的活力，他与同事们所从事的膜分离技术必将大有可为。

5月，发表《GKSS板式反渗透器》［独著，水处理技术，1985（2），40］，向国内介绍Rochem公司生产的板式反渗透系统。

8月，合作发表论文《增强和干燥的聚砜酰胺膜》

［鲁学仁、高从堦、孙秀珍、陈一鸣，水处理技术，1985（4），12-19］。摘要如下：

本文详细讨论了机制增强PSA膜的制备条件，如聚酯布、暴露时间、刮膜速度、凝胶介质和凝胶温度等选择，膜可连续工业化生产。研究了增强膜的干燥方法，制备了与湿膜性能相同的干膜。通过配方和制备条件调节，可制得平均孔径为250~1000Å的系列PSA增强膜。在2.5kg/cm²下，用蒸馏水测试，水通量为30~800ml/（cm²·h）。膜具有优异的耐热性、较好的耐酸碱性和化学稳定性。该膜可用作超滤膜和复合反渗透膜的支撑膜。

10月，合作发表论文《聚丙烯腈支撑膜的研究》［高从堦、鲁学仁、孙秀珍，水处理技术，1985（5），38-42］。摘要如下：

文章较详细地阐述了含无机盐为添加剂的聚丙烯腈（PAN）支撑膜的研究。像PAN的浓度、添加剂含量、浇铸温度、蒸发时间、环境温度和湿度、冷浸温度和介质以及热处理的温度和介质等对膜性能的影响都进行了探讨，还初步进行了膜的干燥和耐化学试剂试验。膜的平均孔径可控制在500~1300Å。在2.5kg/cm²的压力下，以蒸馏水为进料，膜的通量为90~650ml/（cm²·h）。因此，小孔径的膜可用于复合膜的支撑膜。

牵头申报"七五"科技攻关项目"中盐度苦咸水淡化用反渗透膜及组器研究"，撰写可行性报告，做好各项前期工作。这一项目是高从堦对他此前设定的膜技术发展的第二条路径即优化已有的成膜工艺的探索与实践。

被评为本年度海洋局二所先进工作者。

1986年 44岁

晋升为副研究员。

2月，合作发表论文《PSA型NS-200复合膜的初步探讨》［鲁学仁、高从垍，膜科学与技术，1986，6（1），12-18］。摘要如下：

> 聚砜酰胺（PSA）膜具有不对称结构，平均孔径为300～500Å，且耐热性和化学稳定性好，适宜于做复合膜的支撑膜。本文对PSA型改性的NS-200膜的制备进行了初步探讨，用PSA膜做支撑膜，可以制得中度脱盐率和高水通量的NS-200膜。

5月，主持的"中盐度苦咸水淡化用反渗透膜及组器研究"先后获浙江省科技攻关项目和国家"七五"科技攻关项目立项，项目总经费110万元。

国家科技攻关计划是我国20世纪最大的国家科技计划，1982年开始实施，第二批"七五"国家科技攻关计划项目的实施时间为1986年至1990年。这项计划旨在解决国民经济和社会发展中带有方向性、关键性和综合性的问题，为国家经济建设与发展提供新技术、新产品、新设备，覆盖农业、电子信息、能源、交通、材料、资源勘探、环境保护、医疗卫生等诸多领域。

参与国家"七五"科技攻关项目"超滤膜品种及组件型式的研究"的研究工作。

继续主持开展"荷电膜及性能研究"项目工作，研究内容包括膜的孔径控制、荷电方法、荷电强弱、亲疏水平衡和荷电膜结构性能表征等多个方面，以不同方法制备出多种荷电膜。

6月，合作发表论文《PF系列反渗透复合膜的研究》[高从堦、鲁学仁，膜科学与技术，1986，6（3），24-29]。摘要如下：

> 本文讨论了PF系反渗透复合膜的改性。通过控制合适的反应条件，添加一定量的改性剂和适当的后处理等方法，制备了几种具有不同反渗透性能的PF膜。同时，对其反渗透性能和其他性能，特别是耐氧和耐游离氯方面，进行了初步的研究，还进行了短期的运转考核。尽管进行了一系列的改性，膜的耐氧抗氯性能的改善仍是要进一步重点解决的问题。

夏季，世界上第一张不对称膜的发明者之一洛布（Sidney Loeb）教授受邀访华，绕道杭州访问了海洋局二所，高从堦担任接待工作，并就膜技术的有关问题与洛布（Sidney Loeb）进行了交流。

> **洛布** | （Sidney Loeb，1917—2008），美国膜科学家，国际反渗透膜研究和制备领域的泰斗。1949年，加利福尼亚大学洛杉矶分校的哈斯勒（Gerald Hassler）等人最早启动了膜脱盐研究。1956年，该

校的尤斯特（Samuel Yuster）教授课题组在OSW的资助下也开展了膜脱盐研究，洛布于1958年加入了这项研究，1960年与索里拉金首次制备出具有不对称结构的合成反渗透膜，这一突破性成果为后来反渗透技术的大规模工程应用奠定了基础。1965年，在洛布的指导下，在加利福尼亚州科林加小镇（Coalinga）建成了反渗透海水淡化系统，这是世界上第一台反渗透装置，每天可制取饮用水约5000加仑，人类终于实现大规模地用海水制取饮用水的梦想。20世纪60年代末，洛布加入以色列本·古里安大学（Ben-Gurion University of the Negev）化学工程系。2005年，以色列阿什凯隆（Ashkelon）建成日产30万吨淡水的反渗透海水淡化厂，年近九旬的洛布参加了开幕式，目睹了自己的研究成果造福人类（《水处理技术简史之反渗透》，全国能源信息平台，2020年7月6日）。

10月，合作发表《PFI型复合反渗透膜的性能特性》［鲁学仁、高从堦，水处理技术，1986（5），280-282］。摘要如下：

在常温常湿下连续制得的增强聚砜膜具有不对称结构，平均孔径300~1500Å，且耐热性和化学稳定性好，适宜于做复合膜的支撑膜。以增强聚砜膜为支撑膜，采用就地聚合技术制备了PFI型复合膜。本文对操作压力、供料液温度、供料液浓度和pH值等对PFI型膜性能的影响进行了试验，同时考察了其抗氧化性、抗氯性、长期贮存和长期运转的稳定性。

协助鲁学仁主持的南京市科委项目"处理阴极电泳漆的HNA复合超滤和NH型超滤器"的小试工作。

被评为海洋局二所"优秀党员"和先进工作者。

海洋局二所的评价为:高从堦在"七五"科技攻关论证和立题的全过程中,做了大量细致的工作,使杭水顺利争取到了攻关项目;接受反渗透复合膜研制任务后,与同事一起共同努力,做了大量探索性工作,实验取得较大进展,为开拓新膜作出了贡献;致力于将科研成果转化为生产力,将复合膜研制过程中的中间成果有偿转让给湖州水处理设备厂,与此同时,还与同事合作承担了旨在用于生奶浓缩等方面的"膜分离的应用研究"横向任务;负责所里的外事活动以及全室的外文稿件修改审定,还自掏腰包购买外文工具书提供大家使用;作为中心的高级科技人员,他将掌握的资料、信息毫不保留地提供给大家,讨论学术技术问题时从不掩藏自己的观点,注重对年轻同志的培养。

1987年 45岁

主持非纤维素反渗透膜和复合膜的研究开发。

兼任副总工程师,负责科研和外事工作,鉴于当时电渗析研究进展较慢,高从堦提出加强电渗析在浓缩、电除离子(EDI)和双极膜的研究,加强与国外的学术交流,多选派科技人员出国学习。这期间,单位相继安排谭永文、李东、林建武、朗康民和夏永清等人员出国学习。

5月，合作发表《芳香聚酰胺系列反渗透复合膜的初步研究》[高从堦、鲁学仁、鲍志国，水处理技术，1987，13（2），77-82]。摘要如下：

> 本文研究了以芳香族聚酰胺为超薄层、聚砜多孔膜为支撑膜的反渗透复合膜，简要地讨论了成膜过程中的各种因素对膜性能的影响，如胺类和酰氯的种类、比例和浓度，以及反应时间等。探讨了膜性能与进料浓度的关系，膜的低压和耐氯性能及膜的电学性能和膜结构。实验表明选择不同胺类和酰氯，控制一定的成膜工艺条件，可制出具有各种不同反渗透特性的复合膜。

6月，合作发表《荷电的反渗透膜和超滤膜》[高从堦、鲁学仁、莫剑雄、鲍志国，水处理技术，1987，13（3），140-145]。摘要如下：

> 本文简单地介绍了荷电反渗透膜和超滤膜的一些制备方法。对荷电膜的性能，特别是流动电位进行了测定和讨论。试验表明流动电位是表征荷电反渗透膜和超滤膜的一个重要参数。文中也列举了荷电膜的初步应用，实验表明，在某些分离中，荷电反渗透膜和超滤膜的性能优于常规的膜。

6月8日至16日，受日本膜学会主席中垣正幸教授邀请，随海洋局二所副所长石松、杭州水处理技术开发中心主任程义方赴日本，参加在东京举行的由日本膜学会和欧洲膜科学与工艺学会联合发起的国际膜和膜过程会议。这次会议规模很大，来自世界各地的800余名膜科技工作者参加了会议，共收到文章约430篇，其中与水处理有关的文章约占40%以上，气体分离和渗透汽化的文章约有70篇。我国有17名代表参加了会议，向会议提交了14篇文章。会议组织方同时举行了膜产品展览会，与会代表参观了日东电工滋贺工厂、东洋纺的综合研究所和东丽工业公司的膜工厂等企业［高从楷，1987年日本东京国际膜和膜过程会议简介，水处理技术，1988（4），59］。会议促进了中日膜学会之间的学术交流，之后日本膜研究工作者也受邀到海洋局二所进行学术交流。

8月，合作发表《高效液相色谱法考察CA、PSA反渗透膜材料的性能》［孙秀珍、高从楷、郎康民、松浦刚，水处理技术，1987（4），247-252］。摘要如下：

> 本文利用高效液相色谱技术，对国产原料$CA_{86-4-11}$和CTA_{82-855}、进口原料$CA_{E-398-3}$以及聚砜酰胺（PSA）进行了液相色谱试验，以Sourirajan提出的"优先吸附-毛细孔流"机理为依据，考察了无机和有机试剂与膜材料之间的相互作用。文章对这些膜材料的性能进行了比较，获得了对实验具有一定参考价值的结论。

9月，"荷电膜及其性能的研究"获国家科委非教育系统回国留学人员科技活动资助立项，项目经费4万元，这是国家科委设立的用于择优资助回国留学人员开展科技活动和国际学术交流活动的项目。

12月，合作发表《表面力-孔流模型在反渗透膜研究中的应用》［郎康民、高从楷、孙秀珍、林建武、松浦刚，水处理技术，1987（6），360-367〕。摘要如下：

本文介绍了根据表面力-孔流模型和液相色谱实验数据，选择膜材料、预测膜性能的理论要点和计算方法，以此比较了几种醋酸纤维素材料制备反渗透膜处理三种典型溶液的性能，并确定了已制备膜的平均孔径。文章还模拟了一些实验条件对膜性能的影响。

发表"Pore size control of PAN membranes"〔Gao Congjie et al.，Desalination，1987（62），89-91〕。这是高从堦第一次向Desalination（《脱盐》）杂志投稿，该杂志主编巴拉班（M. Balaban）女士对中国学者很友好，她对高从堦的稿件进行了很认真的修改，细致到包括冠词、标点等，高志雄（当时负责Water Treatment杂志外文版的试刊工作）等几个同事看了M. Balaban女士修改后的稿子，都被她的友好和认真所感动。

参与南京市科委项目"处理阴极电泳漆的HNA复合超滤和NH型超滤器"的中试工作。

在上年开展的荷电膜结构和性能研究基础上，以鲁学仁、高从堦为主要成员的课题组与南京依维柯汽车制造厂合作，在国内最先开展用自行研制的复合PSA荷电膜在汽车阴极电泳漆超滤中的试验，研制出处理阴极电泳漆的HNA型复合超滤膜和NA型超滤器，实现了阴极电泳漆的循环回用，之后得到较广泛的应用，该成果后获1989年度国家海洋局科技进步奖三等奖。

本年被国家海洋局聘为科学技术委员会委员。

担任杭州水处理技术开发中心副主任。

本年起，在国内率先开展纳滤膜的应用基础研究。

国外的nanofiltration研究始于20世纪70年代中期，国内最早意译为"低压反渗透膜"。20世纪70年代后期，高从堦与《水处理杂志》的编辑共同讨论，兼顾词义和语音，将"nanofiltration"翻译为"纳滤"。20世纪80年代后期，美国FilmTec公司开发出纳滤膜。纳滤（NF）膜分离性能处于超滤（UF）膜和反渗透（RO）膜之间，其孔径大小在1～1.5nm左右，对应的截留分子量（MWCO）为300～1500。这一分离特点，确定了纳滤膜在膜软化、分子量为300～1500的物质（重金属离子、多糖、多肽、蛋白、激素、染料和中药有效成分等）的分离、浓缩和纯化等方面的优势地位。纳滤膜是"孔径范围在纳米级，截留分子量为100～1000的物质"，"能截留高价盐而透过单价盐，能截留分子量为100以上的有机物而使小分子有机物透过膜。它的分离特性是反渗透膜和超滤膜无法取代的"［刘玉荣、陈一鸣、陈东升，《纳滤膜技术的发展及应用》，化工装备技术，2002（4），14-17］。20世纪80年代，高从堦等研发的荷电的反渗透膜、低压软化膜和低压反渗透复合膜等，大部分都是纳滤膜，应用在各种不同的分离领域。

高从堦敏锐地意识到它是很有应用前景的分离膜品种，于是带领课题组在国内率先开展纳滤膜的应用基础研究。他们利用杭水实验室既有的膜材料、制膜工艺和设备、膜结构和性能测试和试验应用等方面的研究优势，相继研发出了醋酸-三醋酸纤维素（CA-CTA）纳滤膜、磺化聚醚砜（S-PES）涂层纳滤膜、芳香聚酰胺复合纳滤膜以及其他荷电材料的纳滤膜，在纳米级孔径控制等方面发现了一些规律，在纳滤膜分离性能和机理等方面也取得了一定研究进展；研制出制膜、评价设施，进行了渗滤纯化和浓缩中试。1992年，课题组与上海染化八厂合作，用4英寸的卷式纳滤组件，在国内首次实现活性染料脱盐纯化提级的工业应用。纯化的活性染料升级为高附加值的喷墨打印等专用染料。2002年，高从堦开展海水纳滤软化技术的研究，研究纳滤膜分离性能的影响因素如预处理、物料组成和性质、纳滤膜的选配、工艺操作条件等，特别是去除海水中的钙、镁、硫酸根和碳酸根等易结垢的二价离子的能力，纳滤膜污染和清洗问题及运行的稳定性等。2005年，在973项目的"高分子复合膜微尺度加工理论与方法研究"课题的纳滤研究中，高从堦与中国海洋大学陈国华教授一起，研究了基于天然聚合物-壳聚糖的系列有不同亲水性和荷电性的纳滤膜；基于国际上先进的纳米颗粒填充复合膜（TFN），提出并进行了反应型纳米颗粒复合膜（R-TFN）的纳滤膜的研究。又和中国海洋大学朱桂茹一起对该研究进行了实验验证，这也为高性能纳滤复合膜的开发展示了良好前景。2010年，在上述研究开发的基础上，获得国家863计划的滚动支持，"基于海上油田采油注水的海水膜软化技术的研究开发"课题获得立项

（负责人为中国海洋大学苏保卫），开发了超滤+纳滤软化海水的工艺、适合于海上油田注水与注聚的低压膜法海水软化处理技术，填补了国内空白。该研究为中国海上油田的深度采油奠定了良好的基础，也为在海水淡化和高浓度苦咸水淡化中纳滤应用的可行性评估，提供了必要的基础数据。

3月，合作发表论文《PEC-1000反渗透复合膜的红外反射光谱解析》［杨和福、高从堦，水处理技术，1988，14（1），27-33］。摘要如下：

> 本文阐述了用红外反射和透射光谱相结合的方法分析反渗透复合膜的材料，对PEC-1000反渗透复合膜的分析表明该膜的材质与有关文献中所报道的相一致。该法也可用于其他复合膜的分析。

3月，合作发表论文《高分子聚电解质膜处理阴极电泳漆》［鲁学仁、高从堦、鲍志国、汤宏、倪正明、庄锡敏，水处理技术，1988，14（1），39-43］。摘要如下：

> 本文研制了用于阴极电泳漆处理的HNA型复合超滤膜。测定了膜的荷电性和对金属离子的透过能力，观测了膜的结构。对数种阴极电泳漆进行了实验室阶段试验，生产性试验。结果表明，HNA型复合超滤膜处理阴极电泳漆具有产水量大、抗污染能力强和性能稳定等优点。本文还对超滤装置的最佳运行条件进行了试验。

6月，合作发表《荷电聚丙烯腈超滤膜》〔高从堦、鲁学仁、鲍志国、汤宏，膜科学与技术，1988（2），11-15〕。摘要如下：

本文阐述了不同荷电、不同孔径的PAN膜对不同浓度和不同漆型的电泳漆的实验室试验结果，并用流动电位的数据对不同的结果进行了解释。提出了用流动电位等有关参数来判断膜性能和进行开发新型荷电膜的可能性。文中也列举了膜的短期寿命试验结果和从中引出的一些结论。从初步试验看，PAN膜及其荷电膜是一类价格便宜、制备方便、有开发前途的分离膜。

8月，合作发表《膜性能恢复剂的初步研究》〔高从堦、刘玉荣、鲁学仁、鲍志国，水处理技术，1988（4），27-31〕。论文摘要：

本文阐述了膜性能恢复剂研究的意义，开发和试验了一系列膜性能恢复剂。试验表明不同的恢复剂的性能有很大差异，同时，对不同的膜（如醋酸纤维素膜和芳族聚酰胺膜）恢复剂的效果也不同。初步试验表明MXH-1适于芳族聚酰胺膜，而XMH-2适于这两类膜。膜的性能恢复后，在5天内没有很大变化。另外，文中对膜性能恢复的机理也进行了初步的探讨。

获浙江省级机关"优秀共产党员"称号。主要事迹为：承担了国家"七五"攻关项目中难度较大的复合反渗透膜的研究，同时还承担留学归国人员资助课题和浙江省科学基金项目，高从堦与同事群策群力，学习和借鉴国内外的研究成果，克服了一个又一个困难，使PA型系列复合反渗透膜的研究取得了可喜的进展，为膜分离研究向纵深发展打下了坚实的基础；高从堦担任中心的总工，在科研发展、主题论证、学术交流、人员培训等方面做了大量工作；他还负责中心的涉外工作，经常加班加点处理对外信件、参加国际会议英文稿的审核及出国人员的通信联系工作；他注重培养年轻人，毫无保留地分享自己的知识以及掌握的资料和信息，并帮助他们提高业务水平。

世界医疗水平的提高，对医疗用水提出了更高的要求，于是，高从堦课题组将研究方向拓展至医疗用水领域。本年起，他与课题组成员（以鲍志国为主）在分析国外人工肾反渗透水处理装置的基础上，与嘉善炊具机械厂合作，开发专用的反渗透泵、水质自动检测系统、反渗透装置等，解决了预处理和后紫外消毒等问题，在浙江医院等单位试验成功，之后得以推广应用。

1989年 47岁

1月，主持的"均苯三甲酰氯的合成和新型复合膜的研制"获国家自然科学基金项目立项，项目经费3万元。

20世纪60年代，反渗透用不对称醋酸纤维素膜的出现，促进了膜科学的发展，开始用的膜材料多为纤维素衍生物，60年代后期开发了芳香族聚酰胺膜材料，但均为不对称膜。而复合膜由于可使支撑膜和脱盐层分别最佳化，被认为是最有前途的膜，至70年代，不少复合膜问世，主要为聚脲类和芳香族聚酰胺类。1980年，美国

Film Tec公司发布了FT-30膜的开发结果，即均苯三甲酰氯类与多胺类反应而成的交联芳香族聚酰胺，这是国际上效果最佳、使用最广的反渗透复合膜。当然，美国方面仅公布了结果，具体细节并不会公开。国内从60年代中期开始反渗透膜的开发，主要为醋酸纤维素类膜，70年代初开展芳香族聚酰胺不对称中空纤维膜的研究，70年代末开发了一些复合膜，但除醋酸纤维素膜之外，其他的都未能真正地达到使用阶段。

20世纪80年代初期，高从堦率课题组研制成功中空纤维反渗透膜及组器并实现产业化，他认为这张新型的复合膜很值得做深做透。他在滑铁卢大学访学期间，就对芳香族聚酰胺反渗透复合膜有所涉猎和关注，认为这是今后发展的主要方向，当时我国尚未开展这方面的研究。

为了推动我国复合膜的发展，高从堦提出开发均苯三甲酰氯中间体，再与各种多胺类界面反应，以此制备出不同性能的各种反渗透复合膜，尤其是性能更好的膜。1986年，高从堦课题组率先在国内开展这项研究。本年在前期成果的基础上，高从堦牵头申报的该项目获国家自然科学基金项目资助。

该课题包含两部分：第一部分是均苯三甲酰氯的合成，主要解决均三甲苯氧化和均苯三甲酸酰氯化的催化剂选择、工艺条件的最佳化，产物的纯化和鉴别等，该产品的成功将填补我国化工产品中的空白，不仅可用于制备高性能的反渗透膜，而且可进行高聚物改性，也可用作高性能增塑剂的原料；第二部分是以均苯三甲酰氯为原料的新型反渗透膜的研究，主要解决聚砜支撑膜的选择（已经得到初步解决）、多胺类的选择，复合工艺过程参数的最优化，膜性能测试和改进等，该膜的成功将是反渗透膜研究的重大突破，在纯水制备、咸水淡化、液体分流和浓缩等方面将产生明显的效益。

7月，组织并参加在西天目山举行的浙江省膜学会讲习班，并在会上作学术讲座和技术咨询。

9月，"处理阴极电泳漆的HNA复合超滤膜NH型超滤器"成果（第三完成人）获国家海洋局科技进步奖三等奖，这一成果由鲁学仁负责完成，高从堦主要对HNA复合超滤膜的改进提出了相关建议。

"卷式超滤组件和装置研制"成果（第四完成人）获国家海洋局科技进步奖二等奖。

12月，主持的国家"七五"科技攻关项目"中盐度苦咸水淡化用反渗透膜及组器研究"通过国家海洋局鉴定。

该项目在立项时确定的目标是要在此前研究成果的基础上，进一步提高膜装置性能，并推向产业化。立项后，高从堦率团队经过4年的努力，攻关奋战，改进了膜材料，简化了制膜工艺，研发了新膜品种，成功地解决了大型中盐度苦咸水脱盐组件的制膜技术和黏结密封等重要关键技术，使中盐度中空纤维膜及组件和CA-CTA低压膜及组件的各项性能均达到了国外20世纪80年代同类产品水平。这些膜装置由其他专题组在电子工业超纯水制备、电厂锅炉补给水供应和苦咸水淡化三个领域进行了示范，同时还有不同程度的推广应用，这一成果为之后开发高盐度苦咸水脱盐用反渗透组件奠定了良好基础。上述几个专题整合为"国产反渗透膜装置及工程技术开发"成果，一举斩获1992年国家科技进步奖一等奖，为我国膜技术进一步提高与扩大应用领域打下了坚实的基础。此外，该项目开展的低压复合膜和非纤维素膜研究小试也接近国外商品膜性能，同时开发了高性能荷电膜和共混多孔膜等。

同月，回国留学人员科技活动资助项目"荷电膜及其性能研究"通过鉴定。该项目研制出的各种荷电膜配方，部分成果转让给了湖州、南京等地企业，并获得了推广应用。

被评为海洋局二所"优秀党员"和先进工作者。海洋局二所的评价为：高从堦担任杭水副总工后，主持制定中心科技发展规划，从全局出发协调科技攻关项目各承担单位的任务，并兼任课题组组长，承担国家科技攻关和自然科学基金等多项科研课题，出色地完成了科研任务；本年度鉴定两项重大成果；国家科技攻关项目提前一年达到全国指标，在国内首先研制成功2个系列复合膜，荷电膜已在工业生产中推广应用，在电泳漆回收中获得良好的社会效益与经济效益，为我国膜技术的发展做出重大贡献。

1990年 48岁

本年起，担任*Desalination*（《脱盐》）杂志的编委。*Desalination*杂志由Elsevier出版商创刊于1966年，刊登水淡化和再利用领域的理论研究、工程应用、产业化等方面的动态与进展等方面的高水平论文，是水淡化和纯化领域里颇具国际影响力的期刊。入选该期刊编委，代表着高从堦在这一领域的国际影响力。

3月，主持的"荷电膜及其性能的研究"项目通过验收，该项目主要参与者有莫剑雄、鲁学仁、刘淑敏、鲍志国、呼忠华等。自1987年9月立项以来，课题组探索并明确把握了膜的荷电性强弱、膜材料和孔径等对膜性能的影响，其中Zr离子交联PAA复合荷电膜、SPS和PVA互穿网络复合荷电膜和热保护法脂肪族多胺复合荷电膜等研究在国际上未见报道。高从堦与同事们一起，建立并不断改进荷电压力驱动膜的流动电位（SP）的测定法，这在国内尚属首创，并被国内同行所接受；在流动电位与膜结构和性能之间的关系上有多项新发现，促进了荷电膜研究和评价的进步。在国内首先开发了近10种荷电膜，建立了新的评价方法，部分成果实现产业化，性能接近当时国外类似产品。

在国内最先开展聚合物多元合金膜的研究工作，探索了多元合金溶液顺序凝胶对膜孔径、孔径分布的影响，以及材料亲疏水和荷电强弱与膜孔径和性能之间的关系，为提高膜综合性能和增加膜品种提供了更多的手段；近几年，在国家973计划项目支持下，更深入地进行

119

了膜荷电、双离子、亲水、疏水、疏油、双疏结构等在改进膜的结构和提高综合膜性能方面的研究，为精准开发不同用途的高效分离膜打下很好的基础。

6月，合作发表《PFT复合反渗透膜的制备和性能特性》〔鲁学仁、高从堦、呼忠华、鲍志国、张玉楚，膜科学与技术，1990（2），1-10〕。摘要如下：

> 以THEIC为改性剂研制了一种新型的苦咸水脱盐PFT复合反渗透膜。本文讨论了PS基膜、浸涂液组成和制膜条件与复合膜性能的关系。观测了操作压力、供料液浓度和pH值，不同盐类型对膜性能的影响。同时对该膜的抗氧化性、抗氯性和寿命也进行了试验。所研制的膜在操作压力3.0MPa下，供料液浓度为5000ppmNaCl水溶液时，脱盐率为97%，水通量为2.0ml/（cm² · h）。

12月，主持的国家自然科学基金项目"均苯三甲酰氯的合成和新型复合膜的研制"成果通过鉴定。

该项目于上年初立项后，高从堦与课题组成员（朱宝康、鲁学仁、孙洪明、鲍志国、严流、呼忠华、丁建华等）完全依靠自主探索，在均苯三甲酰氯的合成和纯化、聚砜底膜的制备、间苯二胺类单体水溶液配方、均苯三甲酰氯有机相的配方、在聚砜底膜上进行水相和有机相的反应控制、成膜结构和性能测试、膜的干燥和保存等方面均取得突破性的成果。探索与突破殊属不易，饱含艰辛，如均苯三甲酰氯的合成，高从堦通过查阅资料，了解到上海焦化厂有生产焦炭时从气体中回收的均三甲苯，他就想若能将其变为均苯三甲酸，再进一步将其酰氯化，就会获得均苯三甲酰氯。于是，高从堦就前往上海焦化厂，与该厂总工朱宝康进行商谈，得到他的大力支持，双方签了合同，大约半年后就制备出了100g合格的产品。这一突破在我国首次成功合成了界面聚合成膜的关键单体——均苯三甲酰氯（TMC），填补了国内的空白；之后高从堦又用温差纯化的方法，对样品进行了进一步的纯化。高从堦曾说："不实现这一材料的国产化，我们对复合膜的研究就无从谈起。"有了这一关键原料后，高从堦率课题组经过反复试验，终于解决了聚砜底膜的制备（以鲁学仁为主）、水和油两相界面聚合的配方、成膜条件与调控以及后处理等一系列关键技术，在实验室研制出国内第一张小试的芳香族聚酰胺反渗透复合膜，其性能已接近美国Film Tec公司生产的FT-30反渗透膜水平，填补了国内空白，为进一步发展我国复合膜技术打下了良好基础。

"七五"国家攻关项目顺利完成后，着手进行"八五"攻关项目的论证工作。

参加在天津举行的全国膜技术论文交流会，并在会上交流了论文。

被评为海洋局二所"优秀党员"。

高从堦既担任中心的副主任和副总工，又是课题组组长。作为副主任和副总工，高从堦要制定和实施中心的科技发展规划，比如针对反渗透发展快的现状，提出电渗析该如何发展的方向问题，他建议发挥电渗析的优势，重点进行制备纯水的EDI（电除离子）、高浓度液体的浓缩、双极膜和CDI（电容除盐）等研究。与同事莫剑雄共同开展了双极膜制备和结构与性能的初步研究。与留学美国的李东合作，用美国MSI公司的双极膜，与谭永文等同事在国内最早进行了双极膜电渗析从甲酸钠制备甲酸和氢氧化钠（从盐制备酸和碱）的研究和中试试验，为国内新型离子交换膜（含双极膜）的研究和应用提供了新的方向。作为课题组长，高从堦带领全组同事完成"七五"攻关等科研项目，时间紧，任务重，经常利用节假日和夜晚的时间，加班加点工作，不仅提前完成了攻关项目，还在推广应用上获得了良好的社会效益和经济效益。

事实上，自从1974年担任课题组组长以来，高从堦长期处于高强度的工作状态，他儿子告诉笔者："我小时候很少见到父亲，因为父亲每天很早去上班，下班回家时我已经睡下了。父亲的实验量很大很大，所有的实验都是他自己亲自做的。"这种工作强度和工作环境损害了高从堦的身体，本年4月，体检查出乙肝三系严重偏高，医生要求他住院治疗，同事也劝他好好休息，但他不愿意中断正在进行的实验，拒绝了医生提出的住院要求，回到单位继续做实验。后来。高从堦边看中医边工作，曾到浙江省中医院的魏睦森医生那里就诊，魏医生开方"肝必复"等药，经过一年多的治疗，身体指标才恢复正常。

作为第一完成人的"中盐度苦咸水淡化用反渗透膜及组器研究"获国家海洋局科技进步奖一等奖。

课题组从1986年开始这项研究，经过5年的攻关，终于结出了硕果。项目成果"中盐度苦咸水"淡化的六种膜及三种组器，均为国内首创，并接近或达到国外同类产品水平，改进了中空纤维反渗透膜的成膜工艺，大幅度提升了CTA中空纤维反渗透膜和组器的性能，产品应用于多个行业，产生了显著的经济效益和社会效益。

作为"反渗透复合膜研制"专题负责人，高从堦参加了"八五"国家科技攻关计划论证；作为"复合膜的研制"专题负责人，组织并参加了省级和国家级的"八五"科技攻关计划论证。

主持的"反渗透复合膜研制"先后被立项为浙江省科技攻关项目和国家"八五"国家科技攻关项目，项目起止时间为1991年8月至1996年12月，总经费110万元。

高从堦凭着敏锐的科研嗅觉以及对行业未来的前瞻意识，认识到反渗透复合膜具有很大的应用潜力，他下决心要让这张膜走出实验室的研究领域，走进海水淡化等水处理的应用领域，于是决定以"反渗透复合膜研制"为题申报"八五"国家科技攻关项目。高从堦组织起一个团队，以张建飞、俞三传、鲁学仁、呼忠华、蔡惠如为主要成员，对申报项目进行前期论证，撰写好申报书，明确攻关目标是：在聚砜多孔膜上利用界面聚合原理制备高性能的反渗透复合膜，该膜将广泛应用于苦咸水淡化、纯水和超纯水制备、物料浓缩分离等领域。

凭着良好的科研信誉以及在业内的学术影响力，高从堦领衔的团队再次获得国家攻关项目立项。作为课题总负责人，高从堦带领同事又踏上了为时数年的漫漫探索之路。他们在复合膜小试的基础（1990年完成的国家自然科学基金项目成果）上，从建立超净室，到成功设计建造出自动化程度较高的大型支撑膜制膜机与复合膜制膜机，在国内最先建成芳香族聚酰胺反渗透复合膜中试生产线，并不断改进完善设备和工艺参数，完成了复合膜的放大试验，他们就这样稳扎稳打，一步一个脚印，顺利实现了"八五"国家科技攻关项目的目标任务，为工业化放大奠定了基础。该项目后来获1996年度国家海洋局科技进步奖二等奖。1997年，与在美国有复合膜制备经验的王道新博士等合作，引进当时先进的关键设备，在国内最先建成芳香族聚酰胺反渗透复合膜生产线，产品得到较广泛的推广应用，初步实现反渗透复合膜的产业化。后来，国内有关单位在此基础上又成功研制了海水淡化膜组件，仅杭州水处理中心多年来年产值达3亿元，年经济效益数千万元。近几年，在973计划项目支持下，又努力研制基于纳米技术改进的更高性能的膜组件。

3月，"荷电膜及其性能的研究"成果（第一完成人）获国家海洋局科技进步奖三等奖和1989年度浙江省科学技术进步奖三等奖。

5月，合作发表《聚芳醚酮聚芳醚砜和聚醚砜膜的研究》［鲁学仁、高从堦，水处理技术，1991，17（2），14-20］。摘要如下：

本文在研制无纺布增强机制聚芳醚酮（PEK）、聚芳醚砜（PDC）和聚醚砜（PES）超滤膜过程中，研究了溶剂-添加剂体系与膜性能的关系，及膜材料与制得的膜的耐热性、抗H_2O_2和液氯氧化性、荷电性和膜结构的关系。研究结果表明，PEK和PDC膜材料更适宜于制备截留较小分子的超滤膜；PES膜具有优异的耐热性和化学稳定性；PEK和PES膜更适宜作制备荷负电性膜的基膜。

同月，合作发表《增强聚砜酰胺反渗透膜及其改性的研究》［高从堦、鲁学仁、鲍志国、张玉楚，水处理技术，1991，17（2），21-26］。摘要如下：

本文选用聚砜酰胺（PSA）为膜材料，以工业化生产为目标，进行了增强PSA反渗透膜成膜工艺的实验室系统研究，这包括配方、增强方法和成膜过程工艺条件控制等的探讨。针对该膜通量较低的问题，对PSA进行了化学改性，初步的改性表明，该膜仍有进一步改进的潜力。在小试基础上进行了连续制备400mm宽的膜的初步放大试验，证实了放大工艺的可能性。

6月，合作发表《以PSA膜为支撑膜的胺类系列复合膜的研究》［鲁学仁、高从堦、鲍志国、呼忠华，膜科学与技术，1991（1），29-35］。摘要如下：

本文用三种不同结构的PSA膜作支撑膜制备了胺类复合膜，证实了复合膜性能与PSA支撑膜的结构有密切的关系。通过复合条件的变化，可制得超滤型、低压1.0MPa和中压3.0MPa反渗透型系列复合膜。该种复合膜在酸性介质中具有较好的脱盐性能。

6月，合作发表《TMC的合成和相应复合膜的制备》[高从垲、朱宝康、鲁学仁、孙洪明、徐伟蓉，膜科学与技术，1991（1），141-152]。摘要如下：

本文简要地介绍了均苯三甲酰氯（TMC）的合成以及以它为中间体的系列复合膜的制备。TMC的制备工艺是先从均三甲苯的氧化得均苯三甲酸，再进行酰氯化反应，最后进行提纯和分析。复合膜的制备工艺包括增强涤纶无纺布的试验，聚砜支撑膜的制备，TMC与多胺中间体在聚砜膜界面的聚合，以及最后的结构和性能的表征。分析和试验表明所合成的TMC与国外的试剂样品接近，用它制备的实验用复合膜样品的性能也与国外的同类产品的性能接近，但仍有一定的差距。

9月，招收硕士研究生俞三传。

杭州水处理技术开发中心本年成为国家海洋局第二海洋研究所的研究生定点培养单位，高从垲作为中心的首批导师之一，招收了他的第一个硕士研究生，由此开启了科学研究与培养人才双轨并进的职业道路。俞三传有《我眼中的高老师"治学严谨、言传身教"》一文，讲述了师从高从垲攻读硕士研究生的经历："1991年，我有幸进入高老师团队，开始了我的研究生和科研工作生涯。给我感受最深的是恩师严谨的治学作风、任劳任怨的工作态度和言传身教的授业精神。在硕士研究生学习阶段，高老师对我悉心指导，无论从学术上还是为人处世上，恩师的谆谆教诲使我受益终身。在专业课程的授课中，由于缺乏教材，他亲自手写课程讲义；在膜材料成膜机理、界面聚合机理等内容的授课过程中，将掌握的最新知识倾囊相授；论文研究中碰到的问题和难点，他都细心地帮我分析，传授研究的要点和制膜的关键；作为国内复合反渗透膜研究第一人，恩师把在国外学到的最新技术和方法手把手地传授给我。"在接受笔者采访时，俞三传回忆了高从堦给他讲课的细节，当时高从堦只指导了他一个研究生，高从堦每次上课前都要花很长时间备课，那时没有教材，高从堦有一本厚厚的用来备课的活页本，他每次讲课前把授课内容写在活页上，同时复印一份给俞三传。

9月26日至30日，高从堦与同事任德谦参加了在美国华盛顿召开的由国际脱盐协会（IDA）组织的1991国际脱盐和水再利用会议。本次会议有来自中国、美国、日本、印度、苏联以及中东、欧洲国家等300多名代表，收到论文约80篇。会议交流的内容主要有：以多级闪蒸和反渗透为主的海水淡化技术，低温多效蒸发及水电联产，以反渗透、软化膜、浓水排放和降低成本为主要内容的苦咸水淡化技术。与会代表还介绍一些新的研究开发项目：离心反渗透技术、反渗透第二代能量回收装置-水力学涡轮转换器、开放流道卷式结构、新型多级闪蒸和反渗透用防垢剂等。会议还举办了展览会，来自世界各地的25个公司参加了展览，如美国DuPont，Fluid Systems，Osmonics，Hydranautics，Ionics等以及日本东丽和东洋纺等公司［高从堦、任德谦，《1991年国际脱盐和水再利用会议简介》，水处理技术，1991（5），封3］。在本次会议上，高从堦通过听取会议报告、参观考察、与各国代表交流，了解到国际脱盐和水再利用科技的最新进展，收获颇丰。会议结束后，高从堦又特地前往Milipore公司，购买了该公司的折叠式微孔滤芯完整性测试仪，并领取了10多个0.1μm孔径膜血液滤过用小滤器（免费领取的产品样品），这两种设备都为杭州水处理中心微孔滤膜的发展提供了借鉴价值。

本年，国家液体分离膜工程技术研究中心依托国家海洋局杭州水处理技术开发中心组建成立，该中心主要研发领域是液体分离膜技术研究、开发及应用。

这一年正是"八五"国家科技攻关计划的开局之年，杭州水处理技术开发中心组建了一支由高从堦领衔的国内顶尖的技术创新团队，围绕我国液体分离膜产业化技术、海水淡化工程技术与核心装备、膜法水处理技术应用推广等进行创新，取得了一批支撑和引领行业发展的重大科技成果，并成功将这些成果产业化。

1992年　50岁

本年，领衔完成的"国产反渗透装置及工程技术开发"项目成果获国家科技进步奖一等奖。

1月，主持的"聚酰胺复合膜中多胺的作用和膜功能的研究"项目获国家自然科学基金资助，项目经费为3.5

万元，研究起止时间为1992年1月至1994年12月。该项目顺利完成，并于1994年11月通过鉴定。

2月，"国产反渗透组器及其工程技术研究"（第一完成人）获国家海洋局科技进步奖一等奖。

参加全国第一届膜和膜过程论文交流会，作了题为"我国膜科技发展概况"的大会发言，并就复合膜形成机理和与会代表进行了交流。

5月，《人工肾透析用反渗透水处理装置》项目成果（第二完成人）通过验收，该成果主要由鲍志国负责完成。这是高从堦反渗透膜研究成果在医疗领域的成功运用，根据《人工肾透析用反渗透水处理装置》一文报道："为挽救急、慢性肾病患者，我国每年需从国外进口包括水处理机在内的人工透析设备。为此，在浙江省科委的支持下，杭州水处理技术开发中心承担了人工肾透析用反渗透水处理装置的研制任务，并于1992年5月28日在杭州通过了技术鉴定。由于水处理装置采用中空纤维式反渗透组件，它不但能除去水中的离子、中性粒子、细菌、大肠杆菌和热源等，而且产品水区是中空纤维的内腔，水质有保证，完全符合医学要求。产品水符合美国AAMI透析用水标准，装置的工艺流程设计合理，且有独到之处，主要性能指标达到了国外80年代末的同类装置水平。经医院两年600多人次的人工肾透析临床观察，用该装置提供透析用水后，病人的透析综合征明显减少，也未发现寒战、高热等异常情况，产品水的多次细菌培养及热源测定均为阴性，符合临床应用要求。"

［水处理技术，1992（3），203。］

11月，"国产反渗透装置及工程技术开发"项目成果（第一完成人）获国家科技进步奖一等奖。作为第一完成人，高从堦前往北京领奖，并受到当时国家领导人江泽民、李鹏的亲切接见。

该成果是"中盐度苦咸水淡化用反渗透膜及组器研究"成果与其他三个相关课题合并而成，具体内容为反渗透工程技术在三个系统中的应用：①在电厂锅炉补给水系统中的开发应用。②在电子工业超纯水系统中的开发应用。③在苦咸水系统中的开发应用。立项目标是要在此前工作的技术基础上，进一步提高膜装置性能，并推向产业化。高从堦率团队历时4年多，改进了膜材料，简化了制膜工艺，研发了新膜品种，成功地解决了大型中盐度苦咸水脱盐组件的制膜技术和黏结密封等重要关键技术，使中盐度中空纤维膜及组件和CA-CTA低压膜及组件的各项性能都达到国外20世纪80年代同类产品水平；这些膜装置由其他三个专题组在电子工业超纯水制备、电厂锅炉补给水供应和苦咸水淡化三个领域进行了示范，同时还有不同程度的推广应用。这一成果为此后开发高盐度苦咸水脱盐用反渗透组件奠定了基础。此外，该项目进行的低压复合膜和非纤维素膜研究小试也接近国外商品膜性能，同时开发了高性能荷电膜和共混多孔膜等。

12月，合作发表《复合型RUF膜的初步研究》［鲁学仁、高从堦，水处理技术，1992（6），355-359］。

摘要如下：

以PSA膜作为支撑底膜，采用复合工艺制备了聚酯布增强复合型RUF膜。用0.5%分子量为4000的聚乙二醇水溶液作为供料液，在操作压力0.5 MPa下动态测试，RUF膜截留率大于95%，水通量3.0~6.0 ml/（cm^2·h）。本文观测了操作压力、供料液温度、浓度和pH值对RUF膜性能的影响，同时进行了长期运行考核试验。

自本年起，率课题组与上海染料化工八厂合作，开展"纳滤纯化和浓缩活性染料"的研究开发工作。起初，该厂生产的染料盐分太高，只能染布，而当时国外的染料已经可以作为喷墨打印的材料，总工苏鹤祥就到海洋局二所寻求高从堦课题组的技术支持。高从堦率课题组（主要参与者有张建飞等人）经过近半年的小试和中试，从分离纯化小试、膜和器的选择、工艺过程的选定设计到现场试验和应用，掌握了不同活性染料纯化所要求的不同品种的纳滤膜和纯化工艺条件。其间，高从堦选用三种膜片分别给染化八厂的两种染料做比较试验，醋酸纤维素的纳滤膜因其通量大、截留率高而成为最佳选择。同时，课题组研制出了渗滤净化浓缩工艺。在上海染化八厂，高从堦率课题组与总工苏鹤祥等一起分离了多种染料，脱盐率达到99%以上，染料的颜色更鲜艳。历时3年，课题组研发的卷式纳滤组件和渗滤-浓缩工艺在国内首次成功实现活性染料脱盐纯化的工业应用，提高了活性染料的品质，扩展了活性染料高档次的应用，降低了生产成本，取得了良好的效果和效益。这套组件和工艺，适用于很多膜分离过程，不仅在国内尚属首次，在国际上也属少见。部分纳滤膜和组器研究成果在引进主要设备的生产线上，初步实现了产业化，并得到广泛的推广应用。

本年，晋升为研究员。

1993年 51岁

获1993年"国家有突出贡献中青年专家"称号。

获批享受国务院政府特殊津贴。

"人工肾反渗透水处理装置"成果（第二完成人）获1992年度浙江省科技进步奖三等奖。

3月，合作发表《聚酰胺反渗透复合膜成膜机理初探》［高从堦、鲁学仁、鲍志国、张玉楚，水处理技术，1993，19（1），15-19］。摘要如下：

> 为了更好地把握聚酰胺类复合膜的成膜规律，以指导复合膜的进一步提高，本文对其成膜机理进行了初步探讨，这主要包括单体、官能团、反应活性、反应过程和有关参数的影响等，即从热力学和动力学的几个方面的初步认识。本研究为制备高性能和高分子量的复合膜提供了必要的参考。

6月，访问位于美国"膜谷"——圣地亚哥的几个公司。其间，高从堦参观了美籍华人李政雄的公司，主要是电泳漆回收用管状超滤的自动化制备过程和一台过时不用的复合膜简易生产线；AMT和Hydranautics公司的负责人陪同高从堦参观了他们的生产情况，他们对中国市场表现出强烈兴趣，也表达了与杭州水处理中心进行工程技术合作的意愿。

8月，合作发表《磺化聚醚砜复合半透膜的初步研究》［夏永清、高从堦、鲁学仁，水处理技术，1993（4），197-200］。摘要如下：

> 本文以磺化聚醚砜（SPES）为原料，制备了SPES复合半透膜，初步研究了浸涂液组成与膜性能的关系，探索了制膜工艺条件对膜性能的影响，测试了膜耐氯性能及对$MgSO_4$、Na_2SO_4水溶液脱除效果。结果表明，选择合适浸涂液组成和制膜条件，能够制得高通量、适宜于硫酸盐型咸水脱盐的耐氯复合半透膜。

9月，合作发表《反渗透复合膜的发展》［高从堦、鲁学仁、张建飞、鲍志国，膜科学与技术，1993（3），1-7］，文章概述了国外复合膜的研究、演变、进展和改进等，介绍了国内复合膜的开发简史，最后就反渗透复合膜的发展提出了具体对策："一、增加膜品种，提高膜的性能：①开发聚脲、聚醚和聚酰胺等以外的聚合物的复合膜。②开发耐氧化、耐游离氯的复合膜。③开发脱盐99.9%的高性能复合膜。④开发耐热复合膜。⑤开发抗污染复合膜。⑥开发特种专用复合膜。⑦开发非水系统用复合膜；二、复合技术的开发、改进和扩展：①改进现有的涂层、界面聚合和就地聚合等技术。②开发等离子聚合、光化聚合、辐照聚合、电化聚合等新的复合聚合过程。③用复合技术制备复合超滤和微孔膜，进行膜表面改性，推广到气体分离膜和渗透汽化膜等。"

12月，合作发表《用超过滤、反渗透技术处理古龙酸发酵液的研究》[孙秀珍、高从㟁、周丽英、鲁学仁，膜科学与技术，1993（4），9-12]。摘要如下：

> 本文对药厂提供的酸性强、高混浊的古龙酸发酵液首先采用超过滤脱除发酵液中的蛋白、菌体及其他杂质，然后经过反渗透浓缩，所得产品古龙酸含量为86%～89%，熔点约160℃，完全符合药厂产品标准。采用超过滤与反渗透技术后，与原工艺比较，可大大节省能源。本文还对适应古龙酸液浓缩、分离用的膜种类进行了探讨。

1994年 52岁

本年，由国家海洋局提名为中国工程院院士候选人。

6月，合作发表《双极膜和水电渗离解过程简介》[高从㟁、李东、鲁学仁、张建飞，水处理技术，1994（3），133-139]。文章介绍了双极膜（BPM）和水电渗离解（EH）的一些基本知识，包括对双极膜的要求，EH的工艺过程、膜堆、主要工艺参数和应用范围等，同时指出了双极膜技术在酸、碱生产、pH调节、无机物和有机物制备以及废水治理和回用等领域应用的优越性。

10月，合作发表《荷电超滤膜离子交换容量的研究》[鲁学仁、高从㟁、张建飞，水处理技术，1994

（5），285-288〕。摘要如下：

本文用化学滴定法测定了PSA型和PVDF型复合荷电超滤膜的离子交换容量。较系统地研究了基膜与离子交换容量的关系；荷电剂浓度、反应温度和荷电时间等制膜条件与离子交换容量的关系；荷电膜热处理和贮存方式等对离子交换容量的影响；离子交换容量与膜性能的关系。研究表明，离子交换容量是表征荷电超滤膜的一个重要参数。

1995年　53岁

6月，增选为中国工程院院士，是海水淡化和膜技术领域的第一位院士。

1994年6月，中国工程院成立暨首届院士大会在北京举行，96位工程科学家成为中国工程院首批院士，朱光亚被选举为首任院长。本年为中国工程院第二次遴选院士，共有216位工程科学家当选。1997年之后改为每两年增选一次。

提名单位国家海洋局对高从堦的主要成就与贡献作了这样的概述："高从堦长期从事液体分离膜工程技术研究与开发，是我国膜分离技术领域的著名专家，是我国反渗透膜工程技术领域的开拓者之一。他在反渗透膜、组件及工程设计方面，先后主持完成了国家、国家海洋局和浙江省重点科技项目十多个，多项成果填补了国内空白，尤其在膜及组件研制方面解决了膜材料、膜配方、制膜工艺、大型工业化中空纤维反渗透组件耐高压、耐水密封等关键技术问题，并打破了反渗透膜工程技术长期被美、日垄断的局面，其研究开发的成果已得到了广泛的应用，取得了显著的社会效益和经济效益。中空纤维反渗透组件投入市场后，不仅为我国节省大量外汇，而且使我国成为世界上能掌握中空纤维反渗透膜产品工业化制造技术的少数国家之一，从而从根本上扭转了这类膜产品长期依靠进口的局面。在高分子功能膜材料研究方面，取得了开创性成绩，他在国内首先提出开发三醋酸纤维素中空纤维反渗透膜，最先系统地开展反渗透复合膜、荷电膜、多元合金膜等研究，已成为我国高分子功能膜领域的学术研究和工程技术带头人。几年来，先后获得国家级、省部级科技进步奖十多项次，在国内外学术刊物上发表具有较高学术价值的论文41篇，合译和合著书各一本。研究成果在我国高分子功能膜材料及反渗透膜工程技术领域中产生重大影响，是我国反渗透膜技术的重大突破，带动了我国膜科学技术的发展，为我国膜分离技术整体水平跨入世界先进行列作出了重大贡献。"

11月18日至24日，应阿联酋Darwish M. K. AI Gobaisi先生邀请，参加在阿联酋阿布扎比市（Abu Dhabi）召开的国际脱盐协会（IDA）组织的国际脱盐和水科学会议。共有来自30多个国家和地区的700多名代表参加了会议，我国有6名专家受邀参加会议。会议首次将脱盐和水科学结合在一起，表明脱盐在水领域（水资源开发、利用和保护）的重要性。会议组织了水电联产和脱盐工程及控制2个学术报告以及18个邀请的专题报告，这些报告对脱盐和水再利用的技术和工程问题进行了深入的综合报道。会议共收到论文350多篇，内容涵盖脱盐的历史、现状和将来，蒸馏工厂的研究、发展、设计、防垢和污染，膜过程研究和发展，膜工厂的设计、仿真、操作、防垢和污染，水、电联产和组合工艺，系统模糊控制，软件、仿真和模拟，水资源开发和管理，水和废水处理，材料与腐蚀，交替再生能源和交替脱盐过程等。同时还举办了展览会，有30多个知名的蒸馏和反渗透及配套材料、泵、管、阀、仪表、试剂等生产企业参展。高从堦的参会心得是：在国际脱盐和水科学领域，新成果和新产品不断出现，生产规模化，产品大型化，重应用、管理和运行，与水资源、水再生和环境保护关系密切［高从堦，《国际脱盐和水科学会议简介》，水处理技术. 1995（6），330］。

12月，"八五"国家科技攻关计划专题项目"反渗透复合膜研制"通过鉴定。

自1991年8月该项目立项以来，高从堦率团队解决了一系列反渗透复合膜的放大效应和稳定性等问题，自行设计制备1m宽复合膜的整套专用设备，获得了全套软件和硬件技术，实现了制膜工艺过程的精密调控；用直接中试放大研制成功的制膜装置制备的复合膜，脱盐率和水通量均达到预期目标，圆满完成了攻关任务。在制膜材料、复合膜配方及其制备工艺参数控制等方面均有所创新，总体水平达到国内领先，属国内首创。复合膜是当时国际上应用的先进分离膜品种，在海水、苦咸水淡化、纯水制备和其他膜过程（如气体分离、渗透汽化等）的物料浓缩和分离领域有广泛的应用前景，该项目研发的中试生产装置已能稳定地进行复合膜的批量生产，它的建立为我国复合膜技术进步和产业化奠定了技术和物质基础。这项研究成果将我国反渗透技术的应用向前推进了一大步。

1996年 54岁

本年，获国家计划委员会、科学技术委员会、财政部颁发的"八五"科技攻关突出贡献奖。

6月，合作发表《纳滤纯化和浓缩染料试验》[高从堦、张建飞、鲁学仁、俞三传，水处理技术，1996（3），147-150]。论文介绍了纳滤对粗制染料溶液脱盐净化和浓缩、制备高等纯净染料的部分试验，包括几种膜的实验室评价和工业规模中试放大试验，并对恒容纳滤脱盐和浓缩两个过程进行了数据分析。文章得出了3点结论：①纳滤纯化和浓缩染料是优于其他工艺的高效节能新过程。②不同的染料需用不同的纳滤膜，工艺条件也应适当地调整，使之趋于优化。③预处理和膜的清洗再生对保证纳滤过程的顺利进行也十分重要。

1997年 55岁

4月，"八五"国家科技攻关计划专题项目"反渗透复合膜研制"成果（第一完成人）获1996年国家海洋局科技进步奖二等奖。

8月，发表《膜技术与相关海洋产业》〔独著，海洋通报，1997（4），44-46〕，文章综述了与膜技术有关的几个海洋产业的发展和现状，包括海水和苦咸水淡化，电渗析海水浓缩制盐，氯碱工业和海洋资源综合利用等，以及膜技术在海洋调查、环境监测与保护中的应用，为膜技术的发展和更好地为海洋开发服务提供了借鉴。

11月6日，我国第一座日产500t反渗透海水淡化工程在浙江省舟山群岛最东端嵊山岛建成投产。

根据曹孟�《我国首座反渗透海水淡化站在舟山建成投产》一文记载："嵊山镇人多岛小，淡水紧缺是岛上长期不能解决的困难。岛上所有水库、山塘的蓄水能力不足20万立方米，只能在平常年景供应居民饮用，稍有干旱，就得实行限时、限量供水；岛上水产品加工和渔业制冰所需用水，大部分是派船到外地装运回来的，每吨水的成本高达20元左右。"供水问题一直困扰着当地百姓的生活，也是当地经济发展的瓶颈，反渗透海水淡化工程的建设成为嵊山岛居民生活和企业运转的迫切需要，浙江省和国家海洋局将嵊山岛海水淡化示范工程列为重大科技攻关项目，这一工程的技术及设备研制由杭州水处理技术开发中心负责。经过5个月的建设，海水

139

淡化站于本年10月16日一次试车成功，11月6日投产［曹孟陔《我国首座反渗透海水淡化站在舟山建成投产》，海洋信息，1998（2），12］。这座反渗透海水淡化工程启用后，咸涩的海水经初滤、精滤、反渗透脱盐以及后矿化等一道一道的工序后，就变成符合国家生活饮用水标准的饮用水。这项工程极大地缓解了嵊泗淡水资源不足的困局，在这一过程中，起到核心作用的正是膜法反渗透海水淡化技术，高从堦真切地看到自己的知识与技术造福人民，成就感与幸福感油然而生。

海水淡化从最早的蒸发-冷凝的蒸馏法，到后来利用渗透现象的反渗透法，是一个不断革新技术、降低成本、提升品质的过程，而在嵊泗建成的这套日产500t的反渗透海水淡化示范装置，开了我国海水淡化规模化应用的先河，更为我国后来千吨级、万吨级、十万吨级海水淡化工程研究与应用开了个好头。

如今，海水淡化反渗透单机设计技术早已突破万吨级规模，系统工程集成技术已突破十万吨级，并实现了关键设备的部分国产化，有效降低了海水淡化的设备投资和运行成本，为沿海和海岛地区的安全供水提供了充分的保障。与此同时，海水淡化技术及装备已经出口至中东、东南亚、南美、非洲等20余个国家和地区。

本年，杭州水处理中心拟引进反渗透复合膜生产线，高从堦在一次会议上获悉美国有一家膜公司（Desal）准备转让该生产线，就赴美国考察了该公司的生产车间，但这家公司最后将这条生产线转让给了英国。后来，高从堦结识了美国另一家制膜公司（Trisep）的华人博士王道新，他具备复合膜制备产业化的经验，高从堦就与之商讨引进生产线的事宜。杭州水处理中心最后决定引进这套先进的关键设备，中心派课题组的张建飞赴美国，去王道新博士所在的制膜工厂参观学习。同时，于2000年成立了专门的生产公司——"北斗星"，聘王道新为总工，课题组的张建飞和俞三传等也参与该厂的初建。为了早日建成这条生产线，高从堦及其课题组成员废寝忘食、熬更守夜，终于在最短的时间内顺利建成了国内最早的芳香族聚酰胺反渗透复合膜生产线。这条生产线的建成与运行意味着我国成功实现了反渗透复合膜的国产化，打破了这一产品的国外垄断局面以及价格壁垒，初步实现反渗透复合膜的产业化，使反渗透、纳滤复合膜投入了规模化生产，产品得到广泛的推广应用。之后，国内同行在此基础上也成功引进和开发了反渗透复合膜的生产。高从堦的这一成果为国家节约了大量外汇，也带动了国内相关产业的繁荣，创造了很高的经济效益，仅杭州水处理技术研究开发中心年产值就达3亿元，年经济效益数千万元。谈及这一成就，高从堦很自豪地说："这是我们中国人通过自己的努力，满足了国家的需求。"

1998年 56岁

本年，获何梁何利基金"科学与技术进步奖"，并

141

参加在北京举行的颁奖典礼。

何梁何利基金是我国香港爱国金融家何善衡、梁銶琚、何添、利国伟先生基于崇尚科学、振兴中华的热忱，各捐资1亿港元于1994年3月30日在香港注册成立的社会公益性慈善基金。其宗旨是通过奖励取得杰出成就的我国科技工作者，促进中国的科学与技术发展，倡导尊重知识、尊重人才、崇尚科学的良好社会风尚，激励科技工作者不断攀登科学技术高峰，加速国家现代化建设进程。基金设有"科学与技术成就奖""科学与技术进步奖""科学与技术创新奖"，其中"科学与技术进步奖"授予在特定学科领域取得重大发明、发现和科技成果的人。

1月，发表《海水淡化的好助手——膜技术》一文［独著，海洋世界，1998（1），26-27］，文章介绍了世界膜技术及其产业的发展，介绍了膜技术在海水和海洋资源综合利用方面许多重要的潜在应用，文章认为："膜技术在我国已初成产业，在海水和苦咸水淡化、纯水和超纯水制备、物料分离、净化和浓缩等方面，已广泛地应用于电力、化工、医药、食品和饮料等行业，取得明显的经济和社会效益。但膜技术水平与国外先进技术相比还有相当差距，应根据我国国情和海洋产业发展的实际，利用国外技术和自己开发相结合，使我国膜技术更快发展，更好地为海洋产业服务。"

4月，发表《膜技术在石化工业中的应用浅谈》［独著，膜科学与技术，1998（2），1-2］，文章从8个方面介绍了膜技术在石化工业中的应用：①海水和苦咸水淡化供海上平台和沙漠油田用水。②生产纯水供发电、锅炉和加工过程用水。③微滤和超滤处理油田注入水。④石化废水的深度处理。⑤氢气的分离和回收。⑥天然气中脱除CO_2、H_2S和H_2O。⑦膜法富氮的应用。⑧乙醇脱水和防爆剂脱甲醇。文章最后指出："随着石化工业的发展（各种三次采油，油气的深度加工等）会给膜技术提出更新更高的要求，同时也给了新的应用机遇；同样，随着膜技术的进步，各种功能膜和过程的开发（各种新的高效功能膜、膜催化、膜反应、燃料电池隔膜等），膜技术在石化工业应用的广度和深度还会扩展，必将给石化工业带来一些革新或革命的新工艺过程，这要靠膜技术和石化战线上致力于研究、开发、工程和应用的全体人员的努力和合作来实现。"

承担中国工程院"中国可持续发展水资源战略研究"（负责人为清华大学教授、工程院院士钱易）中"海水和苦咸水利用"子专题。

主持的"高效耐污染浸没式膜组件研制和过程开发"获浙江省科技项目立项，项目经费6万元。

主持的"固载促进传递研究"获杭州市人事厅项目立项，经费8万元。

本年，高从堦父亲去世，享年85岁。

1999年 57岁

本年，主持的"有机物体系膜分离及膜材料成膜技术"获国家自然科学基金重点项目立项（由杭州水处理技术研究开发中心与浙江大学共同承担），资助金额92万元；主持的"功能吸附膜材料研究"和"浸没式膜生物反应器组件研制"获浙江省科技项目立项，经费分别为9万元和19万元。主持的"加快我国海水利用技术产业发展及政策研究"获科技部软课题立项，经费3万元。

4月，合作发表《高脱盐反渗透复合膜初步放大研究》[张建飞、俞三传、蔡惠如、呼中华、高从堦，水处理技术，1999，25（2），19-22]。

> 本文扼要介绍了高脱盐反渗透复合膜的试制、放大和初步性能研究。结果表明，该膜具有优异的性能，在很宽的苦咸水范围内表现出98.5%以上的脱盐率，说明国产复合膜配方、成膜工艺及设备等关键技术均有显著突破。

同月，合作发表《小孔径PVDF超滤膜的研制》[俞三传、高从堦，水处理技术，1999，25（2），23-26]。摘要如下：

> 本文主要研究了高通量小孔径PVDF超滤膜。分析了溶剂体系、添加剂种类、无机盐含量及第二组分PMMA等对膜性能的影响，实验结果表明，选择合适的溶剂体系和致孔剂，可制得高通量的致密小孔径PVDF超滤膜，同时，在PVDF膜中混入少量与之相容的PMMA可显著改善该类膜的亲水性，进一步提高膜的水通量。

10月，合作发表《聚砜-聚醚砜共混膜相容性及凝胶特性研究》［俞三传、高从堦，膜科学与技术，1999（5），23-26］。摘要如下：

研究了聚砜（PSF）与聚醚砜（PES）共混膜的相容性及其凝胶特性。首先，通过计算PSF-PES共混体系的混合热，从理论上预测该共混体系相容性，并用反相气相色谱法（IGC）测定相互作用参数。研究PSF-PES共混体系相容性与组成的关系；通过黏度测定研究了共混制膜液的溶混性；探讨了共混制膜液的凝胶特性。研究结果表明，PSF-PES共混体系为部分相容体系，且其溶混性与组成有关，共混可明显改变制膜液的凝胶特性。

12月，合作发表《膜接触器及相关过程》［高从堦、俞三传、蔡惠如，水处理技术，1999，25（6），311-316］。摘要如下：

膜接触过程是一个相当广义的膜过程，它包括膜蒸馏、膜萃取、膜吸收、膜吸附、膜汽提和渗透萃取等。其主要优点是膜的堆砌密度高，可提供极大的膜面积，使接触的两种介质可进行传递；其主要缺点是膜的传质阻力较大和不稳定性等。本文简要综述了这一过程的主要方面，各种膜接触器、相关过程、应用和潜在应用等。

同月，合作发表《高性能聚砜支撑膜研制》［俞三传、金可勇、高从堦，膜科学与技术，1999，19（6），45-47，55］。摘要如下：

研究了复合用高性能聚砜（PS）支撑膜的制备。详细讨论了聚砜制膜液中聚砜和添加剂含量、第二添加剂及其含量、溶剂组成、凝胶浴组成与支撑膜性能的关系。研究结果表明，制膜液中聚砜和添加剂含量对膜性能影响较大；加入第二添加剂，可显著降低聚砜制膜液对环境条件，尤其是环境湿度的敏感性，消除以往制膜过程中易产生的针孔等缺陷，提高了膜的完整性和性能稳定性；使用混合溶剂可有效改善膜的孔结构，提高支撑膜的性能；控制凝胶浴中溶剂含量，可进一步提高聚砜支撑膜连续制备的性能稳定性。

2000年 58岁

本年，主持的科技部软课题"加快我国海水利用技术产业发展及政策研究"成果（第一完成人）获国家海洋局科技进步奖二等奖。

这项研究针对我国淡水和物质资源不足，尤其是北方沿海地区和岛屿淡水资源短缺日趋严重的情况，对沿海发电厂的海水综合利用、沿海城市居民的生活用水、海水利用技术装备、海水化学物质提取的产业发展、海水直接利用和海水淡化的技术经济等问题进行了比较广泛的调查研究，提出了加快海水利用技术产业发展的政策措施建议。研究报告把海水利用技术产业界定为海水直接利用、海水淡化和海水化学物质提取三个方面，并着力推动海水综合利用示范工程。在课题研究过程中，促成了大港发电厂与塘沽盐场综合利用海水的合作洽谈，为发展我国海洋经济探索了新路。研究报告具有显著的针对性、务实性、前瞻性和可操作性。

3月，合作发表《渗透现象实验研究》〔金可勇、俞三传、高从堦、林柯，科技通报，2000，16（2），125-129〕。摘要如下：

> 文章对渗透现象进行了初步实验研究和探讨，用纳滤、反渗透膜等不同的半透膜进行渗透实验，试验了溶质种类、浓度、渗透压、搅拌混合等的影响，结果表明纳滤膜等新型的半透膜具有良好的渗透性能和较好的应用前途。本文为渗透现象的实际应用提供了理论和实验依据。

7月，合作发表《集成膜过程》〔高从堦、俞三传、金可勇，中国工程科学，2000，2（7），43-46〕。摘要如下：

> 文章简明扼要阐述了部分集成膜过程在水净化、废液处理和清洁生产中的应用，如纯水和超纯水制备、饮用水净化、污水处理和回用、有机废水处理、乳清综合利用和海水淡化等，分析了集成膜过程的优势和广阔的应用前景。

8月，合作发表《纳滤恒容除盐过程分析》〔俞三传、金可勇、高从堦，水处理技术，2000，26（4），187-193〕。

10月，合作发表《浸入沉淀相转化法制膜》〔俞三传、高从堦，膜科学与技术，2000，20（5），36-41〕和《膜软化及其应用》〔俞三传、金可勇、高从堦，工业水处理，2000，20（11），10-13〕。

12月，合作发表《变脱盐率连续间歇纳滤恒容除盐》［俞三传、金可勇、高从堦，水处理技术，2000，26（6），311-314］。

主持的"电化吸附脱盐的研究"立项为浙江省科技项目。

2001年 59岁

本年，日产1000t海水淡化一期工程在嵊泗县泗礁岛投入试运行。作为杭州水处理技术研究开发中心的首席专家，高从堦在接受记者采访时自豪地表示："我国是世界上少数几个掌握海水淡化先进技术的国家之一。"他说："我国自20世纪50代研究海水淡化以来，连续几个五年计划都将其列入国家科技攻关项目，并将海水淡化产业列入了《当前优先发展的高技术产业化重点领域指南》。经过40余年的发展，我国不但建立了海水淡化科研基地，培养和锻炼了专门人才，而且在海水淡化领域取得了令人瞩目的成绩，奠定了我国在海水淡化领域的世界强国地位。"高从堦介绍："嵊泗是浙江省最东部的一个海岛县，淡水资源奇缺。在建淡化站前，泗礁本岛每年可开发利用的淡水资源仅28.7万立方米，而实际年需水量为74.6万立方米。嵊泗县已立项4000 t/d反渗透海水淡化示范工程，目前完成的1000 t/d的淡化站，只是其中的一期工程。待五年完成整个工程后，嵊泗海岛群再也不用为天不下雨而望海兴叹了。"［陈荣发，《有

海洋，我们就有水喝——访中国工程院院士高从堦》，科学24小时，2002（3），4-6]

1月，参与主编的《膜技术手册》（时钧、袁权、高从堦）由化学工业出版社出版，手册介绍了膜分离技术在海水淡化、水质处理、气体回收和增浓、超纯水制备、食品工业、医疗卫生、石油加工等各领域的应用及其成果，出版后成为膜分离技术领域的权威工具书。这本手册三位主编均为院士：时钧（1912—2005），江苏常熟人，化学工程学家，1980年当选为中国科学院学部委员（院士）；袁权（1934—2023），出生于上海，籍贯浙江德清，化学工程学家，1991年当选为中国科学院学部委员（院士）。

2月，合作发表《膜技术在海水淡化和综合利用中的新进展》[俞三传、高从堦，海洋通报，2001，20（1），83-87]。

同月，合作发表《聚哌嗪酰胺复合纳滤膜研制》[俞三传、金可勇、潘巧明、高从堦，膜科学与技术，2001，21（1），1-3，34]。摘要如下：

> 以聚砜为支撑底膜，以哌嗪和均苯三甲酰氯为单体，经界面聚合反应制备聚哌嗪酰胺复合纳滤膜。详细研究了聚哌嗪酰胺复合纳滤膜的成膜规律和分离性能。研究结果表明，以聚砜为支撑底膜，采用界面聚合法，选择合适的成膜工艺（支撑底膜孔径、水相和有机相组成、热处理温度等），可制备分离性能优越的聚哌嗪酰胺复合纳滤膜。

4月，合作发表《从海水中提取铀的发展现状》［金可勇、俞三传、高从堦，海洋通报，2001（2），78-82］。

12月，合作发表《分离有机/有机混合物的PVA、CA系列膜及其渗透汽化性能研究》（Ⅰ膜材料与成膜工艺）［蔡邦肖、余黎、叶海林、胡杰、朱丽芳、周勇、高从堦，水处理技术，2001，27（6），314-317］。

同月，"高效耐污染浸没式膜组器研制和过程开发"成果（第一完成人）通过鉴定。该成果研制了两种共混改性的亲水膜材料，通过对中空纤维膜的制膜配方、制膜工艺条件等的研究和优化，制备了高性能、高孔隙率的中空纤维膜。其中在材料PVDF共混亲水改性和PS-SPS共混体系凝胶成膜技术上有创新性，处于国内领先水平。开发出的高效耐污染中空纤维膜组器具有抗污染性能好、膜的孔隙率高、过滤效率高、易清洗等优点。以该类中空纤维膜组器为核心的膜-生物反应器技术，不仅可用于常规废水的处理，还可用于难处理高浓度有机废水的处理以及宾馆、饭店的污水处理和回用。

本年，主持的"优先选择吸附-固载促进传递的膜分离新模式"项目获浙江省科技计划项目高技术研究发展计划立项；参加国家"八五"科技项目"高性能超滤、微滤膜和组器研制及应用"，并主持其中的一项专题"新型超滤膜研制"；主持中国工程院"西北地区水资源配置、生态环境建设和可持续发展战略研究"项目的子专题"苦咸水利用"。

受聘为中国海洋大学双聘院士。

高从堦1960年至1965年就读于山东海洋学院（即今中国海洋大学）海洋化学系，并以在同专业同学中排名第三的总成绩毕业，在校期间，不仅接受了系统而完整的专业教育，更是得到系主任闵学颐教授在学术上的悉心栽培，为此后的研究工作奠定了专业基础。高从堦参加工作后，始终心系桑梓，感恩母校。因此，本年前后，中国海洋大学向高从堦发出邀请，拟聘请其担任该校双聘院士，他欣然应允。随后就投入相关的学科建设、科学研究和人才培养等工作中，2003年，开始招收博士和硕士研究生。2005年，与该校正式签订双聘协议，并兼化学化工学院名誉院长。

高从堦为中国海洋大学海洋化工学科的发展做出了重要贡献。在中国海洋大学，高从堦长期担任海水综合利用技术工程中心主任，以该校海水资源综合利用实验室为依托平台，主要开展海水淡化及水处理、海水化学资源利用和海洋精细化学品等领域的开发及产业化研究。该中心先后与胜利油田、中国中材集团、山东招金膜天有限责任公司、大唐黄岛发电厂、青岛海洋化工厂等多家单位在采油回注水处理、海水淡化和污水处理等领域展开一系列合作，先后获得国家"十一五"和"十二五"科技支撑计划、国家863计划、国家海洋公益性项目和山东省科技攻关等一批专项支持。从2003年至2019年在中国海洋大学共培养了33名博士研究生和57名硕士研究生。

在中国海洋大学担任双聘院士期间，高从堦还承担了下列工作：2004年，与中国海洋大学陈国华教授合作主编出版《海水淡化技术与工程手册》（化学工业出版社出版）。2005年，为支持青岛市科协开展国内外海水淡化科技交流工作，牵头举办"国际海水淡化会议"，这一会议后来发展为国内外知名的"青岛国际水大会和水展"，每年一届，延续至今，2024年已经是第19届，成为山东省和青岛市海水淡化科技领域的一张"名片"；参与"青岛市创建国家海水综合利用示范城市实施方案"的部分工作；初步组建中国海洋大学膜科学与海水综合利用研究室；在973计划项目的"高分子复合膜微尺度加工理论与方法研究"课题的纳滤研究中，与陈国华一起，研究了基于天然聚合物-壳聚糖的系列有不同亲水性和荷电性的纳滤膜；基于当时国际上先进的纳米颗粒填充复合膜（TFN），制备无机纳米粒子-有机杂化膜的研究是当时最新研究的重点，高从堦提出并进行了反应型纳米颗粒复合膜（R-TFN）的纳滤膜的研究（以朱桂茹教授为主，当时国际上没见报道R-TFN），初步的研究表明该类膜有良好的发展前景。2006年，参与调研撰写"学校985规划中发展海水利用材料与技术的建议"和"学校'十一五'211海水利用学科建设规划"的部分工作。2006年至2008年，参与化学化工学院关于"海水利用技术工程研究中心建设方案"论证和实施等工作。2006年，高从堦提出并参与"基于海上油田采油注水的海水膜软化技术的研究开发"项目（为863计划项目，共2期，2013年通过验收），该项目由中国海洋大学教授苏保卫主持，课题组研究了多种纳滤膜对海水的软化效果，进行了小试和中试，直到与渤海油田合作完成纳滤软化海水用于海上采油的注水取油的试验。2007年，参与化学化工学院"海洋化学理论与工程技术教育部重点实验室"的论证工作；指导山东省科技发展计划项目：参与海水淡化反渗透关键膜材料研制与全膜法集成预处理技术开发，含辣素等聚合物的抗菌抗污染UF膜研究和在集成预处理中的试验；指导中国海洋大学教师承担"电渗析膜材料制备及电膜过程研究"国家自然科学基金重点项目（中科大徐铜文教授为负责人）的部分工作。2009年，主持的"节能型高分子复合膜的微结构调控与制备方法"课题（为973计划）延续，继续率课题组开展反应型纳米颗粒复合膜（R-TFN）的纳滤膜的研究，该类膜在保持高脱盐率的前提下，可较大幅度提高水通量，课题组还对膜的形成及水和离子的通道进行了初步探讨。"十二五"期间（2011—2015），高从堦率中国海洋大学团队开展研究海水和浓海水提溴的高新技术，大力发展含溴精细化学品和有拉动作用的溴化物合成技术等；开展苦卤和海水中提取氯化钾、硫酸钾（含Na_2SO_4）和光卤石新技术及工艺的研究等；开展吸附法海水提钾的研究，建立吸附实验室，完成天然和水热合成沸石的实验室改性和合成等；开展吸附法海水提铀和提其他战略元素技术的研究，建立合成、吸附、萃取、离子交换和蒸馏实验室，完成提铀和提其他战略元素用树脂和离子交换剂的合成，完成相关合成、吸附、萃取、离子交换和蒸馏等实验；开展水、电、热、化工联产与海水综合利用相结合的绿色产业链的研究，提出了可行的新工艺路线；进行高效海水烟气脱硫技术和装备的研发的中试；开展海水利用对生态环境的影响及对策的研究等。

本年，作为课题组副组长参与并指导的两个课题——"高性能反渗透复合膜关键功能材料研究"（负责人俞三传）与"高通量多功能新型液体分离膜材料及相关制品、组器研究"（负责人于品早）均入选国家高技术研究发展计划（863计划）（属新材料技术领域"特种功能材料技术"主题），课题经费分别为370万元和210万元，前者课题依托单位为杭州水处理技术研究开发中心，后者为宁波大学，起止时间为2002年9月至2005年8月。

2月，合作发表《纳滤技术治理染料废水的尝试》［蔡惠如、高从堦，环境工程，2002，20（1），24-25，3］和专题综述《有机混合物渗透汽化分离膜材料及成膜技术的研究进展》［吴春金、张国亮、蔡邦肖、高从堦，水处理技术，2002，28（1），6-11］。

同月，发表《水处理中的膜生物反应器简介》一文［独著，水处理技术，2002（1），60-62］，文章介绍了水处理中的膜生物反应器的分类和工作原理，详细叙述了膜生物反应器试验和操作的主要参数以及工艺设计的主要考虑因素。

4月，合作发表《分离有机/有机混合物的PVA、CA系列膜及其渗透汽化性能研究》（Ⅱ成膜条件对渗透汽化性能的影响）〔蔡邦肖、余黎、叶海林、胡杰、朱丽芳、周勇、高从堦，膜科学与技术，2002，22（2），1-4〕和《膜分离技术在染料行业中的应用》〔蔡惠如、高从堦，膜科学与技术，2002，22（2），37-39〕。

6月，合作发表《纳滤膜对染料截留行为的研究》〔蔡惠如、高从堦，膜科学与技术，2002，22（3），1-5〕。

8月，合作发表《醇/醚混合物渗透汽化分离膜的研究进展》〔周勇、蔡邦肖、高从堦，膜科学与技术，2002，22（4），50-54〕，文章"针对醇/醚混合物的渗透汽化分离，提出了分离膜材料及其分离性能，讨论了操作条件对分离性能的影响"。

12月，合作发表《膜生物反应器与SBR法处理染料废水的比较》〔蔡惠如、高从堦，水处理技术，2002，28（6），347-349〕。

合作发表《Remove volatile organic compounds（VOCs）with membrane separation techniques》〔Lin Zhang，Huan-xin Weng，Huan-lin Chen，Cong-jie Gao，J. Environ. Sci.，2002，14（2），181-187〕。

本年，高从堦母亲病逝，享年93岁。

高从堦经常说"母亲很伟大"，因为父亲一直在青岛城里上班，每个月回家两趟，家里的农活以及照顾老人孩子等一应家务都由母亲一力承担，每天起早贪黑地劳作，高母虽然缠过小脚，但干活利索。高母没上过学，但能识字，会记账，得闲时就教几个小孩写字和记数。她在孩子的培养上很有远见，懂得受教育对孩子成长的意义，因此将6个子女均送进了学校。

2003年 61岁

本年，主持的"高分子复合膜微尺度加工理论与方法研究"（合作单位为浙江大学、中国海洋大学）被列为973计划项目"面向应用过程的膜材料设计与制备基础研究"（项目首席科学家为徐南平）课题。课题经费为290万元，执行时间为2003年11月至2008年10月。

徐南平 | 1961年生，安徽桐城人。我国化学工程专家，陶瓷膜产业和材料化学工程学科的开拓者之一。1982年，毕业于合肥工业大学无机化工专业。1985年，获上海化工研究院无机化工专业硕士学位后留院工作。1989年，获南京化工学院化学工程专业博士学位，并留校任教。2001年至2008年，担任南京工业大学副校长。2005年，增选为中国工程院院士。2007年，担任材料化学工程国家重点实验室主任。2008年至2015年，先后担任江苏省省长助理（兼省科技厅厅长、党组书记）、省政协副主席、省政府副省长等职。2015年至2021年，担任科学技术部副部长、党组成员。现任苏州实验室主任。先后获国家技术发明奖二等奖1项、国家科技进步奖二等奖2

项、国家科技进步奖三等奖1项和省部级科技奖励17项；授权发明专利110余项，其中美国专利2项。在技术上解决陶瓷膜及膜材料的微结构控制和膜形成的关键问题，为陶瓷膜技术在能源、水资源、环境保护和传统产业改造领域的重大应用工程奠定知识产权和技术基础，使我国形成了具有国际竞争力的陶瓷膜新产业。

1月，主持的"优先选择吸附-固载促进传递的膜分离新模式探索"项目获国家自然科学基金资助，资助金额30万元，课题主要参加者有吴礼光、王保国等，起止时间为2003年1月至2005年12月。

传递现象是化工的基础，如何不断地提高传递速率一直是化工界追求的重大目标。1998年，高从堦首次提出"优先选择吸附-固载促进传递"的膜分离模式，并于当年获杭州市人事厅项目立项，2001年获浙江省科技计划项目高技术研究发展计划立项，本年获国家自然科学基金立项。高从堦提出将优先选择吸附-固载促进传递和膜分离相结合，在提高传递速率的同时增加分离选择性，该模式适用于主要的几种膜过程，如浓差驱动、压力驱动和电化驱动的膜过程，包括渗析、渗透汽化、电渗析、气体分离、反渗透、纳滤、超滤和微滤等。优先选择吸附-固载促进传递（必要时膜下游活化解吸）的模式是一个理想的模式，而且当时在国际上也未见报道，所以很快获得立项。

立项后，高从堦率课题组围绕"优先选择吸附-固载促进传递膜分离新模式"两个专题展开了研究工作：①天然气中脱除CO_2等酸性气体固载促进传递膜的研究。②促进传递型膜分离烯烃/烷烃、芳烃/烷烃混合物的研究。课题组总结出一系列新认识、新规律，获得了一系列新成果。在天然气中脱除CO_2固载促进传递膜的研究中，合成了丙烯酰胺-马来酸酐共聚物、甲基丙烯酸二甲氨基乙酯-丙烯腈共聚物和甲基丙烯酸二甲氨基乙酯-丙烯酸三种有胺基团的CO_2优先选择吸附共聚物膜材料，用吸附法研究了膜材料的CO_2/CH_4吸附性能，用共聚物制备的复合膜进行CO_2/CH_4气体的渗透性能测试，结果表明，这些复合膜具有良好的CO_2透过性和CO_2/CH_4渗透选择性。在促进传递型膜分离烯烃/烷烃、芳烃/烷烃混合物的研究中，以PVDF、PAN超滤膜为支撑底膜，以［bmim］［PF6］室温离子液体为膜液，成功制备双层结构支撑液膜。该支撑液膜用于蒸汽渗透分离甲苯/环己烷体系，具有良好的分离性能。另外，还尝试了Ag^+、Cu^{2+}和Co^{2+}等固载PVA促进传递膜渗透汽化分离环己烯/环己烷体系的研究。这一成果解决了料液中被分离组分向膜面富集问题，增大了组分在膜中扩散的浓差，提高了促进传递的初始浓度，解决了组分在膜中迅速向下游传递的问题，对化工分离浓缩过程有广泛的指导意义和应用潜力。

2月，主持的国家自然科学基金重点项目"有机物体系膜分离及膜材料成膜技术"（与浙江大学合作）通过国家自然科学基金委员会验收。该项目取得了以下主要成果：①针对极性/非极性和非极性/非极性有机混合物体系的膜分离，选择了MTBE/MeOH、苯/环己烷、甲苯/乙醇和二甲苯异构体等体系作为研究对象，对膜材料的选择和成膜技术进行了较为系统的研究，其中PVA/CA膜对MTBE/MeOH的分离，Ag^+固载膜对苯/环己烷的分离，使用环糊精对二甲苯异构体的分离有一定的特色，为进一步研究和提高打下了良好的基础。②在基础研究方面，应用高分子物理的理论及实验方法，对成膜体系的性质和链形态、膜的后处理、共混物的相容性等方面与膜性能的关系进行了较为深入的探索。对反Trade-off现象的研究也得到了一些有价值的规律。③进行了工程研究，包括应用料液-渗透液的拟气波平衡模型，进行了通量的工程计算，改普板框式结构和示范装置的设计等，还进行了MTBE-C_4-甲醇体系的蒸馏与渗透汽化相结合（精馏段侧线）的集成过程的模拟计算；这些结果对过程放大、设计与研究提供了依据[蔡邦肖，水处理技术，2003（2），122]。

同月，合作发表《渗透汽化膜分离MeOH/MTBE混合物的传质分析——单组分在膜中的扩散》［朱丽芳、蔡邦肖、高从堦、王邵雷，化工学报，2003（2），164-169］。摘要如下：

用石英晶体微平衡法测定了298.15K、305.75K、312.95K下MeOH（甲醇）和MTBE（甲基叔丁基醚）在CA（醋酸纤维素）膜中的吸着平衡数据和吸着动力学数据。结果表明：MeOH和MTBE在CA膜中的传质过程属于Fick扩散类型；MeOH在CA膜中的平衡吸着量和扩散系数都比MTBE大，说明

CA膜对MeOH/MTBE混合物有较好的分离性能；同一吸着温度下，吸着速度和平衡吸着量均随着吸着蒸气压的升高而升高；可用Eyring的扩散"空穴"理论解释MeOH和MTBE在膜中的扩散行为。

同月，合作发表《纤维素酯膜的有机物渗透性》〔蔡邦肖、Quang Trong Nguyen、Pierre Schaetzel、高从堦，水处理技术，2003，29（1），15-18〕。

6月，合作发表《改性聚酰亚胺膜用于甲醇/甲基叔丁基醚的渗透汽化分离》〔吴春金、高从堦，水处理技术，2003，29（3），128-130〕。

8月，合作发表《纳滤膜分离技术在染料生产中的应用研究》〔刘梅红、苏鹤祥、俞三传、高从堦，纺织学报，2003，24（4），75-77，5-6〕和《A study on separation of organics by pervaporation》〔高从堦、蔡邦肖、陈欢林、钱锦文，膜科学与技术，2003，23（4），1-3〕。

9月，在中国海洋大学化学化工学院招收海洋化学专业与应用化学专业硕士研究生徐佳（硕博连读）、刘国强、陈建秋、王玉红、李康等，招收王立国为海洋化学专业博士研究生。这是高从堦首次在中国海洋大学招收研究生。

同月，向"中国膜科学与技术报告会"提交了《膜分离技术与水资源再利用》（高从堦）、《丙烯酰胺-马来酸酐共聚膜及其CO_2和N_2吸附性能研究》（沈江南、吴礼光、陈欢林、高从堦）、《渗透汽化分离有机物》

（高从堦、蔡邦肖、陈欢林、钱锦文）、《絮凝-膜法处理甲壳素生产废水的试验研究》（徐寅初、吴礼光、项贤富、高从堦）等论文〔《中国膜科学与技术报告会论文集》，《膜科学与技术》编辑部、中国膜工业协会，2003〕。

10月，合作发表《Co^{2+}固载PVA促进传递膜渗透汽化分离环己烯/环己烷的研究》〔吴礼光、沈江南、陈欢林、高从堦，石油化工，2003，32（10），881-884〕、《PVA/PVP/Ag^+共混膜渗透汽化分离苯/环己烷混合物》〔周勇、吴礼光、蔡邦肖、高从堦，膜科学与技术，2003，23（5），52-55〕。

11月，由杭州水处理技术研究开发中心负责建设的山东荣成10000t/d反渗透海水淡化一期工程投产，这是国内最大的反渗透海水淡化项目。该工程的建成象征着我国膜技术应用已经迈上新的台阶，但高从堦仍然感到任重道远，他在接受记者采访时忧心忡忡地说："与美国、日本相比，我国海水淡化技术水平还有一大段距离。""海水淡化中最核心的膜技术仍然依赖于国外，另外装置规模的差距也很大，我们还只是停留在万吨级，而国外最大的已经达到33万吨。"

12月，参与审订的《膜化学与技术教程》（徐铜文编著，高从堦、莫剑雄审订）由中国科学技术大学出版社出版。

本年，在"Chin. J. Oceanol. Limn."〔2003，21（1），40-45〕发表《Development and Extension of

Seawater Desalination by Reverse Osmosis》（独著）。

在"Membrane Science and Technology"［2003，23（4），1-3］合作发表《A study on separation of organics by pervaporation》（Cong-jie Gao，Bang-xiao Cai，Huan-lin Chen，Jin-wen Qian）。

在"Chinese J. Chem. Eng."［2003，11（2），156-161］合作发表《Study on pervaporation membranes for removing methanol from C_5 or Methyl Tert—butyl ether mixtures》（Lin Zhang，Huan-lin Chen，Zhi-jun Zhou，Jin-wen Qian，Cong-jie Gao，Zu-ren Pan）。

2004年 62岁

本年，"反渗透复合膜技术产业化"成果（第二完成人）获中国膜工业协会科学技术进步奖二等奖。

领衔开发的"膜分离法电镀废水清洁生产技术"在浙江正式投入使用。电镀是世界三大污染行业之一，高从堦领衔开发的这项技术"对水与重金属进行循环利用，经过膜分离技术处理的电镀废水，可以实现重金属的'零排放'或'微排放'，能使生产成本大大降低"［《我国有望实现电镀废水"零排放"》，潘一峰、张乐，表面工程资讯（《成果简报》），2004（6），10-11］。

自本年起，与中国科技大学合作，在此前离子交换膜研发的基础上，在国内率先展开双极膜的初步推广应用。此后，在863项目的支持下，进行了1、2价离子选择、阻酸、耐碱等膜的研发，进一步改进、提高双极膜和相关离子交换膜的结构及综合性能，在分子筛清洁生产、有机酸制备等方面的应用初见成效。

2月，合作发表《促进传递型支撑液膜分离有机溶剂的研究进展》［王明玺、王保国、赵洪、高从堦，石油化工，2004（2），177-183］、《烃类在固载金属离子PVA膜中的溶胀吸附性能研究》［吴礼光、周勇、高从堦，膜科学与技术，2004（1），20-23］。

4月，与中国海洋大学教授陈国华合作编写的《海水淡化技术与工程手册》（第一作者）由化学工业出版社出版，该书于次年获得中国石油化工协会2005年科技进步奖二等奖。该书的主要内容为：

> 在介绍世界水资源概况与海水、苦咸水淡化技术知识的基础上，全面介绍了各种现代海水淡化技术与工程，包括热法（如蒸馏法、冷冻法）、膜法（如反渗透膜和纳滤膜、电渗析）、利用核能、太阳能、风能和其他方法（电容吸附、气体水合物、嵌镶离子交换膜压渗析、溶剂萃取）等的海水淡化技术与工程，并介绍了各种水质标准和水质检测方法。以介绍各种海水淡化技术与工程为主，注重实用，从大型海水淡化厂到船用、家用淡化设施，从海岛、陆地的海水淡化技术应用到救生用淡化方法，结合了一些工程实例都予以较详细的介绍，同时还兼顾了海水淡化技术的延伸、海水资源综合利用、海水淡化相关新理论的发展等内容。

同月，合作发表论文《*N*，*O*-羧甲基壳聚糖羧化度计算式的修正》［刘长霞、陈国华、晋治涛、孙明昆、高从堦，北京化工大学学报（自然科学版），2004，31（2），14-17］。

同月11日至13日，参加在天津举办的"2004中国（天津）海水淡化及利用技术国际研讨会"，并作题为《中国海水淡化技术的发展和现状》的主题报告。

5月，发表《加快我国海水利用技术产业发展及政策》一文［独著，中国海洋大学学报（社会科学版），2004（3），5-8］。文章分为三部分：第一部分阐述加快我国海水利用技术产业发展的条件，并指出面临的四大问题：①缺乏对海水资源开发利用的观念。②缺乏引导海水利用的政策和法规。③海水利用缺乏联合，产业规模小。④国家宏观调控不力。第二部分建议加大海水资源开发利用的力度，包括大力发展海水直接利用，积极发展海水淡化，积极发展海水化学物质提取利用三个方面。第三部分就推进我国海水利用技术产业发展的政策措施提出6条建议：①加强宣传，更新观念，增强海水资源意识。②加强对海水资源开发利用管理和产业结构调整。③制定海水利用的扶持政策和法规。④把海水利用作为缓解沿海大城市缺水问题的重要措施。⑤加强海水综合利用示范工程和示范区建设。⑥大力支持海水利用技术装备研发工作。

同月，参加在韩国首尔举行的由汉阳大学主办的亚太第二届膜学会会议暨韩国膜学会春季年会，并作了题为《中国膜科学技术发展综述》的报告。

同月19日至21日，参加在浙江工业大学召开的全国化工高教学会2005年度常务理事会，并作题为《膜科学技术在21世纪化学工程所面临挑战中的作用》的主题报告。

6月，参加在青岛举办的第三届APEC中小企业技术交流暨展览会，并作了关于海水利用的演讲。

8月，合作发表《支撑液膜蒸汽渗透法分离甲苯/环己烷》〔王明玺、王保国、赵洪、高从堦，石油化工，2004，33（8），747-751〕。

9月，承担中国工程院"海水淡化及海水与苦咸水利用发展建议"专题。

9月，在中国海洋大学化学化工学院招收伍联营为博士研究生，招收苏燕、娄红瑞为硕士研究生。

同月，参加"中国（淄博）新材料技术论坛"，为淄博市高新技术产业发展出谋划策。受聘为淄博职业学院"名誉院长"。

同月，向中国化学会第十届胶体与界面化学会议提交《pH敏感性羟乙基甲壳素/聚丙烯酸水凝胶的制备及其释药性能研究》（赵育、陈国华、孙明昆、晋治涛、高从堦）。

9月11日，在大连参加由大连理工大学和大连石化公司联合研发的500t/日低温多效蒸发海水淡化示范工程方案设计审查会。

10月11日至14日，参加在杭州千岛湖召开的2004年全国水处理技术研讨会暨第24届年会。本次会议由中国化工学会工业水处理专业委员会主办，以"节约用水、减少污染、再生回用"为主题。高从堦和中国科学院生态环境研究中心汤鸿霄院士出席会议，来自全国高校、科研机构及企业的260多名代表参加了会议，会议收到论文、科研报告70篇。高从堦在会上作了题为《膜分离技术在水处理中的应用与发展》的学术报告，在报告中阐述了各种膜分离技术在水处理中的应用现状和发展趋势，阐明了膜分离技术在水处理中的重大作用和广阔的发展前景，他说："膜分离技术产生和发展的历史是一部不断创新和实践的历史，每一种新膜的制作过程的成功都是若干创新的综合。膜分离技术的进步推动了其他学科和技术的进步，同样，其他技术的发展也促进了膜分离技术的进步。随着膜分离技术的不断发展和提高以及集成膜过程的采用和完善，膜分离技术在水处理中的作用会越来越大，为我国水资源的保护和合理利用，为国民经济的可持续发展作出更大贡献。"

同月24日，赴山东青岛参加中国海洋大学建校80周年庆典，并作为杰出校友代表致辞。

同月25日至30日，在海南省博鳌参加中国工程院化工、冶金与材料工程学部第五届学术会议，本届会议的主题为"建设资源节约型和生态环保型社会——化工、冶金与材料的发展战略"。高从堦作了题为《循环经济中的水的循环再用》的报告，报告以循环经济为背景，从自然界的水循环出发，论述了水再用和脱盐等各种水处理技术特别是膜技术在水的循环再用中的作用，如循环冷却水回用，海水和苦咸水淡化，饮用水净化及生活污水的处理和回用，清洁生产和废液的资源化等。报告指出上述技术可将污水、废水、咸水和海水等变成饮用水、工业用水、农业用水和生态用水等，在扩大水资源中发挥了重要作用。随着社会经济的快速发展、水资源的日益匮乏以及水处理技术的不断进步，这些技术会越来越受到重视，再生水和脱盐水的市场会越来越大。

同月，向中国化学学会第四届全国高聚物分子表征学术讨论会提交《成膜过程环境参数对铸膜液透光性能及渗透汽化膜分离性能的影响》（张林、谢林、钱锦文、陈欢林、高从堦）。

同月，合作发表《有机溶剂分离膜结构和膜材料设计理论研究》［王保国、陈翠仙、高从堦，膜科学与技术，2004，24（5），51-57］、《分体式膜生物反应器应用于有机废水处理的试验研究》［阮慧敏、项贤富、高从堦、陈志善，水处理技术，2004，30（5），262-265］、《羟乙基甲壳素水溶液的流变性能研究》［赵育、陈国华、晋治涛、高从堦，北京化工大学学报（自然科学版），2004，31（5），22-25］、《絮凝-膜法处理甲壳素生产废水的试验》［徐寅初、吴礼光、项贤富、高从堦，工业用水与废水，2004，35（5），54-57］。

11月，向中国化工学会、化学工程专业委员会、生物化工专业委员会主办的第一届全国化学工程与生物化工年会提交《成膜过程条件对膜性能的影响》（张林、谢林、程丽华、钱锦文、陈欢林、高从堦）、《聚酰胺-氨基甲酸酯型反渗透复合膜的制备和表征》（周勇、俞三传、金可勇、刘立芬、高从堦）、《聚乙烯醇-海藻酸钠共混与交联复合膜的制备》（董永全、沈江南、张林、宋明宇、陈欢林、高从堦）、《N-（3-二甲氨基）丙基甲基丙烯酰胺的合成》（沈江南、吴礼光、张林、陈欢林、高从堦）、《蒸汽渗透法分离芳烃/烷烃混合物的支撑液膜研究》（王明玺、王保国、赵洪、高从堦）、《水溶性β-环糊精交联聚合物/聚乙烯醇共混膜在二甲苯异构体中的溶胀行为研究》（张林、谢林、周志军、陈欢林、高从堦）、《液体膜分离技术研究与应用现状及其展望》（王晓琳、杨健、徐南平、高从堦）、《三光气法制备5-氧甲酰氯-异肽酰氯》（刘立芬、俞三传、高从堦、周勇、金可勇）等论文。

12月，合作发表《纳滤膜及其应用》［高从堦、陈益棠，中国有色金属学报，2004（1），310-316］，文章指出："在相同通量条件下，纳滤膜所要求的驱动压力比反渗透膜要低得多。一般纳滤的操作压力为0.5～1.5MPa。由于纳滤膜的这种独特分离性能，确定了它在水软化和低相对分子质量有机物纯化浓缩的地位。此外，纳滤膜能有效去除许多中等相对分子质量溶质，如消毒副产物的前驱物、残留农药和某些色素等，因而在水净化处理和脱色中得到广泛的应用。"

同月，合作发表《我国膜领域的重大需求与关键问题》［徐南平、高从堦、时钧，中国有色金属学报，

2004，14（1），327-331］，文章阐述了膜技术的四个重大需求：①在我国能源结构调整中将发挥关键性。②是解决我国资源性缺水、水质型缺水及废水资源化的重要技术。③是先进的环境治理技术。④是改造传统产业、推进相关行业技术进步的高新技术。分析了膜材料设计、膜材料制备、膜应用这三个制约我国膜技术发展的关键科学问题并给出了研究思路。文章认为我国膜领域未来的研究总体目标要以国家需求为导向，建立以基础创新为先导的膜领域产业化发展模式，实现我国膜领域的跨越式发展，在学术研究方面形成优势与特色，在应用上实现规模、效益和知识产权的统一。

2005年 63岁

本年起在浙江大学招收博士研究生，此后在该校培养出10名博士研究生。高从堦坚决不接受浙江大学支付的报酬，在拒收无果的情况下，他用这笔钱（共计30余万元）在该校材料与化学工程学院设立了一项奖学金。

为促进家乡青岛市科协的国内外海水淡化科技交流，推动组织举办了"国际海水淡化会议"，之后发展成每年一届的"青岛国际水大会和水展"。参与"青岛市创建国家海水综合利用示范城市实施方案"的制定工作，承担组建膜科学与海水综合利用研究室的工作。

作为课题组副组长参与并指导的两个课题——"高性能反渗透复合膜关键功能材料研究"与"高通量多功

能新型液体分离膜材料及相关制品、组器研究"（均属863计划新材料技术领域"特种功能材料技术"主题）分别以"优"和"良"的成绩通过验收。前者深入研究了反渗透复合膜污染、氧化和脱盐机理，开发了4种高性能关键功能性单体（ICIC、CFIC、HTC、HDA）；通过研究不同功能单体之间的聚合反应以及不同反渗透膜材料的结构与性能，开发出耐污染、抗氧化、高脱盐、高通量等四大类高性能反渗透复合膜材料和膜，优化了反渗透复合膜的制备技术和配方。该项目成果解决了反渗透复合膜中试放大和产业化生产中的关键技术，初步实现了高性能反渗透复合膜的中试产业化生产，并为规模化工业生产打下了基础。

3月，合作发表《5-氯甲酰氧基异肽酰氯的制备》［刘立芬、俞三传、周勇、金可勇、高从堦，精细化工，2005，22（3），227-230］、《微藻固定CO$_2$研究进展》［程丽华、张林、陈欢林、高从堦，生物工程学报，2005，21（2），177-181］、《温度及pH敏感性羟乙基甲壳素水凝胶的合成及其性能研究》［赵育、陈国华、陆小兰、吕新华、高从堦，中国海洋大学学报（自然科学版），2005，35（2），309-312］、《膜分离技术与电镀清洁生产》［楼永通、陈玲芳、方丽娜、褚红、叶海林、罗伟锋、罗强、张亚军、谢柏明、包进锋、高从堦、吴遵义，水处理技术，2005，31（3），80-82］。

4月，合作发表《聚乙烯醇/钴盐共混膜结构及其对环己烯-环己烷吸附性能研究》［周勇、吴礼光、蔡邦肖、高从堦，膜科学与技术，2005，25（2），1-4］。

6月，合作发表《丙烯酰胺-马来酸酐共聚合物膜及其对CO_2、CH_4吸附性能研究》［沈江南、吴礼光、陈欢林、高从堦，高校化学工程学报，2005，19（3），292-296］。

同月，指导的中国海洋大学化学化工学院海洋化学专业博士研究生王立国毕业，并获得博士学位。

7月，合作发表《纳滤膜分离技术在工业废水处理中的应用》［苗晶、陈国华、王铎、高从堦，水处理技术，2005，31（7），1-6］。

同月7日至10日，在青岛参加"中、日膜工业大会"。

8月，合作发表《三光气法制备均苯三甲酰氯》［周勇、俞三传、金可勇、刘立芬、高从堦，精细化工，2005，22（8），628-630］。

同月18日至19日，赴我国台湾参加国际薄膜研讨会。

同月21日至26日，参加在韩国首尔举办的2005国际膜和膜工艺大会（ICOM），并作学术报告。

9月，在中国海洋大学化学化工学院招收徐佳为海洋化学专业博士研究生，招收马准为分析化学专业硕士研究生，招收蔺智泉为海洋化学专业硕士研究生，招收王倩、李晓明为应用化学专业硕士研究生。

同月11日至16日，赴新加坡参加国际脱盐协会

（IDA）大会。会议决定成立国际脱盐协会中国分会（CDA），讨论并通过了CDA的章程，高从堦作为CDA总召集人之一当选为IDA理事会成员。

同月13日至15日，参加在北京召开的"中国蓝星（集团）总公司·第二届中国膜科学与技术报告会"，向会议提交了数篇合作完成的论文：《陶瓷超滤膜海水预处理研究（英文）》（徐佳、苏保卫、王铎、高从堦）、《反渗透复合膜研究开发及其产业化》（俞三传、郑根江、高从堦）、《聚烯烃中空纤维膜在锅炉补给水脱氧中的试验研究（英文）》（王立国、高从堦、王琳、李康、张伟政、温建志、王生）等。

9月16日至17日，参加在银川市召开的中国海洋学会第六次全国会员代表大会暨2005年学术年会，并提交《海水利用技术及其产业化浅谈》（独著），文章提出："海水利用技术包括海水淡化、海水直接利用和海水化学物质提取等技术，其中许多为高新技术和共性技术，前两者是解决当今水资源匮乏的重要手段，后者是为工农业等提供重要原料的保障。我国海水利用技术经过几十年的工作，已取得长足的进步。海水淡化已在我国的一些地区开始应用，表明其是解决沿海地区和岛屿水资源短缺问题的重要手段，在许多情况下是最佳的选择；海水直接利用技术解决了沿海经济发展所需求的巨量的冷却用水和其他用水问题；海水化学物质提取和深加工的高新技术，对传统的盐化工企业会发挥重大改造作用，实现清洁生产和增强其竞争力。为使我国海水利用技术达到国际先进水平，有显著的经济效益回报，并能参与国际巨大的淡化市场竞争，除科技创新之外，还需政府各界的重视和支持。"

同月，前往山东省淄博市，对临淄区的淄博加华新材料资源有限公司进行企业帮扶，考察该企业的废水处理和回收处置方案，高从堦希望企业要有长远的发展规划，高度重视污染问题。之后赴淄博职业学院进行调研，并为学校提出了不少建设性建议。

10月11日至13日，在北京参加中美日联合化学工程会议，并作了题为《膜技术在化工工业中的应用》的报告。

同月18日至19日，接待来中国进行学术交流的西班牙 Desalination（《脱盐》）杂志的创办人及主编 M. Balaban（巴拉班），并与她讨论了相关合作事宜。

同月20日至23日，在成都参加由中化化工科学技术研究总院组织的"全国海水淡化及工业水处理技术研讨及成果交流会"，并作了题为《海水淡化技术的进展与展望》的专题报告。

同月，合作发表《膜分离技术在精细化工中的应用》[陈玲芳、吴礼光、高从堦，精细与专用化学品，2005，13（17），1-4，16]、《纳滤膜技术和微污染水处理》[俞三传、高从堦、张慧，水处理技术，2005，31（9），6-9]、《反渗透复合膜耐污染性研究进展》[刘立芬、俞三传、高从堦，膜科学与技术，2005，25（5），69-72]、《我国液体分离膜技术现状及展望》

［王晓琳、杨健、徐南平、高从堦，南京工业大学学报（自然科学版），2005，27（5），104-110］。

11月，合作完成《中国新材料产业发展报告（2005）》第25章《膜材料与海水淡化》（吴礼光、高从堦）〔国家发展和改革委员会高技术产业司、中国材料研究学会编写，化学工业出版社于2006年出版〕。

同月，合作发表《膜集成技术处理含铜工业废水》〔王立国、高从堦、王琳、王爱民、温建志、王生春，中国给水排水，2005，21（11），83-85〕、《羧甲基甲壳素溶液的流变学性质》〔王丽莎、陈国华、王娟、高从堦，高分子材料科学与工程，2005，21（6），174-177〕、《脱盐过程的比较和选择》〔徐佳、伍联营、王铎、高从堦，水处理技术，2005，31（11），8-11〕、《耐污染反渗透膜在城市生活污水回用中的应用研究》〔金可勇、俞三传、潘学杰、高从堦，水处理技术，2005，31（11），16-19，26〕。

12月10日至15日，在昆明参加国际脱盐协会中国分会（CDA）会员座谈会，会议旨在推动我国脱盐事业的进步和发展，传达在新加坡召开的国际脱盐协会（IDA）大会的决议和精神，共商国际脱盐协会中国分会下一步的工作计划和要开展的活动。

2006年 64岁

本年，杭州水处理技术研究开发中心整体并入中国化工集团有限公司，从国家海洋局的直属科研机构转制成为科技型企业，更名为杭州水处理技术研究开发中心有限公司。高从堦带领团队，研制基于纳米技术改进的更高性能的膜组件，为新型高性能混合基质膜的发展开拓道路。

1月，合作发表《甲基丙烯酸二甲氨基乙酯-丙烯腈共聚物膜的制备及其气体渗透性能》［沈江南、吴礼光、张林、陈欢林、高从堦，化工学报，2006（1），169-174］、《膜分离技术在氨基酸生产上的应用》［谢柏明、楼永通、方丽娜、陈玲芳、高从堦，发酵科技通讯，2006，35（1），40-42］。

同月，参加并指导的"纳滤海水软化过程中的截留机理及膜污染研究"获国家自然科学基金项目立项（负责人为中国海洋大学苏保卫），资助金额为23万元，项目起止时间为2006年1月至2008年12月。

2月，合作发表《纳滤膜脱盐性能及其在海水软化中应用的研究》［王玉红、苏保卫、徐佳、阮国岭、高从堦，工业水处理，2006，26（2），46-49］、《羧甲基壳聚糖微球固定化AS1.398中性蛋白酶的制备和性质研究》［晋治涛、陈国华、刘晓云、赵育、陈尧、高从堦，生物医学工程学杂志，2006，23（1），97-101］。

同月，合作发表《膜分离技术在中药制备中的应用》［纪晓声、楼永通、高从堦，水处理技术，2006（3），11-14］。

4月，合作发表《膜极化和污染现象》［章宏梓、高从堦，水处理技术，2006（4），1-4］、《pH敏感性羟乙基甲壳素/聚丙烯酸水凝胶的制备及其释药性能研究》［赵育、陈国华、孙明昆、晋治涛、高从堦，生物医学工程学杂志，2006，23（2），338-341］。

6月，受国际工程会议主席Enrico Drioli的邀请，参加在意大利举行的先进膜技术会议。

同月，合作发表《反渗透复合膜（Ⅰ）结构与性能》［周勇、俞三传、高从堦，化工学报，2006，57（6），1370-1373］。

同月，合作发表《荷电高分子分离膜研究进展》［王春龙、吴礼光、高从堦，水处理技术，2006，32（6），1-4］、《外置式超滤膜生物反应器处理油田废水》［刘国强、王铎、段传慧、汪卫东、李希明、高从堦，化工环保，2006，26（3），226-230］、《核桃壳过滤-超滤工艺处理油田含油污水》［王立国、高从堦、王琳、王爱民、温建志、王生春，石油化工高等学校学报，2006，19（2），23-26，70］。

7月30日至8月2日，受美国膜技术协会邀请，参加在加利福尼亚州举办的主题为"Desalination Comes of Age——The Answer for New Supplies"（"淡化在走向成熟——对新供应商的回答"）会议。

8月，向中国化学会第八届水处理化学大会暨学术研讨会提交《环氧氯丙烷交联壳聚糖季铵盐/聚丙烯腈复合纳滤膜的研制》（黄瑞华、陈国华、孙明琨、胡应模、高从堦）、《光催化降解染料中氮素的变化分析》（陈建秋、王铎、高从堦)、《一种新型的羧甲基甲壳素/聚砜复合纳滤膜的研究——(Ⅰ)制备及截盐性能研究》(王娟、陈国华、王丽莎、陈蓉、王祥红、高从堦)等论文。

同月,领衔完成中国工程院咨询项目"海水淡化及海水与苦咸水利用发展建议"。

同月20日至21日,参加在杭州举办的"第一届海水淡化与水再利用西湖论坛",该论坛由中国海水淡化与水再利用学会、中国工程院化工、冶金与材料工程学部和浙江省膜学会共同主办,旨在提升自主创新能力,加快海水淡化技术产业发展和推广应用。高从堦作了题为《反渗透海水淡化技术进展》的大会报告,报告简述了自20世纪50年代以来反渗透法海水淡化(SWRO)的提出和发展概况,重点介绍了反渗透不对称膜和复合膜的发展,中空纤维和卷式反渗透膜组器技术的创新,效率不断提高的能量回收装置,适用于不同要求的各种SWRO工艺,如二级海水淡化工艺、一级海水淡化工艺、高压一级海水淡化工艺、高效两段法、SWRO与纳滤(NF)、与多级闪蒸(MSF)或多效(MED)集成、微滤(MF)或超滤(UF)预处理、对环境的影响以及反渗透技术的延伸等,报告还介绍了我国在反渗透海水淡化技术方面取得的进步,并对未来的发展进行了展望。高从堦还在会上介绍了中国工程院咨询项目"海水淡化及海水与苦咸水利用发展建议"的简要情况,提交了项目报告《海水淡化及海水与苦咸水利用发展建议》(高从堦、王世昌、侯纯扬、贾海军、郭有智）。此外，还向会议提交了《聚酯酰胺反渗透复合膜的制备及性能研究》（王铎、娄红瑞、王倩、高从堦）、《具有密度梯度结构的反渗透支撑膜制备与表征1.聚砜/DMAc/草酸制膜体系》（安全福、周海平、孙大海、陈欢林、高从堦）、《太阳能海水淡化系统开发进展》（王许云、张林、陈欢林、高从堦）、《超滤膜预处理在胶州湾海水淡化的应用》（徐佳、阮国岭、高从堦）等论文。

9月，在中国海洋大学化学化工系招收海洋化学专业博士研究生王祺和硕士研究生胡圆、姜海凤、刘梅、郑雅梅，招收化学工程专业硕士研究生范会生、尚明华、尚言武。

同月6日至8日，在天津参加由天津市政府与国际脱盐协会主办的"2006海水淡化及水再利用国际研讨会暨设备展览会"。在会上，高从堦表示，海水淡化问题已成为各国共同关注的问题，他说："当前缺水已成为世界性问题，成为制约社会进步和经济发展的关键因素。解决水资源的供需矛盾，对我国的可持续发展是非常迫切和重要的。用海水淡化技术向大海要淡水，不仅技术上完全可行，在许多情况下也成为一种更经济的选择。"高从堦建议天津要借助滨海机遇迎来海水淡化产业的发展契机："随着滨海新区成为中国经济的新增长极，将有更多从事海水淡化设备生产制造的企业入驻新区，同时利用淡化海水的企业也将不断增加，这为天津实施海水淡化提供了良好的发展土壤。"他认为，"在海水淡化领域，天津有自己的特色，但与国际的最高水准相比还存在一定差距，因此需要融合国际的先进技术，实现本地化，让这些技术更适合于本地需求。"

"在加强国际交流合作方面，我们要了解国际海水淡化领域的技术发展和趋势，同时，要掌握本地的实际需求，在这一基础上选择进行合作的跨国企业或机构。引入跨国海水淡化企业或机构，将带来更激烈的竞争，有利于本地企业的提升。"（《海水淡化 开辟滨海"新水源"》，胡晓伟、冯迪凡，天津日报，2006年9月8日）

同月11日，应浙江大学材化学院生物工程研究所和杭州水处理技术研究开发中心邀请，加拿大滑铁卢大学膜分离专家冯献社博士在浙江大学做学术报告，重点介绍气体膜分离和渗透汽化在烯烃、果汁芳香物、CO_2/N_2 等分离与回收方面的最新研究成果，高从堦主持讲座。

同月，在中南大学冶金与环境学院有色金属冶金专业招收博士研究生曾理、陈家武。

此前，中南大学冶金与环境学院冶金分离科学与工程重点实验室主任、博士生导师张启修教授邀请高从堦到该校兼任博士生导师，高从堦欣然接受，但他提出了一个条件：不要任何报酬。自本年后的约15年中，高从堦在中南大学共培养了8名博士。据曾理、陈家武等人回忆，高从堦在指导博士生的过程中，缺少教材，就自己编写课程讲义；看到国外最新科研动态时，就及时分享给他们；到湖南出差，不管行程多忙，都会预留时间来指导他们；学生的大小论文，每篇他都认真修改，甚至细到标点；在设计制造国内首条复合膜生产线时，他也带着中南大学的博士研究生一起参与设备安装、调试和复合膜试制，引导学生动手实践的同时——耐心解决他们的问题。

同月，"基于电膜的绿色与环境化工过程的关键科学技术问题研究"被立为国家自然科学基金重点项目，该项目依托单位为中国科学技术大学，负责人为徐铜文；杭州水处理技术研究开发中心为合作单位，高从堦作为课题合作方负责人，对整个项目进行指导。

10月，就国内外海水利用特别是我国海水利用技术及应用情况接受《中国海洋报》的访谈，这篇访谈录体现了高从堦对这一领域全面而深入的研究以及具有前瞻性、战略性的思考，兹录全文如下：

> 海水利用技术包括海水淡化、海水直接利用和海水化学资源综合利用等。作为解决当前资源匮乏的重要手段之一，近年来，海水利用引起了人们越来越多的关注和重视。为此，记者专门就国内外海水利用，特别是我国的海水利用技术及应用情况采访了我国著名海水淡化专家、中国工程院院士高从堦。

记者　请您简单介绍一下当前海水利用技术的发展背景及发展过程。

高院士　我国是一个水资源贫乏的国家，特别是沿海地区缺水表现更为突出。向占全球水总储量97.5%的海洋要水，大力发展海水淡化和综合利用技术，是解决沿海地区水资源短缺、促进经济社会繁荣的重要举措。同样，海水淡化技术一旦应用于苦咸水、废水的处理等，对解决我国中西部地区水资源问题也将大有作为。

早在20世纪50年代，为解决"水危机"，美国专设盐水局，不断推进水资源和脱盐的技术进步，到目前已投入约20亿美元。日本也成立了造水促进中心，推动海水淡化事业发展。到目前为止，全球海水淡化日产量已接近4000万吨，解决了1亿多人的供水问题。此外，全球直接利用海水作为工业冷却水总量每年6000亿立方米左右，替代了大量宝贵的淡水资源。

我国海水淡化研究始于1958年海军和中国科学院化学所合作进行的电渗析技术研究。1967—1969年开展的全国海水淡化大会战，也为反渗透法、电渗析法、蒸馏法等海水淡化技术打下了基础。从20世纪90年代开始，随着我国水资源短缺形势日益严峻，海水淡化进入了大发展期，并从2000年开始走向规模化应用。

| 记者 | 20世纪90年代以来，我国海水利用技术发展迅速。这期间，我国取得了哪些突出进展？与国际先进水平的差距在哪里？目前需解决的突出问题是什么？ |

| 高院士 | 我国海水利用经过40余年发展，技术基本成熟，并初步具备产业化发展条件。尤其是2005年《全国海水利用专项规划》的发布，为海水利用提供了良好的政策环境，海水淡化在蒸馏技术和反渗透技术方面都取得长足的进步。目前，我国海水淡化水日产量约5万吨，海水循环冷却技术已达10万吨/时的示范规模。
可以说，我国海水淡化综合实力紧跟世界先进水平，但在某些具体方面仍存在差距。如自主研制的 |

反渗透膜脱盐率仅99.3，而国外已达99.8，大部分膜还需进口，能量回收装置和高压泵也依赖国外。未来，应侧重于改进和做出自己的海水淡化膜、能量回收装置和高压泵，并占领部分市场。同时，应进一步优化设备结构，更好利用高品位热能，实行海水综合利用，进一步降低成本。在海水循环冷却方面，主要的问题是降低成本和改进结构，以及防腐剂的研究等。海洋化工方面，还应该增加新品种的研究。

记者 您认为海水淡化技术的发展趋势是什么？

高院士 海水是一个极其复杂的低品位体系，这不仅要有单项技术的突破，也应考虑综合利用。因此，未来的海水利用必将走向集成技术和过程优化。海水淡化方法的集成大致有三种形式：一是海水淡化方法本身及方法间的集成；二是能源与海水淡化过程的集成；三是"发电-海水淡化-综合利用"的深度集成。而优化是指通过对所有过程的影响因素进行统筹，确定系统中物流、能流的所有可能的匹配关系，构造出集成系统的超结构模型，然后选定合适的目标函数，如总费用最小或淡水生产成本最低，在给定的条件下进行优化求解。

记者 据了解，海水淡化过程对环境造成一定影响，请问您如何看待这个问题？可采取哪些措施最小化这种影响？

高院士 海水利用是一个耗能的过程，每生产$1m^3$海水淡化水，至少要耗电$3 \sim 4kW \cdot h$，相应地要排放$2kg$ CO_2。海水淡化的回收率一般在40%～50%，这意味着50%～60%的浓海水要排回大海。因此，必须选择一种合适的技术来确保盐水合理的扩散和最小化对海洋的不利影响。通过使用清洁的可再生能源（核能、太阳能、风能等）；对浓海水综合利用，或用冷却水和海流携带、污水稀释及海中喷射分散等方法处理；尽力采用新的集成工艺并深入进行过程优化，使海水淡化的能耗、浓海水排放、占地和噪声等对环境、生物和生态等的影响降到最低。同时，在建立新的淡化厂或是增加已有淡化厂的生产能力之前，要进行全面的环境评估来降低淡化厂消极影响。

记者	请您从科研角度谈谈我国未来应从哪些方面促进海水利用技术发展？
高院士	目前，我国海水利用在国际上是有竞争力的，推广海水利用技术是可行的。未来，我国海水利用技术应以自主技术为主，消化吸收为辅；注重能力建设，以使该技术不断地向工艺简便、高效节能和清洁生产的方向迈进；强化产业化技术支撑体系，产业化和示范工程可采用政府投入与社会资金相结合的模式；政府管理方面，应构筑政策、法规体系和技术标准体系，鼓励企业界的介入，促进海水利用产业发展，并参与国际竞争（《海水淡化专家高从堦：我国海水利用技术渐趋成熟》，钱秀丽，中国海洋报，2006年10月24日）。

同月，合作发表《氨基甲酸酯类化合物的二氧化钛光催化降解研究》［陈建秋、王铎、高从堦，水处理技术，2006，32（10），32-35］、《二氧化钛悬浮体系中光催化降解染料氮素变化的研究》［陈建秋、王铎、高

从堦，染料与染色，2006，43（5），50-52〕、《平流式流动电位测试系统的研制》〔汪锰、吴礼光、莫剑雄、郑幸存、高从堦，分析化学，2006，34（10），1507-1510〕。

11月，向中国化工学会化学工程专业委员会、中国化工学会生物化工专业委员会主办的第三届全国化学工程与生物化工年会提交《氧化还原引发接枝——填充聚合制备环境响应型分离膜》（汪锰、吴礼光、莫剑雄、高从堦）、《CO_2、CH_4在不同活性载体促进传递膜的渗透性能及机理探讨》（沈江南、王定海、裘俊红、吴礼光、陈欢林、高从堦）、《PVDF浸入相转化制膜体系凝胶路径的计算》（孙大海、安全福、张林、陈欢林、高从堦）、《聚醚砜超滤膜结构的调控与性能研究》（范为、安全福、周海平、陈欢林、高从堦）、《水相沉淀聚合制备丙烯腈-甲基丙烯酸二甲氨基乙酯共聚物》（沈江南、王定海、裘俊红、吴礼光、陈欢林、高从堦）等论文。

同月，向由中国膜工业协会、北京化工大学主办的第二届全国膜分离技术在食品工业中应用研讨会提交《膜法提取低聚木糖的试验研究》（纪晓声、楼永通、吴礼光、谢柏明、高从堦）。

同月，合作发表《甲壳素黄原酸酯/聚丙烯腈复合纳滤膜的研究》〔董婷婷、陈国华、陈容、高从堦，功能材料，2006，37（11），1808-1811〕。

12月，发表《反渗透膜分离技术的创新性进展》

［独著，膜科学与技术，2006，26（6），1-4，11］，文章简述了自20世纪50年代以来反渗透法海水淡化（SWRO）的提出和发展概况；重点介绍了反渗透不对称膜和复合膜的发展，特别是复合膜品种的不断增多与性能的不断改进和提高；中空纤维和卷式反渗透膜组器技术的创新，特别是卷式反渗透膜组器的设计和制备技术的改进及组器的性能提高和大型化；效率不断提高的高压泵和能量回收装置，特别是能量回收装置结构形式的不断改进和能量回收效率的不断提高；适用于不同要求的各种SWRO工艺，如二级海水淡化工艺、一级海水淡化工艺、高压一级海水淡化工艺、高效两段海水淡化工艺、SWRO与纳滤（NF）、与多级闪蒸（MSF）或多效（MED）集成的海水淡化工艺以及微滤（MF）或超滤（UF）作为预处理等，另外，简述了大型反渗透法海水淡化厂对环境的影响，如与能耗相关的CO_2的排放、浓海水排海、占地、噪声和景观等；最后对反渗透技术的延伸进行了简介。

同月，合作发表《海水淡化技术集成的研究进展》［伍联营、夏艳、高从堦，现代化工，2006，26（12），13-16］。

本年，担任浙江大学求是讲座教授，兼任该校教育部膜与水处理技术工程中心主任。任职期间，促进了该校化学工程、高分子材料、环境工程等学科的交叉与合作，推动了这些学科的快速发展，提高浙江大学化学工程与技术学科，特别是膜科学技术领域在国内外的影响力与知名度。

本年，合作发表下列外文论文：

1.《Effect of mixed crosslinking agents on performance of thin-film-composite membranes》[Yong Zhou, San-chuan Yu, Mei-hong Liu, Huan-lin Chen, Cong-jie Gao; Desalination, 2006, 192, 182-189]。

2.《Carbon dioxide removal from air by microalgae cultured in a membrane-photobioreactor》[Li-hua Cheng, Lin Zhang, Huan-lin Chen, Cong-jie Gao; Sep. Purif. Technol., 2006, 50, 324-329]。

3.《Preparation and characterization of N, O-carboxymethyl chitosan (NO CC) polysulfone (PS) composite nanofiltration membranes》[Jing Miao, Guo-hua Chen, Cong-jie Gao, Cun-guo Lin, Duo Wang, Ming-kun Sun; J. Membr. Sci., 2006, 280 (1-2), 478-484]。

4.《Facilitated transport of carbon dioxide through poly (2-N, N-dimethyl aminoethyl methacrylate-co-acrylic acid sodium) membrane》[Jiang-nan Shen, Jun-hong Qiu, Li-guang Wu, Cong-jie Gao; Sep. Purif. Technol., 2006, 51 (15), 345-351]。

5.《A novel com posite nanofiltration (NF) membrane prepared from graft copolymer of trimethylallyl ammonium chloride onto chitosan (GCTACC) poly (acrylonitrile) (PAN) by epichlorohydrin cross-linking》[Rui-hua

Huang, Guo-hua Chen, Ming-kun Sun, Cong-jie Gao; Carbohydr. Res., 2006, 341（17）, 2777-2784］。

6.《Studies on nanofiltration membrane formed by diisocyanate cross-linking of quaternized chitosan on poly（acrylonitrile）（PAN）support》［Rui-hua Huang, Guo-hua Chen, Ming-kun Sun, Ying-mo Hu, Cong-jie Gao; J. Membr. Sci., 2006, 286（1-2）, 237-244］。

7.《Study on degradation of methyl orange using pelagite as photocatalyst》［Jian-Qiu Chen, Duo Wang, Mao-Xu Zhu, Cong-Jie Gao; J. Hazard. Mater., 2006, 138（1）, 182-186］。

8.《Study on a novel polyamide-urea reverse osmosis composite membrane（ICIC-MPD）: I. Preparation and characterization of ICIC-MPD membrane》［Li-Fen Liu, San-Chuan Yu, Yong Zhou, Cong-Jie Gao; J. Membr. Sci., 2006, 281（1-2）, 88-94］。

9.《Surface modification of phenolphthalein poly（ether sulfone）ultrafiltration membranes by blending with acrylonitrile-based copolymer containing ionic groups for imparting surface electrical properties》［Meng Wang, Li-Guang Wu, Xing-Cun Zheng, Jian-Xiong Mo, Cong-Jie Gao; J. Colloid Interface Sci., 2006, 300（1）, 286-292］。

10.《Selective permeation of CO_2 through a composite membrane with a separation layer of 2-N, N-dimethyl aminoethyl methacrylate and acrylic acid copolymer》〔Jiang-nan Shen, Li-guang Wu, Lin Zhang, Yong-quan Dong, Huan-lin Chen, Cong-Jie Gao; Desalination, 2006, 193 (1-3), 327-334〕。

11.《CO$_2$ facilitated transport through an acrylamide and maleic anhydride copolymer membrane》〔Li-guang Wu, Jiang-nan Shen, Huan-lin Chen, Cong-Jie Gao; Desalination, 2006, 193 (1-3), 313-320〕。

12.《Preparation and pervaporation of a palygorskite/polyacrylamide inorganic -organic hybrid membrane for separating m-/p-xylene isomers》〔Yang Yang, Jin-wen Qian, Li-jing Xuan, Auan-fu An, Lin Zhang, Cong-Jie Gao; Desalination, 2006, 193 (1-3), 193-201〕。

2007年 65岁

本年，指导并参与的"基于海上油田采油注水的海水膜软化技术的研究开发"入选为国家863计划项目（项目负责人为中国海洋大学苏保卫），资助金额100万元。该项目研究了多种纳滤膜对海水的软化效果的小试和中试，后与渤海油田合作完成纳滤软化海水用于海上采油的注水取油的试验。该项目在2010年获国家863计划滚动支持，资助金额400万元。

1月，指导并参与的"制膜液性质在相转化成膜机理和密度梯度超滤膜制备中的调控作用"（负责人为浙江大学安全福）立项为国家自然科学基金项目，研究时间为2007年1月至2009年12月，资助金额23万元。

同月，合作发表《污泥形态变化对膜生物反应器处理性能及膜污染的影响》〔李康、王立国、苏保卫、王铎、高从堦，水处理技术，2007，33（1），51-53，91〕。

2月，合作发表《集成膜法用于胶州湾地区海水淡化的中试》〔阮国岭、徐佳、初喜章、俞永江、苏保卫、王铎、高从堦，中国给水排水，2007，23（3），18-21〕、《胶州湾海水纳滤软化的研究》〔苏保卫、王玉红、李晓明、王铎、姚野、高从堦，水处理技术，2007，33（2），64-66，85〕、《氧化还原引发接枝——填充聚合制备pH响应型分离膜》〔汪锰、吴礼光、莫剑雄、高从堦，化学工程与装备，2007（1），1-3，11〕、《膜技术处理含油废水的研究》〔刘国强、王铎、王立国、高从堦，膜科学与技术，2007（1），68-72〕、《超滤用于海水淡化预处理的研究进展》〔徐佳、苏保卫、高忠文、王玉红、王铎、高从堦，膜科学与技术，2007，27（1），73-78〕。

4月，合作发表《改性半焦处理油田含油废水的研究》〔苏燕、王铎、于淑兰、李春虎、高从堦，水处理技术，2007（4），50-52〕、《戊二醛交联的壳聚糖硫酸酯/聚砜复合纳滤膜的制备及截留特性》〔苗晶、陈国华、高从堦、蔺存国、王铎、孙明昆，高校化学工程学报，2007，21（2），227-232〕、《膜Zeta电位测试技术

189

研究进展》［汪锰、安全福、吴礼光、莫剑雄、高从堦，分析化学，2007，35（4），605-610］。

5月，合作发表《氯化银/聚甲基丙烯酸甲酯有机-无机杂化膜的研究》［郑幸存、吴礼光、汪锰、裘俊红、高从堦，水处理技术，2007，33（5），25-27］。

7月，合作发表《混酐交联壳聚糖与三甲基-烯氯化铵共聚物/聚丙烯腈荷正电复合纳滤膜的研制及截留性能》［黄瑞华、陈国华、孙明昆、高从堦，水处理技术，2007，33（7），48-52］、《超滤膜预处理在胶州湾海水淡化的应用》［徐佳、阮国岭、高从堦，水处理技术，2007，33（7），64-67］。

8月，合作发表《甲苯二异氰酸酯交联羟乙基甲壳素/聚丙烯腈复合纳滤膜的制备及性能研究》［孙红伟、陈国华、黄瑞华、高从堦，水处理技术，2007，33（8），11-15］、《聚酯酰胺反渗透复合膜的制备及其表征》［娄红瑞、王铎、王倩、陈国华、高从堦，水处理技术，2007，33（8），74-76］、《一种新型羧甲基甲壳素/聚砜复合纳滤膜的研究》［王娟、陈国华、王祥红、陈容、王丽莎、高从堦，高校化学工程学院，2007，21（4），569-574］。

9月，合作发表《N, O-羧甲基壳聚糖/聚砜复合纳滤膜的制备及性能研究》［苗晶、陈国华、高从堦、董声雄，现代化工，2007，27（9），26-28］。

同月，在中国海洋大学化学化工学院招收海洋化学工程与技术专业博士研究生李蛟、蔺智泉、马准，招收分析化学专业硕士研究生綦鹏飞、宋跃飞，招收海洋化学专业硕士研究生侯经纬、刘蕾蕾、王丽、徐岩，招收海洋化学工程与技术研究生潘振江，招收应用化学专业硕士研究生郑伟萍。

10月15日至17日，在北京参加由中国膜工业协会和北京工业大学联合主办的第三届中国膜科学与技术报告会，并作了题为《膜分离技术与水资源和水再用》的大会报告，报告指出："随着膜分离技术的不断进步，它在海水淡化和水再用中的作用会越来越大，在扩大和保护水资源方面的贡献会越来越突出，对循环经济和清洁生产及节能、降耗和减排工作也会有所促进。"

同月，合作发表《纳米TiO_2光催化降解乐果溶液的影响因素研究》［陈建秋、王志良、王铎、高从堦，中国给水排水，2007，23（19），98-102］、《高浓废水资源化处理与水回用的膜集成新技术》［李盛姬、范立海、陈欢林、樊雄、高从堦，现代化工，2007，27（S2），511-513］、《海水淡化过程优化设计的研究进展》［夏艳、伍联营、卢彦越、胡仰栋、高从堦，水处理技术，2007，33（11），1-5］。

12月19日，参加评审《浙江省嵊泗海域地下水资源勘查及开发利用评价报告》，这是我国第一个海域地下水资源勘查报告。

同月，合作发表《电容吸附去离子技术的理论探讨》［莫剑雄、高从堦，水处理技术，2007（12），26-29］。论文从理论上推导了电极的电吸附量，并指出实际的电吸附量与理论不一致的原因。建立了立体结构的孔道双电层模型。以此模型讨论了孔道的半径、孔道的长度、孔道的表面积与孔道中孔隙的体积以及溶液的电阻、固体电吸附材料的电阻等因素与电极性能的关系，还对整个电容吸附去离子装置性能的影响做了分析。

同月，合作发表《聚丙烯酰胺/蒙脱土纳米复合物-聚乙烯醇共混膜的制备及其渗透汽化性能》[董永全、张林、侯同刚、陈欢林、高从堦，高等学校化学学报，2007，28（12），2422-2426]、《环氧氯丙烷交联季铵化壳聚糖/聚砜复合纳滤膜的制备》[黄瑞华、陈国华、孙明昆、高从堦，武汉大学学报（理学版），2007，53（6），695-700]。

本年，合作发表下列外文论文：

1.《Separation of CO_2/N_2 gas mixture through carbon membranes: monte carlo simulation》[Yu-xiang Jia, Meng Wang, Lian-ying Wu, Cong-jie Gao; Sep. Sci. Technol., 2007, 42（16），3681-3691]。

2.《A pilot study of UF pretreatment without any chemicals for SWRO desalination in China》[Jia Xu, Guo-ling Ruan, Xi-zhang Chu, Ye Yao, Bao-wei Su, Cong-jie Gao; Desalination, 2007, 207（1-3），216-226]。

3.《A novel composite nanofiltration（NF）membrane prepared from glycolchitinpoly（acrylonitrile）（PAN）by epichlorohydrin cross-linking》[Hong-wei Sun, Guo-hua

Chen, Rui-hua Huang, Cong-jie Gao; J. Membr. Sci., 2007, 297（1-2）, 51-58］。

4.《Preparation and characteristics of quaternized chitosanpoly（acrylonitrile）composite nanofiltration membrane from epichlorohydrin cross-linking》［Rui-hua Huang, Guo-hua Chen, Ming-kun Sun, Ying-mo Hu, Cong-jie Gao; Carbohydr. Polym., 2007, 70（3）, 318-323］。

5.《Preparation of chitin xanthate/polyacrylonitrile NF composite membrane with cross-linking agent hydrogen peroxide and its characterization》［Ting-ting Dong, Guo-hua Chen, Cong-jie Gao; J. Membr. Sci., 2007, 304（1-2）, 33-39］。

6.《Synthesis of AgCl/PMMA hybrid membranes and their sorption performance of cyclohexane/cyclohexene》［Jiang-nan Shen, Xin-cun Zheng, Hui-min Ruan, Li-guang Wu, Jun-hong Qiu, Cong-jie Gao; J. Membr. Sci., 2007, 304（1-2）, 118-124］。

7.《Study on hypochlorite degradation of aromatic polyamide reverse osmosis membrane》［Guo-dong Kang, Cong-jie Gao, Wei-dong Chen, Xing-ming Jie, Yi-ming Cao, Quan Yuan; J. Membr. Sci., 2007, 300（1-2）, 165-171］。

8.《Hexamethylene diisocyanate crosslinking 2 - hydroxypropyltrimethyl ammonium chloride chitosan/poly （acrylonitrile）composite nanofiltration membrane》［Rui-hua Huang，Guo-hua Chen，Ming-kun Sun，Cong-jie Gao；J. Appl. Polym. Sci.，2007，105（2），673-679］。

9.《Photocatalytic degradation of dimethoate using nanosized TiO$_2$ powder》［Jian-qiu Chen，Duo Wang，Mao-xu Zhu，Cong-jie Gao；Desalination，2007，207（1-3），87-94］。

10.《Pervaporation separation of water/isopropanol mixtures through crosslinked carboxymethyl chitosan/polysulfone hollow-fiber composite membranes》［Jiang-nan Shen，Li-guang Wu，Jun-hong Qiu，Cong-jie Gao；J. Appl. Polym. Sci.，2007，103（3），1959-1965］。

11.《Preparation of pH-responsive phenolphthalein poly（ether sulfone）membrane by redox-graft pore-filling polymerization technique》［Meng Wang，Quan-fu An，Li-guang Wu，Jian-xiong Mo，Cong-jie Gao；J. Membr. Sci.，2007，287（2），257-263］。

2008年 66岁

本年，主持的"节能型高分子复合膜的微结构调控与制备方法"课题被列为973计划项目"面向应用过程的膜材料设计与制备基础研究"（项目首席科学家为徐南平）的课题。自2003年起，高从堦先后主持两项973计划项目"面向应用过程的膜材料设计与制备基础研究"的课题（另一项为"高分子复合膜微尺度加工理论与方法研究"），构筑了广泛而高效的高分子复合膜的膜材料与性质、膜制备、膜过程以及它们之间关联性所需的基础理论、方法学和技术平台，研究开发了系列复合膜用密度梯度孔的支撑膜，对膜材料进行了分子模拟，合成了5-氧甲酰氯-异酞酰氯（CFIC）和1，3，5-环己烷三甲酰氯（HTC）等多种功能单体，研究了界面聚合两相的组成和两相间反应涉及的一系列问题，制备了CFIC/MPD-SMPS高通量反渗透复合膜和CFIC/MPD高脱盐海水反渗透复合膜等。其中高性能海水淡化膜元件的脱盐率达到99.2%以上，该元件成功进行了现场运用，并通过了性能考核。

主持的973计划资助项目"高分子复合膜微尺度加工理论与方法研究"结题。自2003年11月立项以来，历时近5年，高从堦率课题组围绕两个专题展开研究工作，并如期完成了研究目标：一、高分子复合膜支撑底膜的研究；二、高性能反渗透复合膜和纳滤膜的研究。在理论上揭示了高分子复合膜及膜材料微结构与膜的功能性质和制备过程的关系；建立了面向应用过程的高分子复合膜材料设计的理论框架。在高分子复合膜材料基础理论研究、膜材料制备和微结构控制等方面取得了突破，为我国高分子复合膜的跨越式发展和高分子复合膜技术在水资源、环境保护和传统产业改造等领域的重大应用工程奠定了知识产权和技术基础。

　　基于近年来国际上先进的纳米颗粒填充复合膜（TFN，也称混合基质膜）的优异性能，本年提出并率课题组开展应用型纳米颗粒填充复合膜（R-TFN）的研究，同时对膜中水通道和离子通道的传质机理进行深入研究，初步实验结果表明，膜的水通量可大幅度提高。上述研究开发为反渗透复合膜的进一步改进提高指出了方法和途径。

　　与台湾中原大学薄膜技术研发中心创始人赖君义教授共同倡议创立海峡两岸膜会议，会议旨在促进海峡两岸膜科技领域的学术交流与合作，此后两岸每年轮流举办一次膜会议。

　　1月，合作发表《纳滤在水处理中的应用研究进展》［楼民、俞三传、高从堦，工业水处理，2008，28（1），13-17］。

　　2月，合作发表《正渗透——水纯化和脱盐的新途径》［高从堦、郑根江、汪锰、王铎、高学理、周勇，水处理技术，2008，34（2），1-4，8］，该文为国家重点基础研究发展规划（973）项目的研究成果之一。文章解释了正渗透原理，阐述了正渗透膜过程中的几个关键环节，列举了自20世纪70年代以来正渗透膜过程在水纯化和脱盐领域应用中的若干成功尝试，文章认为："正渗透膜过程的显著优势和潜在应用价值，开始逐渐地引起人们的注意。的确，在正渗透膜及其膜组件的制备和汲取液的选择及其分离等科学技术问题上还远未完善。但是，纵观反渗透膜过程的发展及其给人类创造的价值，我们必须重视正渗透膜过程的研究和开发。"

早在1996年，当时正渗透尚未成为国际研究热点，高从堦就与留美回国学者一起，对正渗透展开了初步研究，他认为正渗透有望成为解决水资源和环境问题的一个新的膜过程；2000年，高从堦指导学生金可勇等发表了"渗透现象实验研究"一文；2006年，正渗透成为国际上的研究热点，高从堦与中国海洋大学合作，最先在国内系统地展开对正渗透膜及其性能的研究，包括对正渗透膜结构改进、减轻内浓度极化、汲取液选择和回收等方面进行深入探索。结合水通道和水渗透机理的研究，探索适于正渗透的新型CTA改性材料和膜、界面聚合反应型纳米颗粒复合膜、新型聚电解质改性材料和膜等，以提高FO膜的综合性能；还进行了EDTA类型和超顺磁的纳米粒子的正渗透汲取液制备、汲取效率评估及其再生回收的途径等探索。上述研究为我国正渗透过程的研究开发打下良好的理论与应用基础。

3月，合作发表《辉钼矿生物浸出的研究现状与展望》［陈家武、高从堦、张启修、肖连生、张贵清，稀有金属与硬质合金，2008，36（1），46-50］、《混酐交联壳聚糖季铵盐/聚丙烯腈复合纳滤膜的研究》［黄瑞华、陈国华、孙红伟、高从堦，武汉理工大学学报，2008，30（3），24-27］。

4月19日至21日，在天津参加第六届全国膜与膜过程学术报告会，并作了题为《芳香族聚酰胺反渗透复合膜的研究进展》的报告。

4月，合作发表《微乳液聚合在分离膜制备中的应用研究进展》[沈江南、裘俊红、郑幸存、吴礼光、高从堦，化工进展，2008，27（4），515-519]、《纳滤海水软化性能及膜污染研究》[李晓明、王铎、高学理、高从堦，水处理技术，2008，34（4），8-11]、《N,O-羧甲基壳聚糖复合纳滤膜的制备及其对酒厂发酵废水的截留效果（英文）》[苗晶、李玲玲、陈国华、高从堦、董声雄，Chinese Journal of Chemical Engineering，2008，16（2），209-213]。

5月，合作发表《膜分离技术在农药工业清洁生产中的应用概况》[沈江南、徐寅初、高从堦，农药，2008，47（5），316-319]、《反渗透复合膜研究（Ⅱ）初生态膜的原位改性》[周勇、俞三传、高从堦，化工学报，2008，59（5），1190-1195]。

6月，合作发表《喷雾蒸发海水淡化技术研究进展》[成怀刚、高从堦，现代化工，2008，28（6），19-22，24]。

同月，指导的中国海洋大学化学化工学院海洋化学专业博士研究生徐佳毕业，获得博士学位。徐佳现为该校化工系教授、博士生导师。主要研究领域是面向海水资源综合利用的分离膜技术研发，以分子设计、化学合成与修饰、表面/界面自组装、纳米技术等为核心并利用海洋生物仿生学，开发新一代高效节能及抗污染的分离膜制备技术，另外利用膜法组合来实现海水淡化、盐差发电及净水资源的再生利用。

徐佳，2003年考取中国海洋大学硕博连读的研究生，随即加入高从堦课题组。那时，高从堦刚到中国海洋大学不久，还没有相关实验室，他就用自己的资源和经费为研究生创造实验条件。徐佳和同学王玉红选择的研究方向是分离应用，当时山东青岛的黄岛发电厂正在与国家海洋局天津海水淡化与综合利用研究所合作筹建一个膜法海水淡化的示范工程，高从堦就联系山东黄岛发电厂，让徐佳和王玉红两位同学去那里现场学习，为此高从堦用自己的科研经费在示范工程的边上建了一个设备齐全的集装箱实验室，从2004年至2007年，徐佳与王玉红就一直驻守在黄岛发电厂的集装箱实验室，在高从堦的指导下开展实验。因为黄岛发电厂位于胶州湾西海岸，所以她们当时能直接取海水做实验，而不是像在学校实验室里那样用配置出来的模拟海水，模拟出来的海水对于做应用研究来说价值相对较弱，这种很真实的自然条件对于膜应用实验非常重要，尤其是可以观测到极端天气时的海水对膜产生的影响。这一段经历对徐佳在科研道路上的成长产生了重要的影响，徐佳说那一段经历虽然很苦，集装箱里没有空调，又位于海滨，夏天温度高达40多度，冬天零下几度，晚上也需要采集数据，但是只有这样真实的环境才能保证科研成果的可靠性，这是很不容易得到的条件。派驻研究生到发电厂做实验需要办很多手续，临时建一个集装箱实验室需要投入很多经费等，徐佳表示非常感激高老师不遗余力为学生提供的平台，这种平台也许是不可复制的，她说现在自己也是博士生导师，但是她无法为学生创造这么好的科研条件。高从堦注重培养研究生的思维方式和科研能力，为学生指明正确的科研路径，比如他强调科学研究一定要促进整个行业的发展，而不是仅仅为了发论文、拿项目以及获奖，因此一再叮嘱徐佳等弟子，要多向天津海水淡化与综合利用研究所的老师学习，学习如何耦合的设计理念，如何形成产业链，因为他们具有更先进的膜法海水淡化设计理念。又如他经常给学生分享很前沿的信息和很有效的建议，教他们如何从学术报告中获取有效的那部分信息。

2007年6月，徐佳向高从堦提出希望出国深造，高从堦快速帮她联系好加拿大滑铁卢大学冯献社教授。在高从堦的帮助下，徐佳的留学手续办得特别顺利，9月，就抵达了加拿大滑铁卢大学。她的博士学位论文完成于留学期间，在写作过程中，每写完一章就发给高老师，高老师收到后总是第一时间修改，大到论点、框架、路径，小到词句、标点，高老师均一一给予修改，所以她的学位论文的写作进展得很顺利，而学位论文的撰写过程使得徐佳无论是研究能力和论文写作能力均得到了很大提升。

7月，合作发表《聚酰胺复合纳滤膜的制备与表征》〔王倩、王铎、高从堦，水处理技术，2008，34（7），12-15〕。

8月，合作发表《界面聚合工艺条件对反渗透复合膜性能的影响》〔邱实、吴礼光、张林、陈欢林、高从堨，化工学报，2008，59（8），2027-2034］、《反渗透复合膜功能材料研究进展》［吴礼光、周勇、张林、陈欢林、高从堨，化学进展，2008，20（7/8），1216-1221］。

9月，合作发表《活化半焦处理含油废水的性能研究》［苏燕、王铎、李春虎、高从堨，环境污染与防治，2008，30（9），23-25，35］。

9月，在中国海洋大学化学化工学院招收王彬为海洋化学工程与技术专业博士研究生，招收郭风、洪日为海洋化学专业硕士研究生，招收王伟伟为化学工程专业硕士研究生。

同月，在中南大学冶金与环境学院招收侯晓川为有色金属冶金专业博士研究生。

10月，合作发表《亚氨基二乙酸母液的电渗析脱盐实验》［沈江南、计伟荣、徐寅初、高从堨，农药，2008，47（10），715-717］、《筛选高效原油降解菌处理含油废水研究》［刘国强、沈竞为、高从堨，水处理技术，2008，34（10），26-29］。

11月7日至9日，在福建武夷山参加中国脱盐协会（CDA）2008年年会。

12月，合作发表《膜蒸馏在冶金工业中的应用前景》［曾理、高从堨，膜科学与技术，2008，28（6），87-92］，摘要如下：

膜蒸馏是一种新型的膜分离技术。介绍了膜蒸馏过程的基本概念、特征以及膜蒸馏的工艺过程及影响因素，并介绍了国内对膜蒸馏技术在冶金工业生产中的应用研究情况。在此基础上提出了膜蒸馏存在的一些问题及未来的发展方向。

同月，合作发表《动电法研究聚酰胺类纳滤膜界面电现象》［马准、汪锰、王铎、苏保卫、高从堦，分析化学，2008，36（12），1707-1710］、《我国海水利用现状及其对环境的影响》［高忠文、蔺智泉、王铎、高从堦，海洋环境科学，2008，27（6），671-676］、《海藻酸钠渗透汽化分离膜的研究进展及展望》［沈江南、陈兵、阮慧敏、裘俊红、高从堦，现代化工，2008，28（12），19-24］、《新型聚醚砜超滤膜的制备与表征》［王倩、王铎、娄红瑞、马玉新、高从堦，膜科学与技术，2008，28（6），9-13］。

本年，合作发表下列外文论文：

1.《Preparation of *N*, *O*-carboxymethyl chitosan composite nanofiltration membrane and its rejection performance for the fermentation effluent from a wine factory》［Jing Miao, Ling-ling Li, Guo-hua Chen, Cong-jie Gao, Sheng-xiong Dong; Chin. J. Chem. Eng., 2008, 16（2）, 209-213］。

2.《Preparation and characterization of quaterinized chitosan/poly（acrylonitrile）composite nanofiltration membrane from anhydride mixture cross-linking》［Rui-hua

Huang, Guo-hua Chen, Ming-kun Sun, Cong-jie Gao; Sep. Purif. Technol., 2008, 58（3）, 393-399］。

3.《Pilot study of inside-out and outside-in hollow fiber UF modules as direct pretreatment of seawater at low temperature for reverse osmosis》［Jia Xu, Guo-ling Ruan, Xue-li Gao, Xian-hui Pan, Bao-wei Su, Cong-jie Gao; Desalination, 2008, 219（1-3）, 179-189］。

4.《Permeation of CO_2 and CH_4 through a 2-（N, N-dimethyl amino）ethyl methacrylate and acrylonitrile copolymer membrane》［Li-guang Wu, Jiang-nan Shen, Cong-jie Gao; Desalination, 2008, 223（1-3）, 410-416］。

5.《Sorption behavior and separation performance of novel facilitated transport membranes for CO_2/CH_4 mixtures》［Jiang-nan Shen, Li-guang Wu, Ding-hai Wang, Cong-jie Gao; Desalination, 2008, 223（1-3）, 425-435］。

6.《Study on the thin-film composite nanofiltration membrane for the removal of sulfate from concentrated salt aqueous Preparation and performance》［Mei-hong Liu, San-chuan Yu, Yong Zhou, Cong-jie Gao; J. Membr. Sci., 2008, 310（1-2）, 289-295］。

7.《Feasibility study on surface modification of cation exchange membranes by quaternized chitosan for improving its selectivity》［Yuan Hua, Meng Wang, Duo Wang,

Xue-li Gao, Cong-jie Gao; J. Membr. Sci., 2008, 319
（1-2）, 5-9］。

8.《Positively charged composite nanofiltration
membrane from quaternized chitosan by toluene diisocyanate
cross-linking》［Rui-hua Huang, Guo-hua Chen, Bing-
chao Yang, Cong-jie Gao; Sep. Purif. Technol., 2008, 61
（3）, 424-429］。

9.《Preparation, structure characteristics and separation
properties of thin-film composite polyamide-urethane
seawater reverse osmosis membrane》［Mei-hong Liu,
San-chuan Yu, Jie Tao, Cong-jie Gao; J. Membr. Sci.,
2008, 325（2）, 947-956］。

10.《Preparation and characterization of N,
O-carboxymethyl chitosan polysulfone composite
nanofiltration membrane crosslinked with epichlorohydrin》
［Jing Miao, Guo-hua Chen, Cong-jie Gao, Sheng-xiong
Dong; Desalination, 2008, 233（1-3）, 147-156］。

11.《Hollow fiber contained hydrogel-CA membrane
contactor for carbon dioxide removal from the enclosed
spaces》［Li-Hua Cheng, Lin Zhang, Huan-Lin Chen,
Cong-Jie Gao; J. Membr. Sci., 2008, 324（1-2）,
33-43］。

12.《Polyacrylonitrile-block-poly（methyl acrylate）
membranes 2: Swelling behavior and pervaporation
performance for separating benzene/cyclohexane》［Quan-

Fu An，Jin-Wen Qian，Qiang Zhao，Cong-Jie Gao；J. Membr. Sci.，2008，313（1-2），60-67］。

13.《Study on a novel antifouling polyamide-urea reverse osmosis composite membrane（ICIC-MPD）：Ⅲ. Analysis of membrane electrical properties》［Li-Fen Liu，San-Chuan Yu，Li-Guang Wu，Cong-Jie Gao；J. Membr. Sci.，2008，310（1-2），119-128］。

2009年　67岁

本年，领衔的"海水淡化膜技术应用创新团队"入选浙江省重点科技创新团队。该团队由杭州水处理技术研究开发中心有限公司牵头建设，杭州（火炬）西斗门膜工业有限公司、杭州北斗星膜制品有限公司、浙江大学、杭州南方特种泵业股份有限公司等参与共建。高从堦为该团队确立三个主攻方向：①大规模反渗透海水淡化工程技术及装备开发与海水淡化新技术研究。②新膜制品（主要是纳滤、反渗透、超滤等）的产业化开发。③膜法水处理技术、装备和应用（主要是废水资源化技术、城市污水回用技术和饮用水净化等）。

1月，合作发表《纳滤分离机理》［邱实、吴礼光、张林、陈欢林、高从堦，水处理技术，2009，35（1），15-19］、《纳滤软化海水配制驱油聚丙烯酰胺溶液的研究》［郑雅梅、成怀刚、王铎、高从堦，石油炼制与化工，2009，40（1），65-68］。

2月，合作发表《膜生物反应器处理印染废水工艺条件的研究现状》［戴兴国、吴礼光、张林、陈欢林、高从堦，水处理技术，2009，35（2），5-8］。

3月，合作发表《海上油田注水纳滤软化中试研究》［尚言武、成怀刚、王铎、高学理、高从堦，化工进展，2009，28（3），534-538］、《中空纤维帘式与平板式膜组件在浸没式MBR中的对比试用研究》［郑宏林、俞三传、周勇、高从堦，水处理技术，2009，35（3），73-76］、《聚砜超滤膜结构对铸膜溶液性质的依赖性》［李峰、安全福、周海平、吴礼光、陈欢林、高从堦，水处理技术，2009，35（3），23-26］。

4月，合作发表《硫化叶菌对镍钼硫化矿的浸出作用》［陈家武、高从堦、张启修、肖连生、张贵清，过程工程学报，2009，9（2），257-263］、《PVDF/TiO$_2$杂化超滤膜的制备与表征》［姜海凤、马玉新、王铎、高从堦，功能材料，2009，40（4），591-594］、《体相异质结型有机太阳能电池的研究进展》［李蛟、刘俊成、高从堦，材料导报，2009，23（9），104-108］。

6月12日至13日，在天津参加"我国海洋高新技术产业发展战略研究"咨询工作第二次研讨会议，并作了题为《反渗透海水淡化技术进展》的报告。

7月，合作发表《偕胺肟基纤维的合成及对铀的吸附性能研究》［刘梅、朱桂茹、苏燕、王铎、高从堦，水处理技术，2009，35（7），13-16］。

8月，向2009年全国高分子学术论文报告会提交《制膜溶液性质对聚砜密度梯度超滤膜结构的调控》（安全福、计艳丽、钱锦文、陈欢林、高从堦）。

同月，参加在重庆召开的主题为"自主创新与持续增长"的中国科协第十一届年会，提交《城市节水与海水淡化》（独著）一文。

同月10日至11日，参加青岛蓝色经济发展国际高峰论坛，在会上就海水淡化、海水直接利用、海水综合利用三个方面介绍了海水资源利用技术。

同月29日至30日，在深圳参加"我国海洋高技术产业发展战略研究"咨询工作第三次会议（暨调研）。

9月4日至6日，在青岛参加由中国海洋大学主办的2009中欧膜法脱盐技术研讨会。

同月，参加在重庆举办的国际城市水资源保护标准研讨会。

同月，合作发表《从废高温镍钴合金中浸出镍和钴的试验研究》［侯晓川、肖连生、高从堦、张启修、叶新华、郭金良，湿法冶金，2009，28（3），164-169］。

同月，在中国海洋大学化学化工学院招收隋燕、杨登峰为海洋化学专业博士研究生，招收许颖、张凯为海洋化学工程与技术专业博士研究生，招收王雪为分析化学专业硕士研究生，招收张志坤为海洋化学专业硕士研究生，招收王汉敏、于慧为化学工程专业硕士研究生。

同月，在中南大学冶金与环境学院招收有色金属冶金专业博士研究生尚广浩、关文娟。

10月，参加在我国台湾举行的2009两岸薄膜科技交流研讨会。

同月，合作发表《太阳能在海水淡化产业中的应用与研究进展》［李蛟、刘俊成、高从堦、张金玲，水处理技术，2009，35（10），11-15］、《膜生物反应器在污水资源化中的研究与应用探讨》［郑宏林、朱家民、黄金有、周勇、高从堦，水处理技术，2009，35（10），21-26］、《嗜热金属球菌对镍钼矿的浸出》［陈家武、高从堦、张启修、肖连生、张贵清，北京科技大学学报，2009，31（10），1224-1230］、《碳纳米管/聚砜共混超滤膜的制备与表征》［潘学杰、吴礼光、周勇、高从堦，膜科学与技术，2009，29（5），16-22］、《聚酯酰胺反渗透膜的耐污染性和耐氯性》［王铎、娄红瑞、汪锰、高从堦，膜科学与技术，2009，29（5），58-61］。

同月25日，参加天津市膜科学与海水淡化技术重点实验室2009年度学术会议。

同月27日，在天津参加中国工程院化工、冶金与材料工程学部第七届学术会议，并主持化工分会。

11月，发表《膜技术在水处理中的应用》［独著，化工进展，2009，28（S2），405］。摘要如下：

随着化工的发展，各种分离单元操作逐渐建立、发展和完善起来，如沉降、结晶、过滤、离心、洗涤、吸附、吸收、干燥、浮选、气浮、汽提、萃取、蒸发、蒸馏、电解、电泳和膜分离等。这些单元操作在化工产品的生产、加工和综合利用过程中已被广泛应用。膜技术的飞速发展是从1960年不对称反渗透膜的成功开始的。20世纪50年代的离子交换膜和电渗析，60年代的反渗透和超滤，70年代的气体分离，80年代的无机膜、渗透汽化和纳滤等都实用化了。20世纪90年代开始的膜反应器、亲和膜、膜蒸馏、膜萃取、手性膜、膜能转换和智能膜等都在不同发展阶段，其中膜反应器在污水处理方面也已大规模应用。至今，膜法海水和苦咸水淡化，纯水和超纯水制备，各种料液的浓缩、分离、纯化、脱水和脱盐，废水处理再生回用等都已相当成熟，本文仅就膜技术在水处理中的上述应用，进行简要介绍。膜技术作为高新技术在化工领域的生产加工、清洁生产、综合利用、节能降耗和废液治理等方面发挥着独特的作用，随着膜技术的不断进步，其在化工领域中发挥的作用会越来越大。

同月8日至11日，参加"我国海洋高技术产业发展战略研究"第四次会议，并作了题为《大力发展海水资源利用技术》的报告。

同月26日，在中南大学冶金与环境学院为学生作了题为《科研创新与人才培养》的报告。高从堦在报告中回顾了自己早年的科研经历，他说首先是"国家的号召让我选择海水淡化"，他大学毕业时，国家正好需要发展海水淡化技术，尤其是国防事业对此有着迫切需要，所以他和一批科技人员响应国家号召，投入了海水淡化大会战，"为了解决国家的燃眉之急，也为了攻克科研学术难题，我们的科研团队夜以继日地实验、实验再实验"，终于完成了会战任务。他说："目前，中国海水淡化虽基本具备了产业化发展条件，但研究水平及创新能力、装备的开发制造能力、系统设计和集成等方面与国外相比仍有较大的差距。当务之急是尽快形成中国海水淡化设备市场的完整产业链条。围绕制约海水淡化成本降低的关键问题，发展膜与膜材料、关键装备等核心技术，研发具有自主知识产权的海水淡化新技术、新工艺、新装备和新产品，提高关键材料和关键设备的国产化率，增强自主建设大型海水淡化工程的能力。"其次是"抱着必胜的信念去做科研"，他说在六七十年代，科研条件很恶劣，"有困难、有艰辛、有痛苦"，但他们抱着必胜的信念，"不断地研究—发现问题—再研究—解决问题"，终于攻克了难题，取得了成功。他说："实际上，有很多科学研究都会碰到这样那样的难题，问题的关键是我们在碰到难题的时候应该怎样去解决。去攻克它，去战胜它，这才是我们科技工作者应有的态度和魄力，也是我们作为一名科技工作者的责任和义务。"最后，高从堦强调了年轻人要从事科研工作需要具备的几点素质：①要有社会责任感，当代大学生"要勇敢地迎接挑战，把对祖国的热爱化成无限的力量，融入捍卫祖国尊严、建设祖国富强的实践中去"。②要制定明确的科研目标，如何确定自己的科研目标？第一步要找到自己的科研兴趣点，第二步以科研兴趣点为圆心涉猎与之相关的学术文献知识，在积淀的基础之上，我们去发现问题，再去研究问题，然后解决问题，从而实现我们的创新过程。③要具备持之以恒的毅力，"只要是自己应该追求的东西，就要坚持到底。"④要依靠集体和团队的力量，"集体的巨大力量是由许多个人的贡献聚集而成的，如果个人的素质差，势必影响集体的力量，甚至摧垮集体。因此，只有提高个人的素质，才会有集体力量的强大。在科学研究的道路上，团队的力量尤其重要。"高从堦还为同学们讲解了反渗透技术和膜科学的基本原理、相关知识、研究现状及应用前景等方面知识，介绍了正在应用中的反渗透膜技术的利弊，分析了多种反渗透膜的基本性能和制备。高从堦强调，在水资源缺乏成为制约经济和社会发展的重要因素的背景下，利用膜科学从海水中获得水和资源，对于经济和社会的发展有着重要意义。他希望同学们摒弃浮躁，扎实学习，成就梦想（《高从堦院士来校作专场报告：摒弃浮躁 矢志不渝》，程海威，中南大学新闻网，2009年11月27日）。

同月26日至28日，在广州参加中国化工学会2009年年会暨第三届全国石油和化工行业节能节水减排技术论坛，并作了题为"膜技术在水处理中的应用"的报告。

同月，合作发表《锂锰氧化物离子筛的研究进展》〔綦鹏飞、朱桂茹、王铎、高从堦，材料导报，2009，23（S1），303-306〕。

12月6日至7日，在杭州参加由中国膜工业协会主办的第一届电驱动膜联谊会。

同月，合作发表《纳滤膜功能材料研究进展》〔李兆魁、周勇、朱家民、高从堦，水处理技术，2009，35（12），1-6〕、《铸膜液中水含量对聚砜超滤膜结构和性能的影响》〔王丽雅、钱欣、周勇、高从堦，水处理技术，2009，35（12），31-33〕、《海上采油水处理技术的研究进展》〔苏保卫、王铎、高学理、高从堦，中国给水排水，2009，25（24），23-27〕。

本年，率团队与江苏久吾高科技股份有限公司共建院士工作站，主要为该企业的陶瓷分离膜及其成套装备在海水淡化领域的应用提供战略咨询、技术支持与指导。

本年，承担中国工程院"充分发挥膜技术在资源、能源、环境、清洁生产和循环经济等领域的重要作用"专题的一项子专题。

本年，合作发表下列外文论文：

1.《Influence of MWCNTs doping on the structure and properties of PEDOT PSS films》〔Jiao Li，Jun-cheng Liu，Cong-jie Gao，Jin-ling Zhang，Han-bin Sun；Int. J. Photoenergy，2009，65，5-9〕。

2.《Influence of the polyacyl chloride structure on the reverse osmosis performance，surface properties and chlorine stability of the thin-film composite polyamide membranes》〔Mei-hong Liu，Di-hua Wu，San-chuan Yu，Cong-jie Gao；J. Membr. Sci.，2009，326（1），205-214〕。

3.《Preparation and characterization of composite NF membrane from a graft copolymer of trimethylallyl ammonium chloride onto chitosan by toluene diisocyanate cross-linking》［Rui-hua Huang, Guo-hua Chen, Ming-kun Sun, Cong-jie Gao; Desalination, 2009, 239（1-3）, 38-45］。

4.《Surface modification of thin film composite polyamide membranes by electrostatic self deposition of polycations for improved fouling resistance》［Yong Zhou, San-chuan Yu, Cong-jie Gao, Xian-she Feng; Sep. Purif. Technol., 2009, 66（2）, 287-294］。

5.《Synthesis and characterization of soluble chitosansodium carboxymethyl cellulose polyelectrolyte complexes and the pervaporation dehydration of their homogeneous membranes》［Qiang Zhao, Jin-wen Qian, Quan-fu An, Cong-jie Gao, Zhang-liang Gui, Huang-tao Jin; J. Membr. Sci., 2009, 333（1-2）, 68-78］。

6.《Preparation of reverse osmosis composite membrane with high flux by interfacial polymerization of MPD and TMC》［Shi Qiu, Li-guang Wu, Lin Zhang, Huan-lin Chen, Cong-jie Gao; J. Appl. Polym. Sci., 2009, 112（4）, 2066-2072］。

7.《The energy-saving production of tartaric acid using ion exchange resin-filling bipolar membrane electrodialysis》［Kai Zhang, Meng Wang, Duo Wang, Cong-jie Gao; J. Membr. Sci., 2009, 341（1-2）, 246-251］。

8.《Performance enhancement in interfacially synthesized thin-film composite polyamide-urethane reverse osmosis membrane for seawater desalination》〔San-chuan Yu, Mei-hong Liu, Xue-song Liu, Cong-jie Gao; J. Membr. Sci., 2009, 342（1-2）, 313-320〕。

9.《Preparation and properties of functionalized carbon nanotube/PSF blend ultrafiltration membranes》〔Shi Qiu, Li-guang Wu, Xue-jie Pan, Lin Zhang, Huan-lin Chen, Cong-jie Gao; J. Membr. Sci., 2009, 342（1-2）, 165-172〕。

10.《Aromatic-cycloaliphatic polyamide thin-film composite membrane with improved chlorine resistance prepared from m-phenylenediamine-4-methyl and cyclohexane-1, 3, 5-tricarbonyl chloride》〔San-chuan Yu, Mei-hong Liu, Zhen-hua Lü, Yong Zhou, Cong-jie Gao; J. Membr. Sci., 2009, 344（1-2）, 155-164〕。

11.《Investigation on overall charged behavior of polyamide nanofiltration membranes by electrokinetic method》〔Zhun Ma, Meng Wang, Duo Wang, Cong-jie Gao; Desalin. Water Treat., 2009, 12（1-3）, 284-291〕。

12.《Purification and concentration of collagen by charged ultrafiltration membrane of hydrophilic polyacrylonitrile blend》〔Jiang-nan Shen, Dan-dan Li, Fei-yan Jiang, Jun-hong Qiu, Cong-jie Gao; Sep. Purif. Technol., 2009, 66（2）, 257-262〕。

13.《Recovery of l-tryptophan from crystallization

wastewater by combined membrane process》[Li-fen Liu，Lan-lan Yang，Ke-yong Jin，Dan-qian Xu，Cong-jie Gao；Sep. Purif. Technol.，2009，66（3），443-449]。

<h2 style="text-align:center">2010年 68岁</h2>

本年，承担中国工程院"中国工程科技中长期发展战略研究"咨询项目，完成其中的"反渗透复合膜技术发展战略研究"报告。

1月，合作发表《双膜法深度处理油田采出水的现场试验研究》[潘振江、高学理、王铎、苏保卫、高从堦，水处理技术，2010，36（1），86-90]、《聚电解质层层自组装纳滤膜》[计艳丽、安全福、钱锦文、陈欢林、高从堦，化学进展，2010，22（1），81-90]。

2月，合作发表《BPM2型双极膜电渗析装置的研制》[金可勇、金水玉、周勇、高从堦，水处理技术，2010，36（2），119-122，125]。

3月，合作发表《锂离子筛的制备及其吸附性能研究》[綦鹏飞、朱桂茹、王铎、高从堦，功能材料，2010，41（3），432-435]。

同月31日至4月1日，参加在国家会议中心举行的2010中国水处理工程师大会，并就工业超纯水处理技术发表主题演讲。

4月，合作发表《动电法研究磺化聚醚砜纳滤膜界面电现象》[马准、高学理、汪锰、王铎、高从堦，分析化学，2010，38（4），547-550〕。

5月21日至23日，参加由中国膜工业协会、同济大学环境科学与工程学院、中国城镇供水排水协会、上海市政工程设计研究总院、哈尔滨工业大学在同济大学召开的"2010年膜法市政水处理技术研讨会"，并作了题为《膜技术与饮用水处理》的大会报告。高从堦在报告中说："膜法海水和苦咸水淡化（反渗透，RO）为沿海、岛屿、华北、西北和其他缺水地区提供了合格的饮用水；微滤（MF）、超滤（UF）和纳滤（NF）可去除悬浮物、藻类、致病性微生物、消毒副产物和TOC等，在保证饮用水质量方面发挥了重要作用。"在介绍膜法海水淡化和苦咸水淡化以及微滤、超滤和纳滤等在饮用水处理方面的作用和贡献之后，高从堦指出："由于膜的不断改进和高效的能量回收，RO海水淡化本体耗电在 $3kW \cdot h/m^3$ 左右，成本约在 0.5 美元$/m^3$，已为许多地区所接受；苦咸水淡化也已广泛采用。海水淡化制备饮用水，除脱盐外，还要考虑脱硼，调节产品水pH值、硬度和产品水杀菌等方面。集成膜过程将混凝、沉降、过滤、消毒等净水工艺过程与膜技术相结合，从开始的除浊、澄清、消毒、副产物控制到去除水中微量合成物质，如致癌、致畸和致变的微污染物的处理等，既保证了饮用水的水质，又扩大了供水水源，解决了饮用水短缺的问题。集成膜过程的选择，应根据水源的具体情况、对产水水质的要求和成本等综合考虑。"

同月，合作发表《正渗透原理及浓差极化现象》

［李刚、李雪梅、柳越、王铎、何涛、高从堦，化学进展，2010，22（5），1388-1398］和《单分散球形介孔SiO$_2$的合成与表征》［王丽、王铎、朱桂茹、高从堦，功能材料，2010，41（5），812-821］。

6月，合作发表《CA膜分离MeOH/MTBE混合体系的渗透汽化传质模型》［朱丽芳、周勇、高从堦，水处理技术，2010，36（6），38-41，80］。

同月，指导的中国海洋大学海洋化学工程与技术专业博士研究生李蛟、马准毕业，获得博士学位。

同月7日，参加在北京召开的中国科学院第十五次院士大会和中国工程院第十次院士大会。

同月22日至25日，参加在青岛举办的2010亚太脱盐大会。

7月，合作发表《电化学技术在油田污水处理中应用》［高学理、张志坤、徐佳、杜敏、高从堦，水处理技术，2010，36（7），96-99］。

8月，合作发表《正渗透膜技术及其应用》［李刚、李雪梅、王铎、何涛、高从堦，化工进展，2010，22（5），812-821］、《CA和CTA膜分离MeOH/MTBE混合物渗透汽化性能研究》［朱丽芳、陈锋、周勇、高从堦，水处理技术，2010，36（6），38-41，80］、《废高温镍钴合金浸出液净化试验研究》［侯晓川、肖连生、高从堦、黄怀国、熊明、蔡创开，有色金属（冶炼部分），2010（4），9-11，21］、《基于低温蒸馏-喷雾蒸发集成工艺的海水淡化》［侯经纬、成怀刚、伍联营、高从堦，化学工程，2010，38（8），94-97〕、《荷电纳滤膜的切向流动电位测试技术研究》〔苏保卫、段晓杰、高学理、高从堦，膜科学与技术，2010，30（4），19-23〕。

9月，在中国海洋大学化学化工学院招收高复生、李刚、宋跃飞为海洋化学工程与技术专业博士研究生，招收陈培培、张治磊、郭亚辉为海洋化学专业硕士研究生，招收周超为应用化学专业硕士研究生，招收王剑、范爱勇为化学工程专业硕士研究生。

同月25日，在天津参加中国化工学会工业水处理专业委员会主办的"2010中国水处理技术研讨会暨第30届年会"。

10月16日至18日，参加在北京举行的由中国膜工业协会、北京工业大学主办的"第四届中国膜科学与技术报告会"，并作题为"反渗透复合膜技术进展"的大会报告。在报告中，高从堦介绍了反渗透复合膜的发展现状和趋势，复合膜和元件的典型性能，国内反渗透发展概况和国际海水淡化发展趋势，他认为："反渗透复合膜的发展，仅是膜分离技术的一个缩影。膜技术已成为高效节能分离过程和先进的单元过程操作，作为一项共性技术，该技术的发展不仅带动材料、化工、自动化等的进步，而且广泛用于石油、化工、环保、能源、电子、电力、重工、轻工、食品、饮料、医药和生物工程等行业中，并产生了明显的经济、社会和生态效益。膜科学技术是材料科学和过程工程科学等诸多学科交叉结合、相互渗透而产生的新领域，加强膜领域的基础理论、关键材料、技术和工程的研究，实现我国膜领域跨越式发展应是国家的重大需求之一。"此外，还提交了《层层自组装PDADMAC/PSS纳滤膜的制备》（王宗文、苏保卫、韩姗姗、高从堦）、《非无纺布支撑反渗透复合膜的制备及其性能研究》（黄燕、王铎、高从堦）等论文。

同月，合作发表《纳滤海水软化过程中膜污染的研究进展》[宋跃飞、徐佳、高从堦、朱娜姗，水处理技术，2010，36（10），16-22]、《BPM2型双极膜装置在葡萄糖酸生产中的应用研究》[金可勇、金水玉、周勇、沈建峰、崔静、高从堦，水处理技术，2010，36（10），105-108]、《海藻酸钠/聚砜复合纳滤膜的研究》[陈晓琳、王铎、王伟伟、高从堦，中国海洋大学学报（自然科学版），2010，40（10），85-89]、《BWRO复合膜和SWRO复合膜的本质对比（英文）》[周勇、高从堦，化工学报，2010，61（10），2590-2595]、《山梨醇掺杂对PEDOT：PSS薄膜结构与性能的影响》[李蛟、刘俊成、高从堦、孙海滨，材料科学与工艺，2010，18（5），685-689，694]、《海水淡化集成系统的模拟与优化》[伍联营、高从堦、胡仰栋，计算机与应用化学，2010，27（10），1407-1409]。

11月9日，参加在浙江舟山举行的中国脱盐协会年会，并作题为"反渗透海水淡化预处理"的主题报告。

同月15日至16日，参加在天津举行的全国分离膜标准化技术委员会2010年度年会暨分离膜技术发展研讨会。

同月23日至24日，在青岛参加国家科技支撑计划项目"海洋工程结构浪花飞溅区腐蚀控制技术及应用"验收会。

同月，合作发表《不同内径超滤膜处理海水的分离性能及清洗方案的研究》[徐岩、徐佳、王铎、高从堦，水处理技术，2010，36（11），31-36]、《PVDF-PAN-纳米黏土杂化中空纤维超滤膜纺丝工艺研究》[郑伟萍、高学理、马玉新、王铎、王立国、高从堦，水处理技术，2010，36（11），107-111]、《耐溶剂高分子纳滤膜研究进展》[吴法东、周勇、高从堦，水处理技术，2010，36（12），1-5]。

12月，合作发表《膜用功能单体5-氯磺酰异酞酰氯（CSIC）的合成研究》[陈可可、钱欣、翟丁、周勇、高从堦，浙江工业大学学报，2010，38（6），602-604]、《荷正电纳滤膜在褐藻酸钠生产废水中的应用》[黄瑞华、陈国华、朱红芳、高从堦，功能材料，2010，41（12），2190-2193]、《半互穿网络法亲水改性超滤膜》[陈亚、钱欣、周勇、高从堦，膜科学与技术，2010，30（6），14-19]。

同月，参与并指导的"基于海上油田采油注水的海水膜软化技术的研究开发"项目获"十一五"863计划海洋技术领域2010年度专项课题立项，课题依托单位为中国海洋大学，负责人为苏保卫。

本年，合作发表下列外文论文：

1.《Impact of manufacture technique on seawater desalination performance of thin-film composite polyamide-urethane reverse osmosis membranes and their spiral wound elements》［Mei-hong Liu，San-chuan Yu，Ming Qi，Qiao-ming Pan，Cong-jie Gao；J. Membr. Sci.，2010，348（1-2），268-276］。

2.《Impacts of membrane properties on reactive dye removal from dye/salt mixtures by asymmetric cellulose acetate and composite polyamide nanofiltration membranes》［San-chuan Yu，Mei-hong Liu，Miao Ma，Ming Qi，Zhen-hua Lü，Cong-jie Gao；J. Membr. Sci.，2010，350（1-2），83-91］。

3.《Thin-film-composite membranes comprising of self-assembled polyelectrolytes for separation of water from ethylene glycol by pervaporation》［Jia Xu，Cong-jie Gao，Xian-she Feng；J. Membr. Sci.，2010，352（1-2），197-204］。

4.《Modification of aromatic polyamide thin-film composite reverse osmosis membranes by surface coating of thermo-responsive copolymers P（NIPAM-co-Am）. I: Preparation and characterization》［Di-hua Wu，Xue-song Liu，San-chuan Yu，Mei-hong Liu，Cong-jie Gao；J. Membr. Sci.，2010，352（1-2），76-85］。

5.《Study of sodium alginate/polysulfone composite

nanofiltration membrane》［Xiao-lin Chen, Xue-li Gao, Wei-wei Wang, Duo Wang, Cong-jie Gao; Desalin. Water Treat., 2010, 18（1-3）, 198-205］。

6.《Studies on structures and ultrahigh permeability of novel polyelectrolyte complex membranes》［Qiang Zhao, Quan-fu An, Zhi-wei Sun, Jin-wen Qian, Kueir-rarn Lee, Cong-jie Gao, Juin-yih Lai; J. Phys. Chem. B, 2010, 114（24）, 8100-8106］。

7.《Fabrication and performance of a new type of charged nanofiltration membrane based on polyelectrolyte complex》［Yan-li Ji, Quan-fu An, Qiang Zhao, Huan-lin Chen, Jin-wen Qian, Cong-jie Gao; J. Membr. Sci., 2010, 357（1-2）, 80-89］。

8.《Experimental investigation of low temperature distillation coupled with spray evaporation》［Jing-wei Hou, Huai-gang Cheng, Duo Wang, Xue-li Gao, Cong-jie Gao; Desalination, 2010, 258（1-3）, 5-11］。

9.《Photocatalytic mineralization of dimethoate in aqueous solutions using TiO_2: Parameters and by-products analysis》［Jian-qiu Chen, Zhi-jun Hu, Duo Wang, Cong-jie Gao, Rong Ji; Desalination, 2010, 258（1-3）, 28-33］。

10.《Effect of zero shear viscosity of the casting solution on the morphology and permeability of polysulfone membrane prepared via the phase-inversion process》

［Zheng-hua Zhang, Quan-fu An, Yan-li Ji, Jin-wen Qian, Cong-jie Gao; Desalination, 2010, 260（1-3）, 43-50］。

11.《Performance of a ceramic ultrafiltration membrane system in pretreatment to seawater desalination》［Jia Xu, Chi-Yuan Chang, Cong-jie Gao; Sep. Purif. Technol., 2010, 75（2）, 165-173］。

12.《Effect of chlorine and acid injection on hollow fiber RO for SWRO》［Jia Xu, Guo-ling Ruan, Lin-da Zou, Cong-jie Gao; Desalination, 2010, 262（1-3）, 115-120］。

13.《Study of critical flux in ultrafiltration of seawater: New measurement and sub- and super-critical flux operations》［Jia Xu, Cong-jie Gao; Chem. Eng. J., 2010, 165（1）, 102-111］。

14.《Preparation of positively charged nanofiltration membrane from 2-hydroxypropyltrimethyl ammonium chloride chitosan by 1, 4-butanediyl diglycidyl ether cross-linking》［Rui-hua Huang, Guo-hua Chen, Bing-chao Yang, Cong-jie Gao; J. Appl. Polym. Sci., 2010, 118（4）, 2358-2364］。

15.《Preparation and pervaporation property of chitosan membrane with functionalized multiwalled carbon nanotubes》［Shi Qiu, Li-guang Wu, Guo-zhong Shi, Lin Zhang, Huan-lin Chen, Cong-jie Gao; Ind. Eng.

Chem. Res.，2010，49（22），11667-11675］。

16.《On the mechanism of conductivity enhancement in PEDOT/PSS film doped with multi-walled carbon nanotubes》［Jiao Li，Jun-cheng Liu，Cong-jie Gao；J. Polym. Res.，2010，17（5），713-718］

2011年 69岁

本年，中国科学技术大学与杭州水处理技术研究开发中心有限公司合作开展的国家自然科学基金重点项目"基于电膜的绿色与环境化工过程的关键科学技术问题研究"通过结题验收。高从堦与课题组深入开展双极膜及其性能研究，在离子交换膜制备中做了大量的研究工作，制备出了多种离子膜和双极膜小样，有的已经在实验中得到应用。如在利用甲基溴化代替氯甲醚的氯甲基化制备均相阴离子交换膜的基础上，提出了利用二甲氨基乙醇进行胺化的Ⅱ型阴离子交换膜的制备路线，并形成了规模化的系列均相阴离子交换膜产品；通过对溴化聚苯醚（BPPO）基膜的磺化，制备系列不同性质的均相阳离子交换膜；通过超支化分子对双极膜性能的影响的研究，获得水解离压降很低的新型双极膜；以荷正电的烷氧基硅烷等为原料，制备无支撑体的有机-无机杂化阴离子交换膜；同时完成了双极膜法生产葡萄糖酸的中试研究。之后，在863计划等项目支持下，进行了1、2价离子选择、阻酸、耐碱膜等的研究，进一步改进了双极膜

高从堦院士学术年谱

和相关离子交换膜的结构，并提高了其综合性能。

年初，参加主题为"海洋高新技术产业发展"的香山科学会议，并就海水资源利用作了报告。

1月4日至7日，出席在广州有色院举办的化工、冶金与材料工程学部第八届第三次常委扩大会议，主要内容有传达院主席团、增选政策委员会、咨询委员会和学术与出版委员会的会议精神；通报2010年学部工作，研究2011年学部工作安排。

2月，合作发表《聚乙烯醇缩糠醛纳滤膜的制备》〔翟丁、周勇、张余、高从堦，水处理技术，2011，37（2），23-26〕、《三醋酸纤维素正渗透膜制备过程中影响因素的研究》〔刘蕾蕾、王铎、汪锰、高从堦，膜科学与技术，2011，31（1），77-83〕。

4月，合作发表《pH对RO/NF膜传质影响的研究进展》〔潘斯源、裘俊红、周勇、高从堦，水处理技术，2011，37（4），4-8〕、《聚异丁烯/聚丙烯腈复合纳滤膜的研究》〔吴法东、周勇、高从堦，水处理技术，2011，37（4），19-22〕、《PEDOT苯/醌式主链结构变化的分子动力学模拟》〔李蛟、刘俊成、高从堦，材料科学与工艺，2011，19（2），118-121〕、《超纯水制备》〔张志坤、高学理、高从堦，现代化工，2011，31（4），79-82〕。

同月6日至8日，参加在天津举行的"海水淡化及水再利用国际研讨会"，并在会上作了题为"浓海水对环境的影响及对策"的学术报告。

同月，参加在南京召开的"膜科技产业紫金论坛"，在论坛上高从堦建议："国家应加强膜技术的示范应用，如在海水淡化领域，我国每年用'膜法'淡化海水量不足40万吨，而且主要用于工业。现在，杭州水处理技术中心生产的膜脱盐率为99.4%，与国际最高水平差距仅为0.4%，如果国家能支持一个试点，建设一个日产100万～200万吨的膜淡化系统，并引入城市自来水管网，对北方干旱地区的用水将是一个极大的保障。"（《缓解水资源短缺 膜产业大有作为》，张晔、张森，科技日报，2011年4月29日）

5月30日至31日，参加"中国膜产业成果与发展（苏州）研讨会"，并发表题为"大力加快膜技术的产业化"的大会主旨演讲。

6月，合作发表《反渗透复合膜技术进展和展望》〔高从堦、杨尚保，膜科学与技术，2011，31（3），1-4〕。摘要如下：

> 简要介绍反渗透复合膜的发展现状和趋势。自1978年全芳香族聚酰胺复合膜的成功及其产业化，大大地促进了膜科技和海水淡化的发展，膜的品种不断增多，膜的性能不断提高，低压、超低压、极低压、高脱盐率、高通量、耐污染和抗氧化等一系列的各种复合膜相继进入市场。文章简述了膜材料的选择、传递机理（如溶解扩散模型、优先吸附-毛细孔流动模型、氢键传递和水与离子通道等）、新的功能单体合成、支撑膜的改进、界面聚合的参数调控和后处理、有机-纳米无机粒子杂化、水通道和离子通道的建立和仿生等的研究进展和发展趋势。

6月17日至19日，参加在青岛举行的第五届中国生物产业大会。

同月21日至23日，参加在青岛举行的"国际海水淡化与水再利用大会"，并作了题为"海水作为饮用水的后处理问题"的学术报告。他指出："国内756项与海水淡化相关的专利，具有中国自主知识产权的仅占15%，自主技术和产业发展的形势十分严峻。面对巨大的发展机遇和严峻的竞争态势，国内产业界亟待提升海水淡化成套装备国产化水平，加快提升关键设备制造能力，发展自主海水淡化技术和产业。"（《756项海水淡化相关专利 自主知识产权仅占15%》，中国质量，2011年7月21日）

同月24日，参加"2011水业高级技术论坛"，发表题为"海水淡化面临的机遇与挑战"的主题演讲。高从堦介绍："目前我国已经具备了万吨级海水淡化的工程能力，吨水成本已经从90年代的7元左右降至4元～5元，技术经济指标具有同等容量的世界先进水平。随着装置规模的扩大和技术的进步，造水成本仍有降低的空间。"他认为："目前面临的主要问题在于：反渗透方面，工程项目所用的膜元件、高压泵和能量回收装置大多是进口的，国产膜元件有待工程考验；低温多效方面，目前装置规模小，缺乏长期工程经验。硬件设备的缺失对我国海淡产业的进一步发展带来阻力。"（《高从堦院士：设备大量进口阻碍我国海水淡化发展》，中国水网，2011年6月24日）

同月，合作发表《膜生物反应器浸出镍钼矿（英文）》［陈家武、高从揩、张启修、肖连生、张贵清，Transactions of Nonferrous Metals Society of China，2011，21（6），1395-1401］、《超滤膜处理乳化油废水的研究进展》［王雪、徐佳、蒋钰烨、高从揩，现代化工，2011，31（6），28-31］、《有机-无机杂化介孔二氧化硅在环境保护中的应用》［郭风、朱桂茹、高从揩，化学进展，2011，23（6），1237-1250］、《新型反渗透膜的研究进展》［陈欢林、瞿新营、张林、高从揩，膜科学与技术，2011，31（3），101-109］。

同月，合作发明的成果"一种耐生物污染超薄复合膜及其制备方法"获发明专利授权，专利权人：杭州水处理技术研究开发中心有限公司，发明人：周勇、金可勇、高从揩。摘要如下：

> 本发明公开了一种有机复合膜，具体是指一种耐污染的复合膜及其制备方法。本发明是在多孔支撑膜上通过多元胺与芳香酰氯或异氰酸酯或氧甲酰氯界面缩聚复合一层芳香聚酰胺薄层，芳香聚酰胺薄层表面有氯甲酸五氯苯酯基团，这种复合膜是通过将聚砜支撑膜直接浸入到多元胺溶液中，用橡皮辊滚压支撑膜表面后，与芳香酰氯溶液进行单面界面聚合反应，在空气中阴干1～3min，再在40～70℃下进行3～10min的热处理，漂洗得到超薄复合膜。本发明的优点是所制备的膜，抑制细菌效果好、脱盐性能仍旧保持高效，而且制备方便。本发明的产品及方法可广泛应用于有机液的处理过程中。

同月，指导的中国海洋大学海洋化学工程与技术专业博士研究生王彬毕业,获博士学位。

7月,合作发表《多级闪蒸海水淡化与水电联产模拟与优化》〔伍联营、王慧敏、胡仰栋、高从堦,水处理技术,2011,37(7),57-60,69〕、《PEDOT:PSS薄膜的山梨醇掺杂对光电池性能的影响》〔李蛟、刘俊成、高从堦,物理学报,2011,60(7),848-853〕、《纳滤膜去除饮用水中微量有机物的研究进展》〔毕飞、陈欢林、高从堦,现代化工,2011,31(7),21-26,28〕、《多壁碳纳米管的酰氯化和氨化改性及其结构表征》〔洪日、王铎、高从堦,材料导报,2011,25(14),100-102〕。

8月,合作发表《油田采出水膜法处理技术应用研究进展》〔窦茂卫、苏保卫、高学理、高从堦,环境科学与技术,2011,34(8),124-130〕、《溴掺杂对PEDOT/PSS薄膜性能的影响及机理研究》〔李蛟、刘俊成、高从堦,材料科学与工艺,2011,19(4),89-94〕、《界面聚合法制备海藻酸钠/聚砜复合纳滤膜》〔高学理、王伟伟、陈晓琳、徐佳、马准、苏燕、高从堦,膜科学与技术,2011,31(4),27-30〕。

9月15日,参加由山东省人民政府、东北亚地区地方政府联合会海洋与渔业专门委员会在烟台举办的海洋资源科学利用论坛,并作了题为"海水利用(含海水淡化)在中国的发展"的大会报告。

同月,向2011年全国高分子学术论文报告会提交《含两性离子共聚物及其纳滤膜的制备》(计艳丽、孙文丹、安全福、赵强、陈欢林、高从堦）、《聚电解质络合物复合纳滤膜的制备及其离子分离性能研究》（赵强、安全福、计艳丽、孙文丹、高从堦）等论文。

同月，在中国海洋大学化学化工学院招收刘国昌、李成杰为海洋化学工程与技术专业博士研究生，招收杨洋、黄星为海洋化学专业硕士研究生，招收王智、李赛赛为化学工程专业硕士研究生，招收孟壮为化学工艺专业硕士研究生，招收付丽丽为应用化学专业硕士研究生。

同月，合作发明的成果"氯醇化法皂化废水处理方法"获发明专利授权，专利权人：杭州水处理技术研究开发中心有限公司，发明人：金可勇、周勇、高从堦。摘要如下：

> 本发明公开了一种化学处理方法，具体是指一种对氯醇化法产生的皂化废水进行回收利用的处理方法。本发明是通过把氯醇化法产生的皂化废水经新型膜法处理、盐与水回用的方法，在该方法中运用气浮、防结晶、陶瓷膜过滤、热交换、电渗析浓缩、蒸发回收等工艺设计实现。本发明的优点是基本达到废水零排放、盐与水可以回收、占地面积小、运行费用低、经济及社会效益好的目的。本发明可在氯醇法生产环氧丙烷的工厂广泛使用。

同月，合作发明的成果"一种耐高温、可更换膜的中空纤维膜组件"获发明专利授权，专利权人：杭州水处理技术研究开发中心有限公司，发明人：金可勇、金水玉、周勇、高从堦。

10月，合作发表《原子转移自由基聚合制备高分子超滤膜技术进展》[隋燕、高从堦、王志宁、徐佳，现代化工，2011，31（S2），13-17，19]、《单价选择性均相阳离子交换膜的制备及性能》[王汉敏、高学理、胡圆、王剑、徐佳、高从堦，膜科学与技术，2011，31（5），6-12，33]、《超滤膜材料抗污染改性方法研究进展》[隋燕、高从堦，膜科学与技术，2011，31（5），100-106]。

11月，接受《高科技与产业化》杂志采访，就海水淡化市场的总体形势，面临的制约因素，将取之不尽用之不竭的海水转化成人类所需的淡水并使之规模化、产业化的路径，海水淡化在膜材料、能量回收、泵、压力容器等方面需要进行的创新，"十二五"期间国家将会出台的相关政策措施等海水淡化领域的一系列问题表达了深度思考与见解，并提出了切实可行的建议。谈到如何促进我国海水利用技术的发展，高从堦认为："目前，我国的海水利用技术在国际上是有竞争力的，推广海水利用技术也是可行的。发达国家的海水利用已经走在了我国的前面，我们要破除海水开发利用难度大、成本高的旧观念，树立和增强海水是宝贵资源的新观念。在加快我国海水利用技术产业化发展方面，市场机制和国家支持这两手缺一不可。对一些重大海水利用工程技术攻关，国家应给予必要的支持。当前，海水利用及其装备制造都是分散在各个不同产业中，亟须调整产业结构，把原来分散的海水利用小厂联合起来。未来，我国海水利用技术应以自主创新技术为主，消化吸收为辅；注重能力建设，使技术不断地向工艺简便、高效节能和清洁生产的方向迈进；强化产业化技术支撑体系，产业化和示范工程可采用政府投入与社会资金相结合的模式；政府管理方面，应构筑政策、法规体系和技术标准体系，鼓励企业的介入，促进海水利用产业发展，并参与国际竞争。"在谈到如何破解淡化海水进入供水管网的难题时，高从堦说："推动海水淡化产业进一步发展并进入城市管网，亟待解决的问题是淡化海水作为饮用水的安全性和对市政供水管网的影响。我个人觉得，水的安全不用太担心，关键是要解决水质指标的平衡调节。现在主要的问题是热法出来的水非常纯，脱除了对人体健康有益的成分（如硬度和氟化物），这就需要适当添加少量有益健康的元素，进行化学成分的调节。而反渗透膜对硼的脱除率相对较低，产水中硼含量相对偏高，pH值偏低，硬度偏低，要稳定淡化水水质，可以通过调节pH值，提高碱度和硬度来达到。在进入管网前要对淡化水进行水质稳定处理，控制水的腐蚀性，这样就不会出现淡化水在管网与自来水不相匹配，腐蚀管道材料而导致供水水质污染、色度、铁含量增加的现象。只有对海水淡化水进行适当的后处理才能有的放矢，保证与管网良好的兼容，保证居民生活用水的质量。在水安全方面，主要是制定严格的海水淡化水标准化体系、评估机制、预警机制和应急处理机制。海水淡化要真正进入城市供水管网，还需要解决水生产成本问题。具体来说，就是改革现行水价体制，建立合理的价格体系，通过水价调整补贴淡化水；政府在电价上给予优惠；政府要建立一个监管机构，对海水淡化进行有效监管，保证对淡化水的控制权；政府对社会投资给予税收、土地等方面的优惠政策。海水淡化要大规模地发展，光是为沿海的电厂、化工厂提供纯水是很有限的，必须有更多的民用需求，必须进入城镇的管网，给城市供水。让相关企业盈利，这样才能促进海水淡化产业的发展。"
（《涓涓清流 拳拳我心——访中国工程院院士高从堦》，黄晓艳、吕学谦，高科技与产业化，2011（11），32-36）

同月，合作发表《双极膜法制备葡萄糖酸工业化生产研究》［金可勇、胡鉴耿、金水玉、高从堦，水处理技术，2011，37（11），60-62，65］、《NaBH$_4$-I$_2$还原法制备N，N'-二甲基间苯二胺》［茅佩卿、刘立芬、徐德志、李以名、高从堦，高等学校化学学报，2011，32（11），2558-2561］、《海冰淡化方法与应用前景概述》［于慧、高学理、苏保卫、王剑、高从堦，现代化工，2011，31（11），12-16］、《单分散球形纳米二氧化硅制备方法的研究进展》［包孟如、朱桂茹、汪锰、高从堦，材料导报，2011，25（S2），135-139］。

12月，合作发表《醇类添加剂影响界面聚合反渗透复合膜性能的机理》［邱实、吴礼光、张林、陈欢林、高从堦，化工学报，2011，62（12），3440-3446］。

本年，与无锡晶海氨基酸有限公司联合建立院士工作站。

承担国家发展和改革委员会的"十二五"海洋战略性新兴产业发展重点咨询项目中的"海水利用产业"专题。

本年，合作发表21篇外文论文，选录其中16篇如下：

1.《Tartaric acid production by ion exchange resin-filling electrometathesis and its process economics》〔Kai Zhang，Meng Wang，Cong-jie Gao；J. Membr. Sci.，2011，366（1-2），266-271〕。

2.《Optimal design of multistage flash desalination process based on the modified genetic algorithm（MGA）》〔Lian-ying Wu，Yang-dong Hu，Cong-jie Gao；Adv. Mater. Res.，2011，233-235，1044-1049〕。

3.《Nanocomposite hole-extraction layers for organic solar cells》〔Jiao Li，Jun-cheng Liu，Cong-jie Gao，Guo-hua Chen；Int. J. Photoenergy，2011，1-6〕。

4.《Surface modification of thin-film composite polyamide reverse osmosis membranes with thermo-responsive polymer（TRP）for improved fouling resistance and cleaning efficiency》〔San-chuan Yu，Xue-song Liu，Jing-qun Liu，Di-hua Wu，Mei-hong Liu，Cong-jie Gao；Sep. Purif. Technol.，2011，76（3），283-291〕。

5.《Removal of fluoride from aqueous solution using granular acid-treated bentonite（GHB）：Batch and column studies》［Yu-xin Ma, Feng-mei Shi, Xi-lai Zheng, Jun Ma, Cong-jie Gao; J. Hazard. Mater., 2011, 185（2-3）, 1073-1080］。

6. 《Fabrication of polysulfone ultrafiltration membranes of a density gradient cross section with good anti-pressure stability and relatively high water flux》［Zheng-hua Zhang, Quan-fu An, Tao Liu, Yong Zhou, Jin-wen Qian, Cong-jie Gao; Desalination, 2010, 269（1-3）, 239-248］。

7. 《Surface modification of thin-film-composite polyamide membranes for improved reverse osmosis performance》［Jia Xu, Xian-she Feng, Cong-jie Gao; J. Membr. Sci., 2011, 370, 116-123］。

8. 《Surface modification of thin-film composite polyamide reverse osmosis membranes by coating N-isopropylacrylamide-co-acrylic acid copolymers for improved membrane properties》［San-chuan Yu, Zhen-hua Lü, Zhi-hai Chen, Xue-song Liu, Mei-hong Liu, Cong-jie Gao; J. Membr. Sci., 2011, 371（1-2）, 293-306］。

9. 《Thin-film composite polyamide reverse osmosis membranes with improved acid stability and chlorine resistance by coating N-isopropylacrylamide-co-acrylamide copolymers》［Mei-hong Liu, Zhi-wen Chen, San-chuan Yu, Di-hua Wu, Cong-jie Gao; Desalination, 2011, 270

（1-3），248-257］。

10.《Electrochemical impedance spectroscopy analysis of sulfonated polyethersulfone nanofiltration membrane》［Ying Xu, Meng Wang, Zhun Ma, Cong-jie Gao; Desalination, 2011, 271（1-3），29-33］。

11.《Preparation and characterization of PES-SiO₂ organic-inorganic composite ultrafiltration membrane for raw water pretreatment》［Jiang-nan Shen, Hui-min Ruan, Li-guang Wu, Cong-jie Gao; Chem. Eng. J., 2011, 168（3），1272-1278］。

12.《On the mechanism of conductivity enhancement in PEDOT/PSS film doped with sorbitol》［Jiao Li, Jun-cheng Liu, Cong-jie Gao; E-Polymers, 2011, 38（17），713-718］。

13.《Effect of PEG additive on the morphology and performance of polysulfone ultrafiltration membranes》［Yu-xin Ma, Feng-mei Shi, Jun Ma, Miao-nan Wu, Jun Zhang, Cong-jie Gao; Desalination, 2011, 272（1-3），51-58］。

14.《A novel composite nanofiltration（NF）membrane prepared from sodium alginate/polysulfone by epichlorohydrin cross-linking》［Xiao-lin Chen, Duo Wang, Wei-wei Wang, Yan Su, Cong-jie Gao; Desalin. Water Treat., 2011, 30（1-3），146-153］。

15.《Preparation of novel positively charged copolymer membranes for nanofiltration》［Yan-li Ji，Quan-fu An，Qiang Zhao，Huan-lin Chen，Cong-jie Gao；J. Membr. Sci.，2011，376（1-2），254-265］。

16.《Performance of UF-NF integrated membrane process for seawater softening》［Yue-fei Song，Jia Xu，Yan Xu，Xue-li Gao，Cong-jie Gao；Desalination，2011，276（1-3），109-116］。

2012年 70岁

本年，参与制订《海水淡化科技发展"十二五"专项规划》（科技部、发展改革委联合发布），之后在接受《中国科技投资》杂志采访时，就推动我国海水淡化产业的发展提出了八条建议：

> 第一，加强统筹管理，注重协调监督。成立国家海水利用协调领导小组和国家海水利用产业协会，制定行业标准、规范，指导行业健康发展。
>
> 第二，建立健全相关法规。制定《海水利用管理条例》，明确规定海水利用设施为水资源设施，将淡化水产品纳入城市公共供水体系管理，规定国家、地方补贴率，以扶持海水利用建设，保障沿海地区的用水安全。
>
> 第三，制定积极鼓励的产业政策。采取"政府引导、市场培育"方针，逐步向"市场化运作、企业化管理"过渡的发展模式，建立多元化、多渠道、多层次、稳定可靠的海水开发利用投入保障体系。

第四，实行优惠的财税政策。将淡化水纳入市政自来水管网，城市海水淡化设施及运营享受国家对公益性水利工程建设的优惠政策，对海水淡化水价给予适当补贴；海水淡化产业享受关于高新技术产业发展的优惠政策，免征海水淡化企业产品的增值税和固定资产投资方向调节税。

第五，知识产权政策。对"海水淡化和综合利用关键技术攻关"设立重大科技专项，鼓励具有自主知识产权的海水淡化和综合利用关键技术的研究开发，鼓励引进和消化吸收国外先进的海水淡化技术和工程经验，加快关键技术的国产化和产业化。

第六，培育海水淡化核心部件和设备制造企业及创新人才团队政策。通过技术创新联盟和产学研结合，加强以企业为主体的自主创新能力和创新体系建设；支持海水淡化产业基地和产业联盟建设，打造一批以先进装备制造业为主体的具有较强国际竞争力的海水淡化产业集群；建立示范工程和产业示范区，大力推动国产装备和技术的推广应用。

第七，建立海水淡化标准体系政策。从海水取水、预处理、反渗透进水、膜组器、能量回收装置、高压泵、低温多效蒸发器、蒸汽喷射器、产水、浓海水、后处理，到环境影响和可再生能源等标准体系都应逐步建立；还要制定技术评估、投资估算、设备考核、成本核算、运行管理等一系列技术规范。

第八，加强国内和国际的合作，积极参与国际海水淡化有关项目的招投标和建设工作［《高从堦：纵览全球发展态势解析海水淡化60年——访中国工程院院士、中国海洋大学教授高从堦》，朱琳，中国科技投资，2012（31），23-25］。

　　领衔的"海水淡化膜技术应用创新团队"获浙江省重点科技创新团队滚动支持。

1月，合作发表《氰基功能化介孔二氧化硅的制备与表征》［郭风、朱桂茹、高从堦，无机材料学报，2012，27（2），134-138］。

同月，合作发明的成果"一种降低油田采油集输系统与地层结垢的方法"获发明专利授权，专利权人：中国海洋大学，发明人：苏保卫、高学理、高从堦。摘要如下：

本发明涉及一种降低油田采油集输系统与地层结垢的方法。采出水经过隔油和气浮处理后，经过滤器去除固体悬浮颗粒物，再经过末端超滤膜分离装置去除水中的杂质，将超滤产水引入纳滤膜分离装置，得到采出水的纳滤软化水；再制备清水的纳滤软化水；将清水的纳滤软化水与采出水的纳滤软化水通过静态混合器充分混合后，作为注入水或配制聚合物母液用水；将清水的纳滤浓水与采出水的纳滤浓水充分混合后，进入过滤器，去除生成的水垢；所得到的滤液再与采出水的纳滤软化水和清水的纳滤软化水充分混合后，作为采油回注水或用于稀释聚合物母液。本发明的优点是从根本上完全去除结垢成分，处理后的水质不伤害地层，可提高驱油效率，提高油田采收率，并可实现废水的零排放，具有很高的经济效益与环境效益。

2月，合作发表《层层自组装PDADMAC/PSS纳滤膜的制备》［王宗文、苏保卫、高学理、韩姗姗、高从堦，膜科学与技术，2012，32（1），27-32］。

同月，合作发明的成果"一种环氧丙烷的生产方法"获发明专利授权，专利权人：杭州水处理技术研究开发中心有限公司，发明人：金可勇、金水玉、周勇、高从堦。摘要如下：

本发明公布了一种化学生产方法，具体是指一种环氧丙烷的新型绿色生产工艺。本发明是运用双极膜、电渗析、反渗透、气浮、热交换、氧化等技术进行工艺设计，该生产工艺用氢氧化钠来代替现行的氢氧化钙，经反应生成了氯化钠，氯化钠再经双极膜技术生成盐酸与氢氧化钠，盐酸回收，氢氧化钠和水可以循环使用，从而使环氧丙烷的生产基本上不需要新投入氢氧化钠以及不排放废水，氢氧化钠的加入是在环氧丙烷生产初期，投入量一般控制为5%～15%。本发明的优点是实现水、氯化钠、氢氧化钠循环使用，基本达到零排放、减少生产原料投入的效果，最终达到较好的社会效益与经济效益。本发明在我国的氯醇法生产中可被广泛使用。

3月，合作发表《TMC/TMPIP纳滤超薄复合膜的制备》［邹凯伦、王丽红、张林、陈欢林、高从堦，化工学报，2012，63（3），948-954］。

同月，合作发明的成果"一种交联聚乙烯醇缩糠醛纳滤膜的制备方法"获发明专利授权，专利权人：杭州水处理技术研究开发中心有限公司，发明人：周勇、翟丁、高从堦。

4月，合作发明的成果"一种生产葡萄糖酸的双极膜装置"获发明专利授权，专利权人：杭州水处理技术研究开发中心有限公司，发明人：金可勇、金水玉、高从堦。摘要如下：

本发明公开了一机械装置，具体是指一种用于生产葡萄糖酸的装置。本发明通过夹紧钢板、极液流道板、铂电极、双极膜、弹性隔板、氢氧根难透过均相阳膜等组成，其中电极采用效率更高的钛合金或铂电极，在弹性隔板上涂一层弹性涂层用于密封，在夹紧钢板上有料液进口、料液出口、氢氧化钠液出口、氢氧化钠液进口，有利于运输过程中不易损坏，对导液孔进行了改进，采用了椭圆形导液孔。本发明的优点是产率高、无污染、运行成本低以及方便运输等。本发明可广泛应用于葡萄糖生产企业。

同月，合作发明的成果"一种双极膜对反渗透法海水淡化一体化处理的方法"获发明专利授权，专利权人：杭州水处理技术研究开发中心有限公司，发明人：金可勇、金水玉、高从堦。摘要如下：

本发明涉及一种化学处理方法，具体是指一种双极膜对反渗透法海水淡化一体化处理的方法。本发明是通过以海水为进水，经预处理后，分别把进水进入到双极膜装置、反渗透装置；同时双极膜装置中所产生的酸、碱对海水进行预处理，在海水淡化之后，又以双极膜装置中所产生的酸碱对产水进行调节，最终实现系统的环保、经济运行。本发明的优点是投入少、运行成本低、操作方便、产水的硼含量符合饮用水标准、能进行大型工程应用的双极膜海水淡化产水调质方法与工艺，突破海水淡化发展的技术瓶颈，且对于偏远地区运输不便的地方，也可以实现酸、碱在海水淡化过程中的需求，更环保、经济。本发明可广泛应用于海水淡化场合。

同月12日至14日，在南京参加由南京中医药大学与中国膜工业协会共同主办的"第五届全国医药行业膜分离技术应用研讨会",并作了题为"纳滤膜技术净化制药用水的应用研究进展"主题报告。高从堦在报告中评述了加强膜技术在我国医药和医疗领域中的研发和应用,如医药方面的制药车间空气净化、制药用水的制备、生化制药、中草药分离、浓缩和净化等;医疗方面的医疗用水的制备、医疗消毒过滤和分析、血液净化和分离与其他人工脏器等;以及医院污水的膜生物反应器处理等。阐述了膜分离过程在医药和医疗领域的发展趋势,如医药方面的手性药物的制备、中草药精细分离、控制释放等,医疗方面各种人工脏器的改进提高等。他认为:"随着膜技术的进步、医药和医疗领域的发展和新要求,以及人民生活水平的提高和健康的需求,膜技术在医药和医疗领域的应用前景十分广阔。"

4月,合作发表《饮用水及含氟废水处理技术机理及研究进展》[戴喆男、周勇、赵婷、高从堦,水处理技术,2012,38(4),29-31]、《新型聚酰亚胺-氨酯反渗透复合膜的结构与性能》[刘立芬、茅佩卿、徐德志、张林、高从堦,高等学校化学学报,2012,33(4),833-847]、《正渗透膜材料与驱动体系的研究》[李刚、李雪梅、何涛、姜标、高从堦,膜科学与技术,2012,32(2),104-106]。

5月,合作发表《支撑磷脂双层膜的研究进展》[张治磊、王志宁、高学理、高从堦,化学进展,2012,24(5),852-862]。

同月，合作发明的成果"一种双极膜对反渗透法海水淡化预处理方法"获发明专利授权，专利权人：杭州水处理技术研究开发中心有限公司，发明人：金可勇、金水玉、高从堦。

同月，合作发明的成果"一种高通量纳滤膜的制备方法"获发明专利授权，专利权人：杭州水处理技术研究开发中心有限公司，发明人：周勇、李兆魁、高从堦。摘要如下：

> 本发明涉及一种复合膜的制备方法，具体是指一种高通量纳滤膜的制备方法。本发明的特点在于将聚二甲基硅氧烷添加到含有均苯三甲酰氯的有机相中，然后通过界面聚合反应在聚砜支撑膜上制备了改性聚酰胺层，经过烘干制得复合纳滤膜。本发明通过在有机相中添加聚二甲基硅氧烷使得复合纳滤膜的通量大大提高。本发明还具有易于制备，原料价格低廉的特点。本发明不但可以用于水处理领域，还可以为纳滤膜技术的应用拓展更宽的领域。

6月，合作发明的成果"聚苯乙烯磺酸盐/聚乙烯亚胺交联纳滤膜的制备方法"获发明专利授权，专利权人：杭州水处理技术研究开发中心有限公司，发明人：周勇、陈可可、翟丁、高从堦。

同月，合作发表《海水淡化浓排水中铜对2种海洋微藻的影响》[蔺智泉、高忠文、高学理、苏保卫、高从堦，水处理技术，2012，38（6），44-48，53]、《自组装改性纳滤膜研究》[戴喆男、周勇、赵婷、徐子丹、高从垲，水处理技术，2012，38（6），29-31］、《二次界面聚合法制备聚酰胺-脲-酰亚胺反渗透复合膜》［刘立芬、徐德志、陈欢林、高从垲，化工学报，2012，63（6），1913-1921］、《2，2-二氟丙烷-1，3-二胺的合成》［徐德志、刘立芬、许丹倩、高从垲，精细化工，2012，29（6），621-624］、《纳滤膜系统优化设计模式探讨》［毕飞、张林、吴礼光、陈欢林、高从垲，膜科学与技术，2012，32（3），11-16］。

7月，合作发表《一种新型聚酰亚胺-氨酯反渗透复合膜材料的合成及表征》［刘立芬、徐德志、茅佩卿、张林、高从垲，高等学校化学学报，2012，33（7），1605-1612］、《膜反应器结合离子交换法对镍钼矿的生物浸出》［陈家武、肖连生、高从垲、张贵清，中南大学学报（自然科学版），2012，43（7），2473-2481］。

8月，合作发表《双膜法工艺处理回用焦化废水的中试研究》［周超、高学理、郭喜亮、李赛赛、高从垲，现代化工，2012，32（8），81-84，86］。

同月，合作发明的成果"一种耐溶剂改性聚酰胺纳滤膜的制备方法"获发明专利授权，专利权人：杭州水处理技术研究开发中心有限公司，发明人：周勇、吴法东、高从垲。摘要如下：

> 本发明公布了一种耐溶剂纳滤膜的制备方法。本发明的特点在于将聚异丁烯添加到含有均苯三甲酰氯的有机相中，然后通过界面聚合反应在聚酰亚胺支撑膜上制备改性聚酰胺层，经过烘

干制得复合纳滤膜。本发明通过在有机相中添加聚异丁烯使得复合纳滤膜的耐溶剂性大大提高。本发明不但可以用于水处理领域，还可以广泛应用于乙醇为溶剂的分离行业。

同月，合作发明的成果"一种耐乙醇复合纳滤膜的制备方法"获发明专利授权，专利权人：杭州水处理技术研究开发中心有限公司，发明人：周勇、吴法东、高从堦。摘要如下：

> 本发明公开了一种复合纳滤膜的制备方法，具体是一种耐乙醇复合纳滤膜的制备方法。本发明是以聚丙烯腈为溶质，N，N-二甲基乙酰胺（DMAC）为溶剂所制备的支撑膜，支撑膜与质量浓度为0.2%～1.2%的聚异丁烯有机溶液接触，其中聚异丁烯有机溶液中的有机溶剂为三氟三氯乙烷、正己烷或庚烷中的一种，最后再经烘干，可得高分子复合膜。本发明的优点是：制备的纳滤膜对乙醇有良好的耐溶剂性和较高的通量，具有良好的选择透过性，对乙醇-水溶液体系有特殊的分离效果。本发明可以广泛应用于乙醇为溶剂的分离行业。

同月，合作发明的成果"一种偕胺肟基提铀吸附剂及制备方法"获发明专利授权，专利权人：中国海洋大学，发明人：朱桂茹、郭风、高从堦。摘要如下：

> 本发明涉及一种偕胺肟基提铀吸附剂及制备方法，所述的制备方法首先以含腈基的有机硅酯与Si（OR）$_4$为混合硅源，以非离子型表面活性剂为结构导向剂，在酸性条件下水解共缩聚合成腈基功能化有机-无机杂化多孔材料，然后与羟胺进行反应制得偕胺肟基提铀吸附剂。本发明经过水解缩合反应将氰基引入无机材料中，经胺肟化制备了偕胺肟基功能化有机-无机杂化介孔

材料。本发明的吸附剂与聚合物材料相比机械强度明显增强，亲水性增强，对铀的吸附量高，在Na^+、K^+、Ca^{2+}、Mg^{2+}共存的溶液中，偕胺肟基功能化有机-无机杂化介孔材料对铀具有很高的选择性，几乎不受其他共存离子的干扰。

9月，合作发表《新型抑菌聚砜超滤膜的制备及性能》〔王雪、徐佳、蒋钰烨、高学理、高从堦，高等学校化学学报，2012，33（9），2129-2134〕。

同月，在中国海洋大学化学化工学院招收海洋化学工程与技术博士研究生刘在健、夏广森，招收郑云为分析化学专业硕士研究生，招收王佳立、胥璐为海洋化学专业硕士研究生，招收郝华伟为应用化学专业硕士研究生，招收魏怡、董森杰、张岩、姜雯丽为化学工程专业硕士研究生。

同月，合作发明的成果"一种聚乙烯醇-壳聚糖纳滤膜的制备方法"获发明专利授权，专利权人：杭州水处理技术研究开发中心有限公司，发明人：周勇、陈可可、翟丁、高从堦。

同月，合作发明的成果"一种榨菜清洗废水新型膜法处理与盐回收的方法"获发明专利授权，专利权人：杭州水处理技术研究开发中心有限公司，发明人：金可勇、周勇、高从堦。摘要如下：

本发明涉及一种污水处理技术领域，具体是一种榨菜清洗废水新型膜法处理与盐回收的方法。本发明是通过选用特定的纳滤膜，把榨菜清洗废水进行前处理、加碱中和、再进行高压过滤的方式进行，其中纳滤膜的选择、操作压力等控制条件是本发明中的关键，本发明是选用BDX05纳滤膜为操作对象，操作压力为0.8～1.6MPa。本发明的优点是：系统的运行压力大为降低，膜清洗周期也大为延长，达到废水零排放的目的，降低运行成本，经济效益大为提高。本发明可广泛应用于榨菜生产企业。

10月，与杭州水处理技术研究开发中心有限公司共同建立"院士工作站"，被认定为"杭州市院士专家工作站"。

同月，合作发明的成果"一种双极膜对反渗透法海水淡化产水调质的方法"获发明专利授权，专利权人：杭州水处理技术研究开发中心有限公司，发明人：金可勇、金水玉、高从堦。

同月，合作发明的成果"5-氯磺酰异酞酰氯的制备方法"获发明专利授权，专利权人：杭州水处理技术研究开发中心有限公司，发明人：周勇、翟丁、高从堦。摘要如下：

本发明涉及一种芳香烃及其衍生化合物的制备方法，具体是指一种5-氯磺酰异酞酰氯的制备方法。本发明是以3、5-二羧基苯磺酸钠与五氯化磷比例为1：3～1：6进行酰氯化反应，反应结束后用水洗涤，乙醚萃取，再进行蒸馏、干燥等过程，得透明无色油状液体，冷却凝固为白色晶体，即为目标产物。本发明的优点是：产品收率和纯度都比较高，氯化剂用量低，操作简便，条件易达到，反应易控制，减少了对环境的污染。

同月28日至29日，参加中国膜工业协会主办的北京国际海水淡化高层论坛，并作了题为"'海水淡化'提案的60年"的报告，高从堦认为："海水淡化技术近年来的迅猛发展，越来越大地引起人们的兴趣和重视，它是解决当今水资源匮乏的重要手段之一，已成为社会共识。现在回头看，60年前'海水淡化'的提案是多么有远见。"他回顾了海水淡化简要的发展进程，介绍了膜法（反渗透）和热（MSF和MED）海水淡化技术研究开发的一些重大的创新进展，分析了海水淡化的带动作用："一是海水淡化技术的发展带动了材料、装备制造、自动化等的发展；二是海水淡化发展起来的新型蒸发技术和各种膜技术促进了信息、电力、化工、生物工程、医药/医疗、冶金和环保等领域的技术进步，这些技术作为节能减排、清洁生产、提升传统产业及环境保护的重要手段之一，获取了重大的经济、社会和生态效益回报。"高从堦建议从规划、研究开发及其平台建设、人才队伍培养、工程技术和装备制造的发展、产业化和产业链以及相关标准等都要有相应政策的支持。他强调："海水淡化发展也存在不少问题，如技术的先进性和可靠性、运行和管理、能耗和成本、投资和效果以及环境影响等方面，尽力开发新材料、采用先进的集成技术和过程优化，是海水淡化技术和产业发展的努力方向。"同时，向会议提交了合作完成的《纳滤-反渗透集成海水淡化过程中的膜面结垢趋势研究》（宋跃飞、苏保卫、高学理、高从堦）、《集成膜法海水软化技术的开发及其在海上采油中的应用前景》（苏保卫、王燕、宋跃飞、窦茂卫、高学理、高从堦）等论文。

11月，合作发表《热膜耦合海水淡化系统的优化设计》［伍联营、肖胜楠、胡仰栋、高从堦，化工学报，2012，63（11），3574-3578］。

指导的中国海洋大学化学化工学院海洋化学工程与技术专业博士研究生伍联营毕业，获博士学位。伍联营现为该校化工系主任、教授、博士生导师，主要从事反应分离系统集成、化工过程的模拟与优化、海水淡化系统的优化与设计、化工过程动态模拟、化工过程的计划调度等方面的研究与开发。

本年，合作发表26篇外文论文，选录其中15篇如下：

1.《Preparation and characterization of antimicrobial PES ultra-filtration membrane modified with capsaicin》［Han-min Wang, Xue-li Gao, Bao-wei Su, Cong-jie Gao; Adv. Mater. Res., 2012, 356-360, 2338-2343］。

2.《Ion conductive spacers for the energy-saving production of the tartaric acid in bipolar membrane electrodialysis》［Kai Zhang, Meng Wang, Cong-jie Gao, J. Membr. Sci., 2012, 387, 48-53］。

3.《Improved efficiency of organic solar cells with modified hole-extraction layers》［Jiao Li, Jun-cheng Liu, Cong-jie Gao; J. Polym. Sci. Pol. Phys., 2012, 50（2），125-128］。

4.《Charge characteristics of nanofiltration membrane

by streaming potential method》［Bao-wei Su, Xiao-jie Duan, Mao-wei Dou, Xue-li Gao, Cong-jie Gao; Adv. Mat. Res., 2012, 396-398, 547-551］。

5.《Preparation and characterization of PSf/clay nanocomposite membranes with PEG 400 as a pore forming additive》［Yu-xin Ma, Feng-mei Shi, Zheng-jun Wang, Miao-nan Wu, Jun Ma, Cong-jie Gao; Desalination, 2012, 286 , 131-137］。

6.《Application of thin-film composite hollow fiber membrane to submerged nanofiltration of anionic dye aqueous solutions》［San-chuan Yu, Zhi-wen Chen, Qi-bo Cheng, Zhen-hua Lü, Mei-hong Liu, Cong-jie Gao; Sep. Purif. Technol., 2012, 88 , 121-129］。

7.《Intensified cleaning of organic-fouled reverse osmosis membranes by thermo-responsive polymer （TRP）》［San-chuan Yu, Zhi-hai Chen, Jing-qun Liu, Guo-hua Yao, Mei-hong Liu, Cong-jie Gao; J. Membr. Sci., 2012, 392-393（2）, 181-191］。

8.《Antifouling and antibacterial improvement of surface-functionalized poly（vinylidene fluoride）membrane prepared via dihydroxyphenylalanine-initiated atom transfer radical graft polymerizations》［Yan Sui, Xue-li Gao, Zhi-ning Wang, Cong-jie Gao; J. Membr. Sci., 2012, 394-395, 107-119］。

9.《Thin-film composite membrane formed by

interfacial polymerization of polyvinylamine（PVAm）and trimesoyl chloride（TMC）for nanofiltration》［Mei-hong Liu, Yin-ping Zheng, Shi Shuai, Qing Zhou, San-chuan Yu, Cong-jie Gao; Desalination, 2012, 288（1）, 98-107］。

10.《Antifouling PVDF ultrafiltration membranes incorporating PVDF-g-PHEMA additive via atom transfer radical graft polymerizations》［Yan Sui, Zhi-ning Wang, Xue-li Gao, Cong-jie Gao; J. Membr. Sci., 2012, 413, 38-47］。

11.《Treatment of textile dye effluent using a self-made positively charged nanofiltration membrane》［Rui-hua Huang, Bing-chao Yang, Dong-sheng Zheng, Guo-hua Chen, Cong-jie Gao; Journal of Wuhan University of Technology-Mater. Sci. Ed., 2012, 27（2）, 199-202］。

12.《Development of an antibacterial copper（II）-chelated polyacrylonitrile ultrafiltration membrane》［Jia Xu, Xian-she Feng, Pei-pei Chen, Cong-jie Gao; J. Membr. Sci., 2012, 413, 62-69］。

13.《The performance of polyamide nanofiltration membrane for long-term operation in an integrated membrane seawater pretreatment system》［Yue-fei Song, Bao-wei Su, Xue-li Gao, Cong-jie Gao; Desalination, 2012, 296, 30-36］。

14.《Acid stable thin-film composite membrane for

nanofiltration prepared from naphthalene-1, 3, 6-trisulfonylchloride（NTSC）and piperazine（PIP）》〔Mei-hong Liu, Guo-hua Yao, Qi-bo Cheng, Miao Ma, San-chuan Yu, Cong-jie Gao; J. Membr. Sci., 2012, 415, 122-131〕。

15.《Fabrication and characterization of novel SiO$_2$-PAMPS/PSF hybrid ultrafiltration membrane with high water flux》〔Zheng-Hua Zhang, Quan-Fu An, Tao Liu, Yong Zhou, Jin-Wen Qian, Cong-Jie Gao; Desalination, 2012, 297, 59-71〕。

2013年 71岁

本年，主持的973计划项目"面向应用过程的膜材料设计与制备基础研究"课题"节能型高分子复合膜的微结构调控与制备方法"通过验收。该课题在反渗透、纳滤、超滤和正渗透等水分离膜的制备方面取得了重要进展，达到了预期目标。针对我国高分子反渗透、纳滤、超滤和正渗透的发展现状，围绕关键科学问题开展了系统研究，研制出具有我国自主知识产权的系列膜品种，提升了我国水分离膜的整体水平。在研究结构与性能的关系基础上，通过设计和制备高通量和高截留率的反渗透复合膜、超滤膜等，建立了膜结构设计、膜制备与膜过程所需的方法学和技术平台；研制出反应型纳米颗粒交联型杂化反渗透复合膜、支化结构单体聚酰胺NF膜、聚电解质络合物NF膜和两亲共聚物共混改性UF膜等新型膜材料，为国际上首次报道，创新性强。

1月，合作发表《5-异氰酸酯-异肽酰氯的合成》[刘立芬、徐德志、陈欢林、高从堦，化工进展，2013，32（1），184-187，198]、《超滤水处理系统中膜组件化学清洗方法研究》[伍联营、商凤英、高从堦、胡仰栋，水处理技术，2013，39（1），42-45，54]、《有机-无机杂化复合膜的研究进展》[宋杰、周勇、高从堦，水处理技术，2013，39（1），7-11]。

2月，合作发表《一种新型高通量纳滤膜研究》[李兆魁、李强、周勇、高从堦，水处理技术，2013，39（2），26-29]。

3月，合作发表《新型抑菌Cu^{2+}固载超滤膜的制备及性能表征》[陈培培、徐佳、蒋钰烨、冯晨晨、高从堦，高等学校化学学报，2013，34（3），739-745]、《高回收率反渗透海水淡化工艺的应用研究进展》[宋跃飞、高学理、苏保卫、高从堦，水处理技术，2013，39（3），6-12]、《双极膜电渗析提取琥珀酸》[付丽丽、高学理、范爱勇、杨洋、高从堦，水处理技术，2013，39（3），35-38]、《考虑水需求的水电联产海水淡化系统的优化设计》[伍联营、胡仰栋、高从堦，化工学报，2013，64（8），2924-2929]。

4月，合作发表《MWCNT/poly（MMA-AM）杂化膜的原位聚合制备及其苯与环己烷的吸附-溶胀性能》[王宇星、沈江南、王挺、杜春慧、吴礼光、高从堦，功能材料，2013，44（8），1118-1123〕、《蒸发脱氨络合法制备的双氧水络合萃取分离钨钼前驱体料液（英文）》〔关文娟、张贵清、高从堦，Transactions of Nonferrous Metals Society of China，2013，23（4），1139-1146〕。

5月，合作发表《双氧水络合萃取分离钨钼的前驱体料液的制备》〔关文娟、张贵清、高从堦、尚广浩，中南大学学报（自然科学版），2013，44（5），1766-1774〕。

6月1日，在厦门大学参加2013纳滤净水技术国际论坛，并作题为"膜分离技术与海水淡化"的专题报告。

同月21日至22日，参加在宁波召开的"第三届中国电膜产业与技术研讨会"，并作大会报告。

同月，合作发表《表面改性纳米二氧化钛-芳香聚酰胺复合反渗透膜的制备与表征》〔宋杰、徐子丹、周勇、高从堦，水处理技术，2013，39（6），24-28〕、《羧甲基纤维素钠复合纳滤膜的制备与性能表征》〔高复生、高学理、王剑、夏广森、高从堦，现代化工，2013，33（6），86-88，90〕、《抑菌性聚醚砜超滤膜的制备及性能表征》〔王剑、高学理、王汉敏、黄星、高从堦，膜科学与技术，2013，33（3），12-16〕、《季铵盐壳聚糖/聚砜复合纳滤膜的制备及性能表征》〔李赛赛、高学理、王智、高从堦，膜科学与技术，2013，33（3），44-48〕、《双极膜电渗析制备琥珀酸》〔范爱勇、高学理、付丽丽、杨洋、高从堦，膜科学与技术，2013，33（3），121-124］。

　　同月，合作发明的成果"一种含有两性离子的聚酰胺纳滤膜及其制备方法"获发明专利授权，专利权人：浙江大学，发明人：安全福、孙文丹、计艳丽、赵强、高从堦。摘要如下：

　　本发明公开了一种含有两性离子的聚酰胺纳滤膜及其制备方法。含有两性离子的聚酰胺纳滤膜是由多孔聚砜支撑层和含有两性离子的聚酰胺功能层组成的；是利用多元胺和两性离子单体的混合水溶液与多元酰氯的有机溶液通过界面缩聚制备的。利用这种方法制备得到的纳滤膜在0.6MPa的操作压力下，具有高的水通量［35～50L/（$m^2 \cdot h$）］的同时，对二价盐离子表现出很高的截留率（90%～98%），对一价盐离子的截留率较低（小于40%）；另外，此种纳滤膜在长期运行下，表现出良好的耐污染性。因此，所制备的含有两性离子的聚酰胺纳滤膜具有高的渗透性和耐污染性，制膜方法简单易行、成本低廉，具有良好的工业化应用前景。

　　同月，合作发明的成果"一种含两性离子的高渗透性纳滤膜及其制备方法"获发明专利授权，专利权人：浙江大学，发明人：安全福、计艳丽、高从堦。

　　同月，合作发明的成果"一种含有磺酸甜菜碱型两性离子的反渗透复合膜"获发明专利授权，专利权人：浙江大学，发明人：安全福、赵强、计艳丽、孙文丹、高从堦。摘要如下：

本发明公开了一种含有磺酸甜菜碱型两性离子的反渗透复合膜。反渗透复合膜是由多孔聚砜支撑层和含有磺酸甜菜碱型两性离子的聚酰胺功能层组成的；是利用磺酸甜菜碱型两性离子单体和芳香族多元胺单体的混合水溶液与芳香族多元酰氯单体的有机溶液通过界面聚合制备的。此种反渗透复合膜在保持较高脱盐率（一般大于97%）的同时，具有高的水渗透通量 [25~35 L/（m² · h）]；同时，表现出良好的耐污染性。因此，所制备的含有磺酸甜菜碱型两性离子的反渗透复合膜具有高的渗透性和耐污染性，制膜方法简单易行、成本低廉，具有良好的工业化应用前景。

同月，合作发明的成果"一种氟离子选择纳滤膜的制备方法"获发明专利授权，专利权人：杭州水处理技术研究开发中心有限公司，发明人：周勇、戴喆男、高从堦。摘要如下：

本发明公开了一种复合膜的制备方法，具体是指一种氟离子选择性纳滤膜的制备方法。本发明通过在普通基膜的基础上，用含有均苯三甲酰氯的有机溶液接触，再与含有聚乙烯亚胺水溶液接触后制备所得的纳滤膜。本发明的优点是纳滤膜对于氟离子有较高的选择性，而且制备方法简单，操作方便。本发明所制备的膜在高氟地区具有广泛的用途。

6月30日至7月8日，随中国膜工业协会代表团赴澳大利亚进行考察和访问，代表团参加了亚太脱盐协会（APDA）理事会会议，参观考察了黄金海岸的海水淡化厂、悉尼海水淡化厂、维多利亚海水淡化厂。

7月，合作发表《BPM2型双极膜装置硫酸钠制碱的工业化应用研究》[金可勇、胡鉴耿、周勇、金水玉、栗鸿强、高从堦，水处理技术，2013，39（7），81-83]。摘要如下：

针对原有的双极膜装置制碱的电流效率过低、碱浓度低、能耗过高等缺点，采用自主研制的BPM2型双极膜装置进行硫酸钠制碱的研究。所用的工业化双极膜装置采用的膜尺寸为400mm×800mm，共60组，3隔室，有效膜面积为15m^2，产碱能力为100 t/a。双极膜采用国产膜，单极膜采用专用阻酸阻碱膜，电流密度为600 A/m^2（150A）。对电流效率、转化率、能耗、酸碱浓度、制酸碱成本进行了研究与讨论。结果表明，由于膜性能的提高与双极膜装置的改进，电流效率提高至70%以上、碱浓度提高至70g/L、制碱能耗大幅降低至1800kW·h/t以下，为进一步硫酸钠制碱的大型工业化生产打下基础。

7月，合作发表《短孔道介孔二氧化硅SBA-15对铀的吸附性能》[王兴慧、朱桂茹、高从堦，化工学报，2013，64（7），2480-2487]。

同月，指导的中国海洋大学海洋化学工程与技术专业博士研究生宋跃飞毕业，获博士学位。

同月，参与并指导的863计划海洋技术领域专项课题"基于海上油田采油注水的海水膜软化技术的研究开发"成果通过验收。

8月，合作发明的成果"一种用于分离有机物和盐的纳滤膜及其制备方法"获发明专利授权，专利权人：浙江大学，发明人：安全福、计艳丽、高从堦。摘要如下：

本发明公开了一种用于分离有机物和盐的纳滤膜及其制备方法。本发明是由多孔聚砜支撑层和含两性离子的二元共聚物为功能层组成的；其制备过程为：首先通过溶液聚合反应得到含两性离子的二元共聚物，再把上述共聚物和交联剂配成一定浓度的水分散液，将其在多孔聚砜支撑膜表面浸渍一层，然后固化交联得到复合膜。这种复合纳滤膜在0.6MPa的操作压力下，其水通量为20～30L/（$m^2 \cdot h$），对分子量大于800的有机物分子的截留率大于90%，对无机盐的截留率一般低于20%。本发明制备方法简单，反应条件温和，生产成本低，对有机物和无机盐有良好的分离性能，具有良好的工业化应用前景。

同月，合作发明的成果"一种海水淡化方法"获发明专利授权，专利权人：中国海洋大学，发明人：高学理、宋跃飞、苏保卫、高从堦。摘要如下：

本发明属于海水淡化技术领域，涉及一种海水淡化方法，将原海水经过前处理后的过滤水，进入海水淡化系统的热排放段换热器，用于冷凝蒸汽并回收热排放段的热量，得到温度较高的换热后温海水；将温海水经过低压泵输送进入超滤装置，超滤产水经过高压泵输送进入纳滤装置，选择性去除海水中的成垢离子的纳滤软化水，经过高压泵输入反渗透装置，制得反渗透产水和反渗透浓水；反渗透浓水经回收能量后直接作为MED或MSF装置热回收段的进水；将经过MED或MSF装置淡化产水与反渗透产水混合作为饮用水；纳滤浓水经回收能量后与浓水混合后排放或综合利用；其工艺简单，能耗低，淡化效率高，效果好，装置结构简单，原理可靠，生产过程稳定，环境友好。

9月，向2013中国化工学会年会提交《支化型功能单体对反渗透/纳滤复合膜结构与性能的调控作用》（黄海、秦嘉旭、林赛赛、邹凯伦、张林、陈欢林、高从堦）。

同月，在中国海洋大学化学化工学院招收王剑为海洋化学工程与技术专业博士研究生，招收王小娟、孙海静为化学工程专业硕士研究生。

同月，在中南大学冶金与环境学院招收有色金属冶金专业博士研究生肖超。

10月25日至27日，在大连参加由大连理工大学和中国科学院大连化学物理研究所共同承办的第八届全国膜与膜过程学术报告会，并作题为"加快国产离子膜的研发和推广应用"的报告。

同月，向2013年全国高分子学术论文报告会提交《甜菜碱型聚合物的制备及其溶液行为研究》（翁晓丹、安全福、计艳丽、高从堦）、《以硫酸基团构筑的聚电解质络合物膜及其渗透汽化性能研究》（王雪三、赵凤阳、安全福、赵强、高从堦）等论文。

11月，担任浙江工业大学海洋学院院长。

同月，合作发明的成果"一种纳滤分离膜及其制备方法"获发明专利授权，专利权人：中国海洋大学，发明人：徐佳、高从堦、蒋钰烨。摘要如下：

> 本发明涉及一种纳滤分离膜，所述的纳滤分离膜，是将多巴和/或多巴胺稳定自聚合于基膜表面，再进行接枝和交联后制备的。本发明基于生物黏合原理，得到一种可与基膜牢固结合的聚多巴或聚多巴胺复合层，该复合层直接与长链分子中的氨基

或巯基发生反应，并进行交联，从而制备出一系列表面粗糙度、改性层厚度、膜孔径和亲水性各异的纳滤分离膜。本发明的纳滤分离膜具有以下优点：①复合层和基膜之间的复合强度大。②耐海水浸蚀和抗水解性强，大大延长膜使用寿命。③表面光滑均一。④表面亲水性强，可提高膜透水性能。⑤抗生性强，可抑制微生物膜污染。⑥水通量大，二价离子分离效率高。⑦工艺简单，条件温和，容易实现。

12月，合作完成《无机纳米材料调控聚合物膜分离性能与应用稳定性研究》，成果完成人：张林、赵海洋、侯立安、程丽华、高从堦、黄海、董航、陈欢林、周志军，第一完成单位：浙江大学。

同月，合作发明的成果"一种油田驱油用聚合物溶液的制备方法"获发明专利授权，专利权人：中国海洋大学，发明人：苏保卫、王燕、高学理、高从堦。摘要如下：

> 本发明属于采油技术领域，涉及一种油田驱油用聚合物溶液的制备方法，先将海水杀菌，并去除悬浮颗粒物得过滤海水；再将过滤海水用超滤膜组件去除微量悬浮物质得超滤产水；超滤产水加压并采用纳滤膜元件生成纳滤产水和纳滤浓水；经纳滤膜元件后产生二级纳滤产水和二级纳滤浓水进入配聚装置配制聚合物母液；经稀释后注入地层驱油；其工艺简便，能耗低，环境友好，经济效益明显，便于推广应用。

本年，合作发表31篇外文论文，选录下列16篇：

1.《Silane-modified naa zeolite/pssa hybrid

pervaporation membranes for the dehydration of ethanol》
［Ping Wei, Xin-ying Qu, Hang Dong, Lin Zhang,
Huan-lin Chen, Cong-jie Gao; J. Appl. Polym. Sci.,
2013, 128（5）, 3390-3397］。

2.《Thin-film composite nanofiltration membranes with
improved acid stability prepared from naphthalene-1, 3,
6-trisulfonylchloride（NTSC）and trimesoyl chloride
（TMC）》［San-chuan Yu, Qing Zhou, Shi Shuai,
Guo-hua Yao, Miao Ma, Cong-jie Gao; Desalination,
2013, 315, 164-172］。

3.《Precursor solution prepared by evaporation
deamination complex method for solvent separation of Mo
and W by H_2O_2-complexation》［Wen-juan Guan, Gui-qing
Zhang, Cong-jie Gao; Trans. Nonferrous Met. Soc.
China, 2013, 23（4）, 1139-1146］。

4.《Preparation of monodispersed spherical mesoporous
nanosilica-polyamide thin film composite reverse osmosis
membranes via interfacial polymerization》［Meng-ru
Bao, Gui-ru Zhu, Li Wang, Meng Wang, Cong-jie Gao;
Desalination, 2013, 309, 261-266］。

5.《Color removal and COD reduction of biologically
treated textile effluent through submerged filtration using
hollow fiber nanofiltration membrane》［Yin-ping Zheng,
San-chuan Yu, Shi Shuai, Qing Zhou, Qi-bo Cheng,
Mei-hong Liu, Cong-jie Gao; Desalination, 2013, 314,

89-95〕。

6.《Cellulose triacetate forward osmosis membranes: preparation and characterization》〔Gang Li, Xue-mei Li, Tao He, Biao Jiang, Cong-jie Gao; Desalin. Water Treat., 2013, 51（13-15）, 2656-2665〕。

7.《The research of cleaning method of membrane modules in ultrafiltration pretreatment system》〔Lian-Ying Wu, Feng-ying Shang, Cong-jie Gao, Yang-dong Hu; Appl. Mech. Mater., 2013, 316-317, 927-932〕。

8.《Cellulose acetate hollow fiber nanofiltration membrane with improved permselectivity prepared through hydrolysis followed by carboxymethylation》〔San-chuan Yu, Qi-bo Cheng, Chuan-min Huang, Jia Liu, Xiang-yang Peng, Mei-hong Liu, Cong-jie Gao; J. Membr. Sci., 2013, 434, 44-54〕。

9.《Comparison of approaches to minimize fouling of a UF ceramic membrane in filtration of seawater》〔Jia Xu, Chia-Yuan Chang, Jin Hou, Cong-jie Gao; Chem. Eng. J., 2013, 223, 722-728〕。

10.《Submerged nanofiltration of biologically treated molasses fermentation wastewater for the removal of melanoidins》〔Mei-hong Liu, Hui-wen Zhu, Bing-yan Dong, Yin-ping Zheng, San-chuan Yu, Cong-jie Gao; Chem. Eng. J., 2013, 223, 388-394〕。

11.《Fabrication and characterization of novel

composite nanofiltration membranes based on zwitterionic O-carboxymethyl chitosan》[Chao Zhou, Xue-li Gao, Sai-sai Li, Cong-jie Gao; Desalination, 2013, 317, 67-76]。

12.《Clean post-processing of 2-amino-1-propanol sulphate by bipolar membrane electrodialysis for industrial processing of 2-amino-1-propanol》[Jiang-nan Shen, Jiu-yang Lin, Jie Yu, Ke-yong Jin, Cong-jie Gao, Bart Van der Bruggen; Chem. Eng. Process., 2013, 72, 137-143]。

13.《Evaluation of scaling potential in a pilot-scale NF-SWRO integrated seawater desalination system》[Yue-fei Song, Xue-li Gao, Cong-jie Gao; J. Membr. Sci., 2013, 443, 201-209]。

14.《Studies of supported phospholipid bilayers formed on nanofiltration membranes surface》[Zhi-ning Wang, Zhi-lei Zhang, Xi-da Wang, Li Wang, Miao-qi Wang, Shu-zheng Wang, Jin-yu Sheng, Tao Wang, Xing-chen Liu, Cong-jie Gao; Desalin. Water Treat., 2013, 51 (25-27), 5097-5106]。

15.《Study on seawater nanofiltration softening technology for offshore oilfield polymer solution preparation》[Bao-wei Su, Mao-wei Dou, Yan Wang, Xue-li Gao, Cong-jie Gao; Desalin. Water Treat., 2013, 51 (25-27), 5064-5073]。

16.《Molecular simulation of carbon nanotube membrane for Li$^+$ and Mg^{2+} separation》［Deng-feng Yang, Qing-zhi Liu, Hong-man Li, Cong-jie Gao；J. Membr. Sci.，2013，444，327-331］。

2014年 72岁

本年，领衔的省重点科技创新团队"海水淡化膜技术应用创新团队"通过浙江省科技厅组织的专家组验收。自2009年该团队入选浙江省重点科技创新团队以来，作为领头羊的高从堦，以高度的热情、充沛的精力、创新的思维致力于团队的建设与发展，团队建设取得显著成效，为有效解决我国淡水资源短缺问题提供了技术支撑，促进了海水淡化新兴产业的培育和发展，经济、社会效益显著。5年来，团队培养了一支优秀的海水淡化膜技术研究应用的人才队伍。取得了一批高质量的科研成果，发表论文44篇（其中外文12篇）；申请专利74件（其中国际专利1件，发明专利55件），获得授权专利41件（其中发明专利22件）；获市级以上的科技奖项8项；起草国家和行业标准5项（其中国家标准4项，主持起草3项）。平台建设成果丰硕，建立省级重点实验室1个，组建省级创新战略联盟1个，创建国家级产业示范基地1个。获得政府和社会各级科研项目28项（其中国家级项目13项，省部级项目9项，横向项目6项），经费总数约7200万元。多项成果得到转化应用，海水淡化和膜技术创新成果在舟山等地得到推广应用，技术应用向水的净化和废水再生利用等领域延伸，并向全国辐射。

1月，合作发明的成果"一种具有永久亲水性和永久抗菌性的超滤膜制备方法"获发明专利授权，专利权人：中国海洋大学，发明人：高学理、黄星、王剑、刘淑民、高从堦。摘要如下：

> 本发明涉及一种具有永久亲水性和永久抗菌性的超滤膜制备方法。将含辣素衍生结构的丙烯酰胺和丙烯酸等亲水性单体、光敏剂配制成改性液，并将其涂布于预处理后的超滤膜表面，通入氮气除氧后，开启紫外灯反应一定时间，反应结束后用去离子水和无水乙醇充分清洗膜表面以去除未反应的单体，得到改性后的超滤膜。所制备的平板膜在0.1MPa下的纯水通量 ≥120L/（$m^2 \cdot h$），牛血清蛋白（67000MW）截留率 ≥90%，对大肠杆菌和金黄色葡萄球菌的抗菌率分别可达92% 和85%以上。本发明产品通过表面接枝改性后膜的亲水性和抗菌性均有大幅度提升，可用于聚合物链含有碳-氢键或碳-碳双键的能进行光接枝改性的高分子材料。

同月，合作发明的成果"一种N，N'-二烷基间苯二胺的制备方法"获发明专利授权，专利权人：浙江工业大学，发明人：刘立芬、茅佩卿、徐振元、高从堦。

2月，合作发表《纳米复合膜在膜分离领域的研究进展》［王熙大、王志宁、高从堦，应用化学，2014，31（2），123-132］。

同月，合作发表《优先渗透CO_2的膜材料研究进展》［谭喆、周勇、高从堦，膜科学与技术，2014，34

（1），121-127〕。摘要如下：

通过膜实现不同气体的分离已成为气体分离领域内的一项重要技术。为了充分开发膜法气体分离技术在工业上的应用，当前许多的工作集中在开发满足工业需求的先进膜材料上。概括地介绍并讨论了近期国内外分离CO_2的膜材料的研究进展。并对应用在不同工业领域膜材料的选择策略作了评述，提出了有待于进一步探索研究的领域和方向。

3月，合作完成《面向医化行业的双极膜电渗析清洁生产成套设备》，成果完成人：沈江南、阮慧敏、高从堦、王利祥、叶云飞、严间浪、吴荣生，第一完成单位：浙江工业大学。

同月，合作发表《高通量聚砜/磺化聚砜超滤膜制备研究》〔刘文超、洪勇琦、周勇、高从堦，水处理技术，2014，40（3），60-63〕。

同月，合作发明的成果"亲水型含辣素官能团的抗生物污染超滤膜及其制备方法"获发明专利授权，专利权人：中国海洋大学，发明人：徐佳、高从堦、高学理、于良民、王雪。摘要如下：

本发明涉及一种亲水型含辣素官能团的抗生物污染超滤膜，是将含辣素官能团的聚合物与亲水剂和铸膜液混合后，通过浸没相转化法得到的。本发明基于自然界存在的天然防污活性物质的抗生物特性，并添加适当亲水剂，提出制备一种含辣素官能团的亲水型抗生物污染聚砜超滤膜。发明所制备出来的超滤膜适用于水处理工艺中，同时既保证了膜分离性能又显著提高膜组件的抗生物污染性能。

4月，合作发表《基于辣素衍生物结构阳离子聚电解质的新型抑菌超滤膜的制备及性能表征》［蒋钰烨、徐佳、张丽丽、李明明、高从堦，高校化学工程学报，2014，28（2），317-324］。

同月，合作完成《抑菌性抗污染超滤膜关键技术研发及规模化制备与应用示范》，成果完成人：高学理、高从堦、王乐译、王海增、王小娟、王新艳，第一完成单位：中国海洋大学。

5月25日至31日，受邀访问德国朗盛公司。朗盛化学液体净化技术业务部是世界领先的水和环境保护以及液体处理产品供应商之一，是全球范围内能同时提供离子交换树脂和反渗透膜元件的两大著名公司之一。朗盛化学此次组织中国膜领域的技术专家和大型用户赴德国访问，一是考察公司位于莱比锡的反渗透膜生产基地，二是进行反渗透膜产品的技术和应用交流。

同月，担任新成立的浙江工业大学"膜分离与水处理协同创新中心"中心主任。

5月，合作发表《基于纳滤膜深度纯化普鲁兰多糖的预处理方法》［郝华伟、高学理、王小娟、高从堦，食品与发酵工业，2014，40（5），130-134］。

同月，合作发明的成果"一种用于离子交换膜制备的支撑布制造方法"获发明专利授权，专利权人：杭州水处理技术研究开发中心有限公司，发明人：金可勇、金水玉、高从堦。摘要如下：

> 本发明公开了一种化工生产技术领域、具体涉及一种用于离子
> 交换膜制备的支撑布的制造方法。本发明是选用线径为
> 0.03~0.06mm的聚氯乙烯纤维丝为原材料，再用60Coγ-射线
> 辐照活化，然后把纤维丝浸泡在聚四氟乙烯乳液中，再把聚氯
> 乙烯纤维丝在无氧环境下进行高温处理，得到四氟聚氯乙烯丝
> 进行裁剪备用；将上述备用的四氟聚氯乙烯丝用棱形交叉的方
> 式进行纺织成布，经线间隔和纬线间隔都为0.12~0.18mm，
> 再进行压密处理。本发明的优点是机械强度非常好、化学稳定
> 性非常好，可以在各种强酸、强碱、有机溶剂、高温等苛刻条
> 件下使用。

6月，合作发表《一种新型共混复合纳滤膜的制备及性能研究》[高复生、高从堦、高学理、王志宁、王剑、都娟成，高校化学工程学报，2014，28（3），671-675]。

同月26日，在杭州市科学大讲堂作题为《为有源头活水来——珍惜水资源、保护水资源》的报告，报告介绍了水资源及水污染的现状，阐述了膜技术在治水中的应用。

7月，在南京中医药大学评审由该校和江苏久吾高科技股份有限公司共同完成的"基于膜过程的中药制药分离工程理论、技术与应用"项目。

同月21日至25日，在苏州参加由亚太膜学会、北美膜学会、欧洲膜学会主办，南京工业大学承办的"第十届国际膜与膜过程会议（The 10th International Congress on Membranes and Membranes Progress，

ICOM2014）"。ICOM发起于1984年，是膜领域全球最高规格、最大规模的学术会议，2011年，南京工业大学膜科学技术研究所提出申办，经多方合力，获得了ICOM2014的承办资格，这是ICOM创办30年来首次在中国举办。2位中国工程院院士、4位美国工程院院士、1位英国皇家工程院院士、1位新加坡院士、1位韩国院士及各膜学（协）会主席等著名学者出席会议并作学术报告，来自40多个国家的1281名专家、学者、专业人士参加了会议，收到1255份摘要投稿（其中国际学者投稿795份），举办了472场口头报告，另有海报报告576张，会议全面展示了国际膜科技领域的最新科技成果，也彰显了中国在国际膜科技领域的硬实力（苏州市科技局《南京工业大学承办ICOM2014第十届国际膜与膜过程会议》，苏州吴中网2014年7月28日讯）。

同月，合作发表《基于界面聚合法在受限空间内诱导合成反渗透/纳滤复合膜的研究》［谭喆、高从堦，中国工程科学，2014，16（7），17-22］。摘要如下：

一种新的概念，受限空间内的界面聚合，用于研究反渗透膜（RO）/纳滤膜（NF）复合膜的合成。实验设计使用受保护的多胺单体通过延迟扩散与均苯三甲酰氯反应，获得了过渡态结构的RO/NF膜。在NF膜水相配方中加入大分子模板剂，诱导界面反应在受限空间内定向发生，将聚合物网络的聚集态由无序转变为有序，同时NF膜对盐的截留性能不变，水通量提高一倍。RO膜有机相配方中加入纳米分子筛，提升水通量超过50%，复合膜表面结构呈现NF膜的特性，同时脱盐性能保持不变。

同月，合作发明的成果"一种新型有机酰氯化纳米二氧化钛粒子的制备方法"获发明专利授权，专利权人：杭州水处理技术研究开发中心有限公司，发明人：周勇、宋杰、翟丁、高从堦。摘要如下：

> 本发明公开了一种有机物的制备方法，具体是指一种新型有机酰氯化纳米二氧化钛粒子的制备方法。本发明将均苯三甲酰氯溶解在二氯甲烷中，形成均一溶液，然后将亲水型纳米二氧化钛粒子分散在上述溶液中，然后再加入三乙胺，再在38℃下反应恒温搅拌4~24h，反应终了后直接减压抽滤得白色粉末状固体，同时用二氯甲烷冲洗、并放入真空干燥箱中干燥即可得本产品。本发明的优点是：由于酰氯基团的存在增强了纳米粒子的活性，使颗粒表面产生新的功能层而与带有胺基、羟基等基团的聚合物反应，增强其结合效果。并且该方法工艺新颖、操作简单、过程安全，反应进度易于控制，所用试剂易购，所需设备简易，易于实现工业化生产。

同月，合作发表《电渗析组合反渗透过程处理头孢氨苄酶法母液废水的研究》[阮慧敏、黄杰、李健、沈江南、王家德、高从堦，中国工程科学，2014，16（7），42-46]。

8月，合作发表《界面聚合中空纤维正渗透膜的制备和表征》[李刚、王周为、李春霞、李雪梅、何涛、高从堦，化工学报，2014，65（8），3082-3088]。

9月，在中国海洋大学化学化工学院招收徐源、王群、刘瑞聪为海洋化学工程与技术专业博士研究生，招收吕振华为化学工程专业硕士研究生。

同月，在中南大学冶金与环境学院招收有色金属冶金专业博士研究生周钦。

同月，合作发明的成果"一种季铵盐型阳离子聚合物改性壳聚糖纳滤膜的制备方法"获发明专利授权，专利权人：浙江大学，发明人：计艳丽、安全福、高从堦。摘要如下：

> 本发明公开了一种季铵盐型阳离子聚合物改性壳聚糖纳滤膜的制备方法。纳滤膜是由多孔聚砜支撑层和季铵盐型阳离子聚合物改性壳聚糖为功能层组成的；其制备过程为：首先通过溶液聚合反应得到季铵盐型阳离子聚合物，再将上述聚合物、壳聚糖和交联剂配成一定浓度的水溶液，将其在多孔聚砜支撑膜表面浸渍一层，然后固化交联得到纳滤膜。此种纳滤膜在0.6MPa的操作压力下，其水通量为15～25L/（$m^2 \cdot h$），对二价阳离子有很高的截留率，最高可达到98.5%，对一价阳离子的截留率一般低于60%；同时，表现出良好的耐污染性。因此，所制备的季铵盐型阳离子聚合物改性壳聚糖纳滤膜具有高的渗透选择性和耐污染性，制膜方法简单易行、成本低廉，具有良好的工业化应用前景。

同月，合作发明的成果"一种羧酸甜菜碱型胶体纳米粒子填充聚酰胺纳滤膜的制备方法"获发明专利授权，专利权人：浙江大学，发明人：安全福、计艳丽、邵玲玲、高从堦。

同月，主持的"海水淡化膜高性能化的混合基质方法"课题被列为973计划"面向应用的高性能水处理膜设计与制备"项目（项目牵头单位是南京工业大学，首席科学家为该校汪勇教授）的课题，资助金额500万元，执行时间为2015年1月至2019年8月。

以反渗透和纳滤为代表的膜技术在海水淡化中已经得到广泛应用。据统计，目前用反渗透技术制备淡水的日产量已超过5000万吨。对于如此高产量的反渗透过程，膜的分离性能及其耐污染性的提高将极大地降低总制水成本，从而有利于膜法海水淡化技术的进一步规模化推广和应用。基于这一重大需求，该课题以海水淡化等水处理膜为对象，以提高膜的渗透性、耐污染及服役行为等为目标，通过界面聚合为主的成膜方法在复合膜聚合物基质中引入无机/有机纳米材料，研究聚合物与纳米材料在多层次界面中的协同调控作用，并探索混合基质膜成膜机制与分离机理，从而提出新的海水淡化膜以反渗透为主，正渗透/纳滤为辅与膜材料设计理念与策略，指导和建立高性能混合基质水处理膜的批量制备方法。

10月，在哈投热电厂参加由中国膜工业协会组织的"双极膜电渗析烟气脱硫技术"评议会。

同月，合作发明的成果"一种应用膜技术提取琥珀酸的方法"获发明专利授权，专利权人：青岛琅琊台集团股份有限公司，发明人：徐建春、李悦明、高从堦、张希铭、高学理。摘要如下：

> 本发明公开了一种应用膜技术提取琥珀酸的方法，其具体步骤为：首先将发酵液通过超滤膜过滤得到琥珀酸盐透过液，同时截留的琥珀酸菌体返回发酵罐回用；然后透过液采用传统电渗析器进行浓缩得到琥珀酸盐浓缩液；再通过双极膜电渗析将琥

珀酸盐浓缩液转化为琥珀酸；最后真空蒸发琥珀酸制得产品。本发明采用压力膜和电膜集成技术，为琥珀酸的提取过程开辟了一条新的工艺，提取过程中转化率高，回收率高，能耗低，且过程中不需要添加大量的化学药剂，没有废弃物产生，因此能够减少环境污染、降低成本、操作简单，具有显著的经济效益和环境效益。

同月，合作发明的成果"一种含磺酸甜菜碱型胶体纳米粒子的高性能反渗透膜"获发明专利授权，专利权人：浙江大学，发明人：计艳丽、安全福、高从堦。摘要如下：

本发明公开了一种含磺酸甜菜碱型胶体纳米粒子的高性能反渗透膜，采用无皂乳液聚合法制备胶体纳米粒子，将其添加在合成聚酰胺膜的水相单体溶液中，通过界面聚合法制备含磺酸甜菜碱型胶体纳米粒子的聚酰胺反渗透膜。利用磺酸甜菜碱型胶体粒子良好的亲水性和独特的纳米孔洞结构，在保持聚酰胺膜对无机盐高截留率的同时，大幅度提高了膜的水渗透通量。另外，磺酸甜菜碱型胶体纳米粒子具有强抗污染性，其改性聚酰胺反渗透膜在长期运行过程中，表现出良好的稳定性和耐污染性。因此，所制备的含磺酸甜菜碱型胶体纳米粒子的反渗透膜具有高的盐截留率、高水渗透通量和强耐污染性，制膜方法简单易行、成本低廉，具有良好的工业化应用前景。

同月，合作发表《双极膜电去离子技术处理模拟低浓度含镍废水》［尚广浩、张贵清、高从堦，中国有色金属学报，2014，24（10），2684-2691］。

同月，合作发明的成果"一种羧酸甜菜碱型胶体纳米粒子改性聚酰胺反渗透膜"获发明专利授权，专利权人：浙江大学，发明人：安全福、计艳丽、翁晓丹、高从堦。

11月，合作发表《端基改性碳纳米管膜分离Li^+/Mg^{2+}的分子动力学模拟》[杨登峰、刘清芝、李红曼、高从堦，应用化学，2014，31（11），1345-1351]。

同月，合作发明的成果"一种全膜法海水淡化中超滤膜清洗方法"获发明专利授权，专利权人：中国海洋大学，发明人：苏保卫、吴桐、李哲超、丛鑫、高学理、高从堦。摘要如下：

> 本发明属于海水淡化和水处理技术领域，涉及一种全膜法海水淡化中超滤膜清洗方法，将经过前处理的海水输送至超滤装置原水进水口，并与用超滤循环泵输送的超滤循环浓水混合后进入超滤装置过滤，得到的超滤产水进入密闭的超滤产水缓冲罐，再由低压泵输送，一部分经过保安过滤器后由高压泵加压经过一个止回阀后进入纳滤/反渗透装置；剩余部分超滤产水进入能量回收装置，与纳滤/反渗透装置的浓水进行能量交换后由增压泵输送进入纳滤装置/反渗透装置，制得纳滤/反渗透产水，能量交换之后的纳滤/反渗透浓水则流入超滤清洗水箱中，多余浓水通过超滤清洗水箱上部溢流口排放；其工艺可靠，操作简便，能耗较低，经济和社会效益良好，环境友好。

12月，合作发表《中国膜科学技术的创新进展》[徐南平、高从堦、金万勤，中国工程科学，2014，16（12），4-9，2]，文章回顾了我国膜科学技术的发展历程，从膜设计、制备与应用的基础研究与产业应用等角度，概述了我国在水处理膜、渗透汽化膜、气体分离膜、离子交换膜、无机膜、膜反应器、新型膜等方面取得的创新进展，文章最后指出："长远来看，我国膜科学技术的发展仍需紧密围绕国家重大需求，加强基础理论与原创技术的研究，继续推动我国膜领域的'三个'提升：通过膜材料设计与制备的基础研究，提升学术水平；通过高性能分离膜材料的工程技术研究，提升产业竞争力；通过国际学术交流，承担国际合作项目，主办国际学术会议，提升国际影响力。"

同月，合作发表《混合基质水处理膜：材料、制备与性能》〔董航、张林、陈欢林、高从堦，化学进展，2014，26（12），2007-2018〕。

本年，承担中国工程院"膜分离技术在海洋工程中的应用现状、前景和发展建议"专题中的一项子专题。

本年，合作发表32篇外文论文，选录其中16篇如下：

1.《Novel graphene oxide sponge synthesized by freeze-drying process for the removal of 2，4，6-trichlorophenol》〔Jia-li Wang，Xue-li Gao，Yu-hong Wang，Cong-jie Gao；RSC Adv.，2014，4（101），57476-57482〕。

2.《An innovative beneficial reuse of seawater concentrate using bipolar membrane electrodialysis》〔Yang Yang，Xue-li Gao，Ai-yong Fan，Li-li Fu，Cong-jie Gao；J. Membr. Sci.，2014，449，119-126〕。

3.《Synthesis of trinity metal-organic framework

membranes for CO_2 capture》［Wan-bin Li, Guo-liang Zhang, Cong-yang Zhang, Qin Meng, Zheng Fan, Cong-jie Gao; Chem. Commun., 2014, 50（24）, 3214-3216］。

4.《Stiff metal-organic framework-polyacrylonitrile hollow fiber composite membranes with high gas permeability》［Wan-bin Li, Zhi-hong Yang, Guo-liang Zhang, Zheng Fan, Qin Meng, Chong Shen, Cong-jie Gao; J. Mater. Chem. A, 2014, 2（7）, 2110-2118］。

5.《Adsorption and desorption properties of Li^+ on PVC-$H_{1.6}Mn_{1.6}O_4$ lithium ion-sieve membrane》［Gui-ru Zhu, Pan Wang, Peng-fei Qi, Cong-jie Gao; Chem. Eng. J., 2014, 235, 340-348］。

6.《Discussion on calculation of maximum water recovery in nanofiltration system》［Fei Bi, Hai-yang Zhao, Lin Zhang, Qian Ye, Huan-lin Chen, Cong-jie Gao; Desalination, 2014, 332, 142-146］。

7.《Improving the performance of polyamide reverse osmosis membrane by incorporation of modified multi-walled carbon nanotubes》［Hai-yang Zhao, Shi Qiu, Li-guang Wu, Lin Zhang, Huan-lin Chen, Cong-jie Gao; J. Membr. Sci., 2014, 450, 249-256］。

8.《Influence of temperature on the protectiveness and morphological characteristics of calcareous deposits polarized by galvanostatic mode》［Cheng-jie Li, Min Du, Jing

Qiu, Jing Zhang, Cong-jie Gao; Acta Metall. Sin. Engl. Lett., 2014, 27, 131-139〕。

9.《A novel nanofiltration process for the recovery of vanadium from acid leach solution》〔Guang-hao Shang, Gui-qing Zhang, Cong-jie Gao, Weng Fu, Li Zeng; Hydrometallurgy, 2014, 142, 94-97〕。

10.《Studies on a novel nanofiltration membrane prepared by cross-linking of polyethyleneimine on polyacrylonitrile substrate》〔Chen-chen Feng, Jia Xu, Ming-ming Li, Yuan-yuan Tang, Cong-jie Gao; J. Membr. Sci., 2014, 451, 103-110〕。

11.《Study of corrosion behavior of carbon steel under seawater film using the wire beam electrode method》〔Zai-jian Liu, Wei Wang, Jia Wang, Xin Peng, Yan-hua Wang, Peng-hui Zhang, Hai-jie Wang, Cong-jie Gao; Corros. Sci., 2014, 80, 523-527〕。

12.《Preparation and characterization of sulfated carboxymethyl cellulose nanofiltration membranes with improved water permeability》〔Ling-ling Shao, Quan-fu An, Yan-li Ji, Qiang Zhao, Xuesan Wang, Bao-ku Zhu, Cong-jie Gao; Desalination, 2014, 338, 74-83〕。

13.《Effect of coagulation bath conditions on the morphology and performance of PSf membrane blended with a capsaicin-mimic copolymer》〔Jia Xu, Yuan-yuan Tang, Yu-hong Wang, Bao-tian Shan, Liang-min Yu,

Cong-jie Gao；J. Membr. Sci., 2014, 455, 121-130〕。

14.《Regenerating spent acid produced by HZSM-5 zeolite preparation by bipolar membrane electrodialysis》〔Xue-li Gao, Yang Yang, Li-li Fu, Zhan-tong Sun, Yun Zheng, Cong-jie Gao, , Sep. Purif. Technol., 2014, 125, 97-102〕。

15.《Preparation of succinic acid using bipolar membrane electrodialysis》〔Li-li Fu, Xue-li Gao, Yang Yang, Ai-yong Fan, Hua-wei Hao, Cong-jie Gao；Sep. Purif. Technol., 2014, 127, 212-218〕。

16.《Bioinspired fabrication of composite nanofiltration membrane based on the formation of DA/PEI layer followed by cross-linking》〔Ming-ming Li, Jia Xu, Chi-yuan Chang, Chen-chen Feng, Li-li Zhang, Yuan-yuan Tang, Cong-jie Gao；J. Membr. Sci., 2014, 459, 62-71〕。

2015年 73岁

本年前后，指导团队开展对双极膜技术的研究。当时国内双极膜的技术应用研究几乎还是空白，没有可借鉴的技术，相应的材料也很难获取。金可勇团队在高从堦指导下，经过近10个月的实验研究，研制出第一台可实用的双极膜装置，并在某企业成功应用于葡萄糖酸回收。

1月，参与并指导的"膜技术分子筛催化剂无废水排放清洁生产新工艺开发及工业示范"课题获国家高技术研究发展计划（863计划）立项（属"高性能分离膜材料的规模化关键技术"二期项目）。该课题的主要目标是面向石化行业分子筛催化剂清洁生产需求，研究适应腐蚀性环境的高性能低成本膜材料、高装填密度和高电流效率膜组件，开发膜法分子筛催化剂清洁生产新工艺，建成千吨级催化剂生产示范，实现水回用率>95%。高从堦率浙江工业大学团队与合肥科佳高分子材料科技有限公司共同承担"单多价离子选择性均相阴阳离子交换膜制备技术"研发任务，合肥科佳高分子材料科技有限公司负责适用于分子筛清洁生产工艺的均相阴、阳离子交换膜的制备与规模化生产，研究合成过程中成膜条件对膜性能的影响，形成10000m^2/年的离子膜规模化生产能力；浙江工业大学团队负责通过对上述离子交换膜产品改性，制备单多价选择性离子交换膜。同时，高从堦率杭州水处理技术研究开发中心有限公司团队承担"高装填密度和高电流效率膜组器开发"任务，具体负责电渗析膜组器的开发、生产、安装与调试。

1月，合作发表《纳米聚苯胺改性聚哌嗪酰胺纳滤膜的制备》[李洪懿、翟丁、周勇、高从堦，化工学报，2015，66（1），142-148]、《中水回用RO浓水的零排放工艺比较及优化研究》[金可勇、胡鉴耿、金水玉、高从堦，水处理技术，2015，41（1），103-106]、《高回收率膜法苦咸水淡化工艺的应用研究进展》[宋跃飞、苏现伐、周建国、苏保卫、高从堦，化学通报，

2015，78（1），1-11〕、《苦咸水反渗透淡化中影响膜面的污染因素》〔宋跃飞、李铁梅、周建国、苏保卫、高从堦，环境化学，2015，34（1），156-165〕。

同月14日，与浙江竟成环保科技有限公司签约成立院士工作站。工作站主要任务是："开展好氧颗粒化污泥和MBR处理工艺耦合技术的开发研究，通过研究MBR反应器中好氧颗粒化污泥的形成条件，MBR运行参数的调整，颗粒化污泥使用过程中MBR反应器膜面污染机理等，开发出具有实用价值的好氧颗粒化污泥——MBR耦合技术，并用于有机废水的无害化处理。"（《浙江竟成成立高从堦院士专家工作站晋升治水领军企业》，朱斌，温州都市报，2017年11月2日）

2月，合作发明的成果"一种中空纤维扩散渗析酸回收膜的制备方法"获发明专利授权，专利权人：杭州水处理技术研究开发中心有限公司，发明人：金可勇、金水玉、高从堦。摘要如下：

> 本发明公开了一种高分子膜的制备方法，具体是指一种中空纤维扩散渗析酸回收膜的制备方法。本发明通过聚丙烯或聚丙烯腈的中空纤维超滤膜为基膜，将基膜置于等离子体室中进行等离子体活化，活化后的中空纤维基膜浸泡在苯乙烯、二乙烯苯、过氧苯甲酰的溶液中进行功能团接枝，再将功能团接枝后的中空纤维基膜以四氯化锡为催化剂进行氯甲基化，最后用三甲胺水溶液进行季氨化处理，可得到中空纤维扩散渗析酸回收膜。本发明的优点是单位面积处理能力大、做成组件占地面积小等特点，具有明显的经济效益以及环保功能。本发明所制备的膜具有广泛的应用前景。

3月，合作发表《壳聚糖季铵盐改性聚砜超滤膜的研究》[翟丁、陈可可、李洪懿、潘巧明、周勇、高从堦，水处理技术，2015，41（3），19-22]。

4月，发表《"十三五"从膜应用大国向膜技术强国转变》[独著，见中国膜工业协会，2015年4月21日；该文又载《化工管理》，2015（28），12-13]。文章提出了"十三五"期间膜技术创新的总体目标："'十三五'期间，膜技术创新应有新的突破，实现由膜应用大国向膜技术强国的转变。其中反渗透膜技术达到国际先进水平，反渗透膜国产率达到40%～60%；纳滤膜、超滤膜和微滤膜（含MBR）质量实现新突破，国内市场占有率达60%～80%。"阐述了离子交换膜、光电膜、气体分离膜、特种分离膜等领域技术的具体目标和实现路径。高从堦建议，国家要采取若干保障措施：一是鼓励支持技术创新；二是优化企业规模结构；三是制定完善行业标准；四是创新多元化投入机制。最后强调："通过'十三五'的努力，中国膜工业不仅要力争实现产值翻番目标，同时还要为膜科学研究、技术开发、产业结构优化和未来更好更快发展奠定坚实的科技和产业化基础。"

同月，合作发表《环糊精单分子或多分子层膜的制备及应用》[黄铁凡、张林、陈欢林、高从堦，化工进展，2015，34（4），1029-1036]、《新型聚（酰胺-脲-酰亚胺）反渗透复合膜的稳定性》[吴丽项、蔡志彬、陈晓林、刘立芬、朱丽芳、高从堦，高等学校化学学报，2015，36（4），765-771〕。

同月，合作完成的成果"一种硫酸钙晶种结晶装置"获实用新型专利授权，专利权人：杭州水处理技术研究开发中心有限公司，发明人：金可勇、胡鉴耿、金水玉、高从堦。摘要如下：

> 本新型专利涉及一种结晶装置，特别是一种硫酸钙晶种结晶装置。该结晶装置包含有结晶器、结晶生长管、晶体收集塔、清液排出管，结晶器底部与结晶生长管相连，结晶生长管与晶体收集塔相连，晶体收集塔与清液排出管相连，所述的结晶器包括过饱和硫酸钙溶液进口，硫酸钙晶种加入口，搅拌桨，所述的晶体收集塔中装有斜板，而且本结晶装置直接与电渗析浓缩系统相连，提供一套结构设计合理、技术效果高的、可以在线析出并收集的硫酸钙晶体结晶装置。

同月，合作发明的成果"一种电厂烟气脱硫废水处理装置"获发明专利授权，专利权人：杭州水处理技术研究开发中心有限公司，发明人：金可勇、胡鉴耿、金水玉、高从堦。摘要如下：

> 本新型专利涉及一种废水处理装置，特别是一种电厂烟气脱硫废水处理装置。本装置包括：电厂脱硫的废水出口与板框过滤器的进口连接、板框过滤器的出口与第一微孔过滤器的进口连接、第一微孔过滤器的出口与电渗析浓缩装置的进口连接、电渗析浓缩装置的出口与第二微孔过滤器的进口连接、第二微孔过滤器的出口与结晶装置的进口相连，结晶装置的溶液出口再与电渗析浓缩装置进口相连形成循环结晶系统；在电渗析浓缩装置的膜堆结构中，部分阴膜由双极膜取代，双极膜与阴膜的

数量比例为1∶10~1∶50。本装置简单、能有效回收重金属并
实现了脱硫废水真正零排放的目的。

同月，合作发明的成果"一种中空纤维扩散渗析碱
回收膜的制备方法"获发明专利授权，专利权人：杭州
水处理技术研究开发中心有限公司，发明人：金可勇、
金水玉、高从堦。

5月，领衔的浙江工业大学"膜分离与水处理协同创
新中心"入选第三批浙江省"2011协同创新中心"，资
助金额500万元。

同月，合作发明的成果"一种含水通道蛋白的复合
膜及其制备方法"获发明专利授权，专利权人：中国海
洋大学，发明人：王志宁、王熙大、王淼琪、丁万德、
高从堦。

6月1日至3日，在厦门参加由中国工程院环境与轻纺
工程学部和中国膜工业协会联合主办的"海峡两岸膜法
水处理院士高峰论坛暨第六届全国医药行业膜分离技术
应用研讨会"，并作题为《膜分离技术与浙江的五水共
治》的大会报告。

同月，合作发表《尖晶石型锂锰氧化物离子筛的制
备方法及构效性能分析》［杨珊珊、阮慧敏、沈江南、
高从堦，化工进展，2015，34（6），1690-1698，
1736］、《自组装改性聚哌嗪酰胺及其在染料废水中的
应用（英文）》［周勇、戴喆男、翟丁、高从堦，
Chinese Journal of Chemical Engineering，2015，23

（6），912-918〕、《单价选择性阳离子交换膜的研究进展》〔李健、徐燕青、阮慧敏、沈江南、高从堦，膜科学与技术，2015，35（3），113-120〕。

7月15日至22日，受台湾中原大学薄膜中心邀请，赴台湾进行学术交流，其间先后访问台湾清华大学、中原大学、台湾大学，与台湾同行一起召开了多场学术研讨会。

同月，合作发表《正渗透脱盐过程的核心——正渗透膜》〔唐媛媛、徐佳、陈幸、高从堦，化学进展，2015，27（7），818-830〕、《聚乙烯醇磷酸铵改性聚乙烯醇纳滤膜的研究》〔陈可可、翟丁、刘文超、周勇、高从堦、潘巧明，水处理技术，2015，41（7），54-56〕、《导电材料在膜分离领域中的应用》〔李洪懿、陈可可、翟丁、周勇、高从堦，科技导报，2015，33（14），18-23〕、《络合剂$FeCl_2$对制备低截留分子量聚砜超滤膜的影响》〔陈亚、周勇、高从堦，科技导报，2015，33（14），46-50〕、《BMED解离硫酸盐高效清洁制酸碱工艺》〔侯震东、林溪、阮慧敏、厉红弟、沈江南、高从堦，科技导报，2015，33（14），59-64〕、《原位离子交联聚电解质络合物纳滤膜的制备与表征》〔赵凤阳、计艳丽、安全福、高从堦，科技导报，2015，33（14），87-92〕。

同月，合作发明的成果"一种含磺酸甜菜碱型胶体纳米粒子的聚酰胺纳滤膜及其制备方法"获发明专利授权，专利权人：浙江大学，发明人：计艳丽、安全福、高从堦。摘要如下：

本发明公开了一种含磺酸甜菜碱型胶体纳米粒子的聚酰胺纳滤膜的制备方法，采用无皂乳液聚合法制备胶体纳米粒子，将其添加在合成聚酰胺膜的水相单体溶液中，通过界面聚合法制备含磺酸甜菜碱型胶体纳米粒子的聚酰胺纳滤膜。利用磺酸甜菜碱型胶体粒子独特的纳米孔洞结构和良好的亲水性，在保持聚酰胺膜对无机盐高选择性的同时，大幅度提高了膜的水渗透通量。另外，磺酸甜菜碱型胶体纳米粒子具有强抗污染性，该纳滤膜在长期运行过程中，表现出良好的稳定性和耐污染性。因此，所制备的含磺酸甜菜碱型胶体纳米粒子的聚酰胺纳滤膜具有高的选择性、渗透性和耐污染性，制膜方法简单易行、成本低廉，具有良好的工业化应用前景。

同月，合作发明的成果"一种利用海水淡化膜分离技术处理衣康酸发酵废母液的新工艺"获发明专利授权，专利权人：青岛琅琊台集团股份有限公司，发明人：李悦明、高从堦、张希铭、高学理、徐建春。

8月，合作发表《正渗透膜支撑层结构优化的研究进展》［徐佳、唐媛媛、高从堦，化学进展，2015，27（8），1025-1032］。

同月，接受《中国化工报》记者采访，解读国家海洋局发布的《2014年全国海水利用报告》。高从堦认为，制取饮用水是膜法海水淡化最经济适用的领域。

9月，合作发表《抗污染性能阴离子交换膜——21世纪初期研究进展及展望》［赵严、柳慧敏、汤恺妮、沈江南、高从堦，过滤与分离，2015，25（3），

15-21〕。

同月，在中国海洋大学化学化工学院招收王栋、董森杰、魏怡为海洋化学工程与技术专业博士研究生，招收杨洋为海洋化学专业硕士研究生。

同月，合作发明的成果"一种季铵化壳聚糖改性聚砜超滤膜的制备方法"获发明专利授权，专利权人：杭州水处理技术研究开发中心有限公司，发明人：周勇、翟丁、陈可可、高从堦。摘要如下：

> 本发明公开了一种高分子薄膜的制备方法，具体是指一种季铵化壳聚糖改性聚砜超滤膜的制备方法。本发明是通过将聚砜与无水氯化锌共同投放于N-甲基吡咯烷酮中，搅拌溶解成均一溶液A；将季铵化壳聚糖投放入二甲基亚砜中搅拌溶解成均一溶液B；采用溶液共混法，将A、B两种溶液混合成均一溶液，即所需铸膜液；将此混合溶液真空脱泡2h，静置2h，将此溶液均匀涂覆于聚酯无纺布上，用刮刀将液膜刮成均一厚度的薄膜；然后将薄膜浸没入纯水中发生相转化反应，即可得聚砜超滤膜。本发明可广泛应用于特种分离的企业。

同月，合作发明的成果"磺酸型两性聚电解质纳米粒子杂化聚酰胺纳滤膜的制备方法"获发明专利授权，专利权人：浙江大学，发明人：计艳丽、安全福、秘一芳、高从堦。

同月，合作发明的成果"一种甜菜碱胶体纳米粒子改性壳聚糖纳滤膜的制备方法"获发明专利授权，专利权人：浙江大学，发明人：安全福、计艳丽、赵凤阳、高从堦。摘要如下：

本发明公开了一种甜菜碱胶体纳米粒子改性壳聚糖纳滤膜的制备方法。纳滤膜是由多孔聚砜支撑层和甜菜碱胶体纳米粒子改性壳聚糖为功能层组成的；其制备过程为：首先通过溶液聚合反应得到甜菜碱胶体纳米粒子，再将上述纳米粒子、壳聚糖和交联剂配成一定浓度的水溶液，将其在多孔聚砜支撑膜表面浸渍一层，然后固化交联得到纳滤膜。此种纳滤膜在0.6MPa的操作压力下，其水通量为25～35L/（$m^2 \cdot h$），对二价阳离子的截留率一般高于97%，对一价盐的截留率低于60%；同时，表现出良好的耐污染性。因此，所制备的甜菜碱胶体纳米粒子改性壳聚糖纳滤膜具有高的渗透选择性和耐污染性，制膜方法简单易行、成本低廉，具有良好的工业化应用前景。

同月，合作发明的成果"含两性羧甲基纤维素钠络合物的聚酰胺反渗透膜的制备方法"获发明专利授权，专利权人：浙江大学，发明人：安全福、计艳丽、马蓉、高从堦。摘要如下：

本发明公开了一种含两性羧甲基纤维素钠络合物的聚酰胺反渗透膜的制备方法。首先，采用自由基聚合法制备两性阳离子聚合物，再通过离子交联法制备两性羧甲基纤维素钠络合物，将其添加在制备聚酰胺膜的水相单体溶液中，通过界面聚合法得到含两性羧甲基纤维素钠络合物的聚酰胺反渗透膜。利用两性羧甲基纤维素钠络合物良好的亲水性、耐污染性和独特的纳米粒子结构，在保持聚酰胺膜对无机盐高盐截留率的同时，大大提高了膜的水渗透通量和耐污染性。在25℃、1.5MPa的操作压力下，此种反渗透膜对NaCl的截留率高于97%水渗透通量大于30L/（$m^2 \cdot h$）。因此，所制备的含两性羧甲基纤维素钠络合物的聚酰胺反渗透膜具有高的盐截留率、水渗透性和耐污染性。

同月，合作发明的成果"两性聚电解质络合物表面修饰的聚酰胺反渗透膜的制备方法"获发明专利授权，专利权人：浙江大学，发明人：计艳丽、安全福、高从堦。

10月14日，参加在北京国家会议中心召开的2015年亚太脱盐技术国际论坛。

同月22日，在徐州参加由江苏省科协、浙江省科协、上海市科协及徐州市委和市政府共同主办的第十二届长三角科技论坛，并作了题为"生态城市建设与循环经济和清洁生产"的学术报告。

同月，合作发表《基于配位作用的层层自组装正渗透膜及其制备方法》［魏桐、苏保卫、高学理、高从堦，膜科学与技术，2015，35（5），35-41］。

同月，向2015年全国高分子学术论文报告会提交《新型两性聚电解质纳米分离膜材料的制备与性能研究》（计艳丽、翁晓丹、安全福、徐志康、高从堦）、《两性离子聚酰胺纳滤膜的制备及其抗生素/盐分离性能的研究》（翁晓丹、计艳丽、安全福、高从堦）等论文。

11月5日至6日，参加在杭州举行的由中国海水淡化与水再利用学会、中国工程院、中国海洋学会和新加坡国立大学共同主办的2015（第三届）西湖国际海水淡化与水再利用院士高峰论坛，论坛主题为"创新驱动发展，环境改变未来"。高从堦担任大会主席，并作了学术报告。会上，《水处理技术》期刊授予高从堦终身成就奖。《水处理技术》创刊于1975年，曾用刊名《海水淡化》，由杭州水处理技术研究开发中心有限公司、中国海水淡化与水再利用学会主办，是我国水处理行业最早的学术期刊之一。高从堦自2005年1月至2016年12月担任该刊物主编，2017年1月至今担任总编，为该期刊成为高质量的行业期刊作出很大贡献。

同月8日至9日，参加在南京召开的香山科学会议第546次学术讨论会，会议主题为"限域传质：前沿科学问题与关键技术"。

同月，合作发表《季铵化壳聚糖-交联磺化聚苯乙烯荷电纳滤膜的制备与研究》[翟丁、李洪懿、谢晓超、潘巧明、周勇、高从堦，水处理技术，2015，41（11），43-46，49]。

同月，合作发明的成果"一种硅烷或卤代硅烷改性纤维素气体分离膜的制备方法"获发明专利授权，专利权人：杭州水处理技术研究开发中心有限公司，发明人：周勇、谭喆、翟丁、高从堦。摘要如下：

> 本发明公开了一种硅烷或卤代硅烷改性纤维素气体分离膜的制备方法，通过化学改性提高材料的气体分离性能的方法。本发明将醋酸纤维素或硝基纤维素溶解于溶剂中；得到均相的聚合物溶液后，往溶液中加入硅烷或卤代硅烷；待反应完成后，将溶液用去离子水凝胶，完全凝胶后用去离子水与甲醇的混合溶液将其冲洗干净，将得到的硅烷基化纤维素溶解在溶剂中，用涂膜器在无纺布上刮制成膜，然后浸入凝胶浴中相分离成膜。此方法制备的膜有着良好的渗透性和选择性以及很好的工业化应用。

12月，合作发明的成果"一种羧酸甜菜碱型络合物改性聚酰胺纳滤膜的制备方法"获发明专利授权，专利权人：浙江大学，发明人：安全福、计艳丽、翁晓丹、高从堦。摘要如下：

> 本发明公开了一种羧酸甜菜碱型络合物改性聚酰胺纳滤膜的制备方法。首先，以羧酸甜菜碱单体和阴离子单体为功能单体，采用水相自由基聚合法制备羧酸甜菜碱型阴离子聚合物，再通过离子交联法制备羧酸甜菜碱型络合物，将其添加在制备聚酰胺膜的水相单体溶液中，通过界面聚合法得到羧酸甜菜碱型络合物改性聚酰胺纳滤膜。利用络合物良好的亲水性、耐污染性和独特的纳米粒子结构，在保持聚酰胺膜对无机盐高选择性的同时，大幅度提高了膜的水渗透通量和耐污染性。在25℃、0.6MPa的操作压力下，此种纳滤膜对二价离子的截留率高于96%，对一价离子的截留率低于30%，水通量高于45L/（$m^2 \cdot h$）。因此，所制备的羧酸甜菜碱型络合物改性聚酰胺纳滤膜具有高的分离选择性、水渗透性和耐污染性。

12月，合作发明的成果"羧甲基纤维素钠复合物填充聚酰胺纳滤膜的制备方法"获发明专利授权，专利权人：浙江大学，发明人：安全福、计艳丽、高从堦。摘要如下：

> 本发明公开了一种羧甲基纤维素钠复合物填充聚酰胺纳滤膜的制备方法。采用离子交联法制备羧甲基纤维素钠复合物，将其添加在合成聚酰胺膜的水相单体溶液中，通过界面聚合法制备羧甲基纤维素钠复合物填充聚酰胺纳滤膜。利用复合物良好的亲水性、荷电性和独特的纳米孔洞结构，在保持聚酰胺膜对无

机盐高选择性的同时，大大提高了膜的水渗透通量。此纳滤膜在0.6MPa操作压力下，其水通量为50～65L/（m²·h），对二价离子有很高的截留率，最高可达到97％，对一价离子的截留率一般低于25％。因此，所制备的羧甲基纤维素钠复合物填充聚酰胺纳滤膜具有高的分离选择性和水渗透通量，制膜方法简单易行、成本低廉，具有良好的工业化应用前景。

本年，合作发表43篇外文论文，选录其中20篇如下：

1.《Fabrication of an aquaporin-based forward osmosis membrane through covalent bonding of a lipid bilayer to a microporous support》［Wan-de Ding，Jin Cai，Zhi-yuan Yu，Qin-hu Wang，Zhi-nan Xu，Zhi-ning Wang，Cong-jie Gao；Mater. Chem. A，2015，3（40），20118-20126］。

2.《Sol-gel fabrication of a non-laminated graphene oxide membrane for oil/water separation》［Tie-fan Huang，Lin Zhang，Huan-lin Chen，Cong-jie Gao；J. Mater. Chem. A，2015，3（38），19517-19524］。

3.《A cross-linking graphene oxide-polyethyleneimine hybrid film containing ciprofloxacin：one-step preparation，controlled drug release and antibacterial performance》［Tie-fan Huang，Lin Zhang，Huan-lin Chen，Cong-jie Gao；J. Mater. Chem. B，2015，3（8），1605-1611］。

4.《Tailoring the structure of polyamide thin film composite membrane with zwitterions to achieve high water permeability and antifouling property》［Xiao-dan Weng, Yan-li Ji, Feng-yang Zhao, Quan-fu An, Cong-jie Gao; RSC Adv., 2015, 5（120）, 98730-98739］。

5.《Enhanced conductivity of monovalent cation exchange membranes with chitosan/PANI composite modification》［Jian Li, Yan-qing Xu, Meng-qing Hu, Jiang-nan Shen, Cong-jie Gao, Bart van der Bruggen; RSC Adv., 2015, 5（110）, 90969-90975］

6.《Preparation and performance of antibacterial layer-by-layer polyelectrolyte nanofiltration membranes based on metal-ligand coordination interactions》［Hong-yan Zhen, Ting-ting Wang, Rui Jia, Bao-wei Su, Cong-jie Gao; RSC Adv., 2015, 5（105）, 86784-86794］。

7.《Mixed matrix membranes containing MIL-53（Al）for potential application in organic solvent nanofiltration》［Li-fang Zhu, Hong-wei Yu, Hui-juan Zhang, Jiang-nan Shen, Li-xin Xue, Cong-jie Gao, Bart van der Bruggen; RSC Adv., 2015, 5（89）, 73068-73076］。

8.《Application of electrodialysis to remove copper and cyanide from simulated and real gold mine effluents》［Yun Zheng, Xue-li Gao, Xin-yan Wang, Zhao-kui Li, Yu-hong Wang, Cong-jie Gao; RSC Adv., 2015, 5（26）, 19807-19817］。

9.《Submerged membrane bioreactor for vegetable oil

wastewater treatment》［Zhun Ma, Ting Lei, Xiao-sheng Ji, Xue-li Gao, Cong-jie Gao; Chem. Eng. Technol., 2015, 38（1）, 101-109］。

10.《Electro-fenton degradation of methylene blue using polyacrylonitrile-based carbon fiber brush cathode》［Guang-sen Xia, Yong-hong Lu, Xue-li Gao, Cong-jie Gao, Hai-bo Xu; Clean-Soil Air Water, 2015, 43（2）, 229-236］。

11.《Fabrication of chitosan/PDMCHEA blend positively charged membranes with improved mechanical properties and high nanofiltration performances》［Yan-li Ji, Quan-fu An, Feng-yang Zhao, Cong-jie Gao; Desalination, 2015, 357, 8-15］。

12.《High-flux reverse osmosis membranes incorporated with NaY zeolite nanoparticles for brackish water desalination》［Hang Dong, Lin Zhao, Lin Zhang, Huan-lin Chen, Cong-jie Gao, W. S. Winston Ho; J. Membr. Sci., 2015, 476, 373-383］。

13.《O-（Carboxymethyl）-chitosan nanofiltration membrane surface functionalized with graphene oxide nanosheets for enhanced desalting properties》［Jia-li Wang, Xue-li Gao, Jian Wang, Yi Wei, Zhao-kui Li, Cong-jie Gao; ACS Appl. Mater. Interfaces, 2015, 7（7）, 4381-4389］。

14.《Fabrication and characterization of

polyethersulfone/carbon nanotubes（PES/CNTs）based mixed matrix membranes（MMMs）for nanofiltration application》［Li Wang, Xiang-ju Song, Tao Wang, Shu-zheng Wang, Zhi-ning Wang, Cong-jie Gao; Appl. Surf. Sci., 2015, 330, 118-125］。

15.《Comparative study on the treatment of raw and biologically treated textile effluents through submerged nanofiltration》［Qing Chen, Ying Yang, Meng-si Zhou, Mei-hong Liu, San-chuan Yu, Cong-jie Gao; J. Hazard. Mater., 2015, 284, 121-129］。

16.《An innovative backwash cleaning technique for NF membrane in groundwater desalination: Fouling reversibility and cleaning without chemical detergent》［Wen-li Jiang, Yi Wei, Xue-li Gao, Cong-jie Gao, Yu-hong Wang; Desalination, 2015, 359, 26-36］。

17.《Layer-by-layer assembly of aquaporin Z-Incorporated biomimetic membranes for water purification》［Miao-qi Wang, Zhi-ning Wang, Xi-da Wang, Shu-zheng Wang, Wan-de Ding, Cong-jie Gao; Environ. Sci. Technol., 2015, 49（6）, 3761-3768］。

18.《Improvement of overall water recovery by increasing R-NF with recirculation in a NF-RO integrated membrane process for seawater desalination》［Yue-fei Song, Xue-li Gao, Tei-mei Li, Cong-jie Gao, Jian-guo Zhou; Desalination, 2015, 361, 95-104］。

19.《Preparation of short channels SBA-15-PVC membrane and its adsorption properties for removal of uranium（Ⅵ）》［Meng-wei Gao, Gui-ru Zhu, Xing-hui Wang, Pan Wang, Cong-jie Gao; J. Radioanal. Nucl. Chem., 2015, 304（2）, 675-682］。

20.《Surface modification of polypiperazine-amide membrane by self-assembled method for dye wastewater treatment》［Yong Zhou, Zhe-lan Dai, Ding Zhai, Cong-jie Gao; Chin. J. Chem. Eng., 2015, 23（6）, 912-918］。

2016年 74岁

本年，合作主编的《海水淡化技术与工程》（高从堦、阮国岭主编）由化学工业出版社出版。该书汇聚了国内海水淡化领域的骨干单位和权威专家在科学研究和工程实践方面的诸多成果，全面呈现了海水淡化领域的技术与工程现状。

1月，合作发明的成果"一种基于纳米甜菜碱型羧甲基纤维素纳滤膜的制备方法"获发明专利授权，专利权人：浙江大学，发明人：计艳丽、安全福、赵凤阳、高从堦。

2月，合作发表《反渗透海水淡化技术现状和展望》［高从堦、周勇、刘立芬，海洋技术学报，2016，35（1），1-14］。摘要如下：

反渗透膜技术于20世纪60年代取得突破性进展，促使反渗透海水淡化在近50年间高速发展，淡化产能自20世纪90年代起激增。海水反渗透（SWRO）淡化已成为目前投资最省、成本最低的利用海水制备饮用水的过程。文中主要对海水反渗透淡化的发展状况进行了介绍，如膜和组件的改进，关键设备高压泵和能量回收装置效率的提高，多种工艺过程的不断发展，包括预处理和后处理的新工艺，以及对环境的影响和相应对策等。反渗透技术的发展也推动了其他膜分离技术的进步，并扩展其应用领域。预计在不久的将来，膜技术在海水淡化和水再利用、扩大和保护水资源、循环经济、清洁生产、改造传统产业、节能减排及提高人民生活水平等方面发挥的作用会越来越显著。

同月，合作发表《氯化锂溶液磷酸盐沉淀法除镁的热力学分析》[肖超、肖连生、曾理、高从堦，稀有金属，2016，40（2），149-154]。

3月，在北京参加《全国海水利用"十三五"规划》编制研讨会。

同月，合作发明的成果"一种纳米材料改性聚哌嗪酰胺纳滤膜的制备方法"获发明专利授权，专利权人：杭州水处理技术研究开发中心有限公司，发明人：周勇、李洪懿、翟丁、高从堦。摘要如下：

本发明公开了一种纳米材料改性聚哌嗪酰胺纳滤膜的制备方法，所述的制备方法是将带有导电态纳米聚苯胺加入哌嗪水溶液中，超声使之分散均匀，再与含有均苯三甲酰氯和亲油性纳米二氧化钛的有机溶液接触发生界面聚合反应制得改性复合纳滤膜。利用这种方法制备的纳滤膜，在对硫酸钠和氯化镁的截留率上得到了提高，最高为97.2%和88.5%，而对氯化钠的截留率则较低（<30%），表现出对一价盐和二价盐的高选择能力，同时膜片的渗透通量和防腐性能得到一定的提高。而且制得的膜表面具有较多的氨基、亚氨基活性基团以及酰胺键和纳米粒子的存在，使之具有较好的亲水性、抗污染性、电导性以及机械强度等特点，可以广泛应用于多种盐类的分离。

同月，合作发明的成果"一种改性纤维素气体分离膜的制备方法"获发明专利授权，专利权人：杭州水处理技术研究开发中心有限公司，发明人：周勇、谭喆、翟丁、高从堦。

4月，合作发表《荷正电聚乙烯亚胺纳滤膜的制备与应用》[赵凤阳、秘一芳、安全福、高从堦，化学进展，2016，28（4），541-551]、《MoS_2-CaO-O_2系热力学分析及应用》[肖超、肖连生、夏允、曾理、高从堦，稀有金属，2016，40（4），356-362]、《推压成型工艺对PTFE初生中空纤维力学性能的影响》[刘国昌、高从堦、郭春刚、陈江荣、李浩、李晓明、吕经烈，塑料工业，2016，44（4），59-63]、《耐氧化芳香聚酰胺反渗透膜的研究进展》[邴绍所、周勇、高从堦，膜科学与技术，2016，36（2），115-121]。

5月，合作发明的成果"一种高选择性聚乙烯醇纳滤膜的制备方法"获发明专利授权，专利权人：杭州水处理技术研究开发中心有限公司，发明人：陈可可、翟丁、刘文超、洪勇琦、李洪懿、周勇、潘巧明、韩子龙、叶谦、高从堦。

同月，合作发明的成果"一种聚乙烯醇超滤膜的制备方法"获发明专利授权，专利权人：杭州水处理技术研究开发中心有限公司，发明人：陈可可、洪勇琦、翟丁、刘文超、李洪懿、周勇、潘巧明、韩子龙、叶谦、高从堦。

同月，合作发明的成果"一种稀硫酸电渗析浓缩膜组器"获发明专利授权，专利权人：杭州水处理技术研究开发中心有限公司，发明人：金可勇、胡鉴耿、金水玉、高从堦。摘要如下：

> 本发明属于水处理技术领域，具体涉及一个稀硫酸浓缩的电渗析装置；该稀硫酸电渗析浓缩膜组器，包括耐酸电极、耐酸复合隔板、耐酸阳膜、阻酸阴膜。其中电极是钛涂钽铂铱电极；隔板是复合弹性隔板，由PP、PTFE制作而成；耐酸阳膜采用全氟接枝阳膜；阻酸阴膜采用丁基季胺功能团的阴膜。可对0.01%～10%的稀硫酸进行浓缩至20%以上的均相膜电渗析膜组器。

同月，合作发表《均苯三甲酰胺-胺的合成及表征》〔陈晓林、吴昊、刘立芬、高从堦，高等学校化学学报，2016，37（5），983-988〕。

6月，指导的中国海洋大学海洋化学专业博士研究生杨登峰毕业，获博士学位。

同月，合作发明的成果"一种带pH调节的均相膜电渗析组器"获发明专利授权，专利权人：杭州水处理技术研究开发中心有限公司，发明人：金可勇、胡鉴耿、金水玉、高从堦。摘要如下：

本发明涉及一种均相膜电渗析组器，本装置依次包括夹紧钢板、极液流道板、复合电极、膜堆，所述的膜堆由阴膜、弹性隔板、阳膜交替排列，构成液流隔开的浓水室和淡水室的组合，在所述的膜堆中，部分阴膜由双极膜取代，双极膜与阴膜的比例为1:5~1:20，所述的双极膜的阴膜面朝向阳极，双极膜的阳膜面朝向阴极，该发明提供了一种结构设计合理、具有防内外漏、防漏电、可调pH值的均相膜组器。

同月，合作发明的成果"一种电厂烟气脱硫废水处理工艺"获发明专利授权，专利权人：杭州水处理技术研究开发中心有限公司，发明人：金可勇、胡鉴耿、金水玉、高从堦。摘要如下：

本发明涉及一种废水处理工艺，特别是一种电厂烟气脱硫废水处理工艺。本发明的工艺过程包含有三个过程：①电厂脱硫后的废水进行板框过滤，用微孔过滤得到无悬浮物的澄清滤液。②将澄清滤液用带pH值调节功能的电渗析膜组器进行浓缩，浓缩后的淡水回用。③将浓室中的混合物进行微孔过滤，滤渣回收，滤液进入硫酸钙晶种结晶装置进行结晶，析出硫酸钙晶体。本发明的优点是工艺简单，能有效回收重金属并实现了脱硫废水真正零排放的目的。

同月，合作发明的成果"一种聚乙烯醇-聚乙烯醇磷酸铵纳滤膜的制备方法"获发明专利授权，专利权人：杭州水处理技术研究开发中心有限公司，发明人：陈可可、刘文超、翟丁、洪勇琦、李洪懿、周勇、潘巧明、韩子龙、叶谦、高从堦。摘要如下：

本发明公开了一种高分子材料膜的制备方法，具体指的是一种亲水性良好、截留率较高、水通量较高的纳滤膜的制备方法。本发明是通过将聚砜底膜用铸膜液进行处理1～3min，然后再用质量分数为1%～5%的马来酸溶液涂覆在阴干的膜上处理1～3min，将所得的膜在100℃烘箱中放置30min，制备得到纳滤膜。本发明的优点是与未添加聚乙烯醇磷酸铵的聚乙烯醇纳滤膜相比，添加聚乙烯醇磷酸铵之后，纳滤膜的水通量提高将近一倍。

同月，合作发表《电渗析耦合生化深度处理染料中间体废水》［孙湛童、何召龙、王新艳、高从堦，水处理技术，2016，42（6），55-58］、《PTFE中空纤维膜微孔结构调控技术研究进展》［刘国昌、高从堦、郭春刚、李晓明、陈江荣、刘铮、吕经烈，功能材料，2016，47（S1），38-48］。

7月，合作发明的成果"一种垃圾飞灰资源化利用系统"获发明专利授权，专利权人：湖州京兰环保科技有限公司，发明人：黄启飞、辛宝平、高兴保、王中华、刘宁生、高从堦、吴涛、沈江南、张是求。摘要如下：

本发明涉及一种垃圾飞灰资源化利用系统，它包括依次连接的固相催化脱氯解毒去除二噁英系统、膜蒸馏法脱盐系统、微生物淋浸重金属分离系统和有价金属萃取回收系统；固相催化脱氯解毒去除二噁英系统将飞灰中的二噁英去除；膜蒸馏法脱盐系统将去除二噁英的飞灰中的大量盐分去除，微生物淋浸重金属分离系统将膜蒸馏法脱盐系统获得的含水率为30%～40%的

> 含水飞灰中的有价值的金属元素进行回收，有价金属萃取回收系统将微生物淋浸出的重金属通过协同萃取技术提取有价金属得到资源化利用。本发明的垃圾飞灰经过上述系统处理，可将垃圾飞灰进行资源化利用。

7月26日至8月1日，受邀赴日本奈良参加由日本神户大学主办的第十届亚澳薄膜国际学术研讨会，这是国际膜科技界最高水平的国际会议之一，汇集了世界一流的膜领域专家及研究人士。在参会过程中，高从堦与国际同行专家交流双方研究工作进展，了解膜领域在世界范围内的最新科研成果。

8月13日至14日，在江西上饶参加"海峡两岸第五届膜科学技术高级研讨会暨研究生论坛"，并致辞。

同月，合作发表《N，N'-双（3-氨丙基）甲胺为单体的荷正电复合纳滤膜的制备与表征》［韩子龙、李俊俊、叶谦、陈涛、高从堦、潘巧明，膜科学与技术，2016，36（4），24-29，74］。

9月，在中国海洋大学化学化工学院海洋化学工程与技术专业招收宋娜、王振、周琦为博士研究生，招收孙培磊为海洋化学工程与技术专业硕士研究生，招收李传亮、凌琦为化学工程专业硕士研究生。在中南大学冶金与环境学院招收司梦莹为冶金环境工程专业博士研究生。

同月，合作发明的成果"一种氢氧化钠电渗析浓缩膜组器"获发明专利授权，专利权人：杭州水处理技术研究开发中心有限公司，发明人：金可勇、胡鉴耿、金水玉、高从堦。摘要如下：

本发明属于水处理技术领域，具体涉及一种氢氧化钠浓缩的电渗析装置；该氢氧化钠电渗析浓缩膜组器包括耐碱电极、耐碱复合隔板、耐碱阴膜、阻碱阳膜；所述的耐碱电极、耐碱阴膜、耐碱复合隔板、阻碱阳膜依次排列；本发明是对0.01%～10%的稀氢氧化钠进行浓缩至20%以上的均相膜电渗析膜组器；也可以进行经济、环保的稀氢氧化钠电渗析浓缩的运行参数。

同月26日至27日，在山东威海参加"2016年中国-欧盟医药生物膜科学与技术研讨会"，并作了题为"膜技术在医药、医疗和保健行业中的应用"的大会报告，同时提交了《纳滤回收头孢拉定母液的实验研究》（张伟、沈江南、高从堦）、《集成膜分离技术澄清中药口服液的研究》（洪海云、沈江南、高从堦）等会议论文。大会报告摘要如下：

膜分离技术是一种高效、节能、投资少、污染小的分离技术。微滤、超滤、反渗透等膜法净水技术，已经成为医疗、制药行业中制备注射液、制药用纯水/超纯水制造的主要技术。过去10多年中，膜技术在人工肾、人工肝及辅助系统、腹膜透析、人工肺、人工胰脏、人工皮肤、人工心瓣膜等重症治疗方向的应用已经获得广泛认可。在生物制药领域，膜技术在抗生素和氨基酸的生产，发酵液和培养液的澄清，生物制品的灭菌与除热源，多肽、蛋白质、酶、细胞、病毒等大分子的富集、浓缩和纯化中的作用日益显著。在中药行业，膜技术用于中药浸膏的制备、中药有效成分的富集与纯化的应用逐渐增加，为中药提取、分离、浓缩、纯化一体化工程技术的解决提供了保证。在食品饮料行业，膜技术正在成为酒类、饮料、酱油及醋等产品的澄清、脱菌、除杂的新方法。因此，医疗、制药、生物、食品及保健等行业的应用逐渐成为膜技术的重要发展方向。相对于单纯的净水方向，这些行业的被处理对象更加复杂，不仅对膜材料、组件提出新要求，而且需要膜分离与吸附、离子交换、萃取、色谱和电泳等新型分离技术进行集成，相关研究也成为国内外膜技术研究的热点。目前，医药、医疗和保健等行业仍面临着医药资源利用率低、生产工艺污染严重等问题，国内主要的膜材料还需要进口。开发新型膜材料、高效膜分离过程以及与其他工艺的集成，是提高资源利用率、发展绿色经济、提升产品品质的主要出路。

10月12日，参加在嘉兴举办的以"面向水安全保障的工程与技术创新"为主题的中国工程院第232场工程科技论坛，并作题为"膜技术在水安全保障中的应用"的报告。

同月22日至25日，参加在千岛湖举行的"第四届西湖国际海水淡化和水再利用大会"，并作题为"中国反渗透海水淡化技术的发展与展望"的报告。

11月2日至3日，在浙江宁波参加由中国工程院、浙江省人民政府、宁波市人民政府共同主办的中国工程院化工、冶金与材料工程第十一届学术会议，会议主题为"化工、冶金、材料前沿与创新"。

同月，合作研发的成果"高盐有机废水处理回用系统"获实用新型专利授权，专利权人：嘉诚环保工程有限公司，发明人：王晓磊、范国辉、押玉荣、吴江渤、张立博、安少锋、张凯锋、高从堦。摘要如下：

本专利涉及有机废水的处理，特别是指一种高盐有机废水处理回用系统。包括预处理装置及后处理装置，后处理装置包括催化氧化装置及膜处理装置，预处理装置输入端接高盐有机废水，预处理装置输出端接催化氧化装置中催化氧化塔的物料输入端，臭氧存储发生装置输出端与催化氧化塔下端连通，催化氧化塔物料输出端连通中间水池；回流管的两端分别开口于催化氧化塔内催化剂的上方及下方，催化氧化塔的顶部与臭氧存储发生装置连通，中间水池的物料输出端接膜处理装置。本专利解决了现有技术中存在的臭氧利用率低、生产成本高、膜处理装置易发生堵塞等问题。具有经过处理后的水质符合一级A排放要求、臭氧利用率高、膜处理装置故障率低等优点。

12月，合作发表《电渗析耦合蒸汽机械再压缩技术深度处理化工阻燃剂废水研究》［何召龙、王清雯、高学理、王振、王小娟、孙海静、高从堦，水处理技术，2016，42（12），43-45，49］。

同月12日，为浙江工业大学化学工程与技术专业2016级博士生作题为"反渗透技术的创新与发展"的报告。高从堦介绍了反渗透技术发展概况、膜技术领域的一些重大创新以及前沿技术，讲述了国内外膜技术先驱的科研经历，以此激发博士生对膜技术的研究热情，鼓励他们为解决我国日益突出的水资源短缺问题作出自己的贡献（《中国工程院高从堦院士为我院博士生作讲座》，浙江工业大学化学工程学院官网，2016年12月14日）。

本年，合作发表外文论文38篇，选录其中18篇如下：

1. 《Preparation of spherical mesoporous aminopropyl-functionalized MCM-41 and its application in polyamide thin film nanocomposite reverse osmosis membranes》[Gui-ru Zhu, Meng-ru Bao, Zhao-feng Liu, Cong-jie Gao; Desalin. water treat., 2016, 57 (53) , 25411-25420] 。

2. 《Recovery of chemically degraded polyethyleneimine by a re-modification method: prolonging the lifetime of cation exchange membranes》[Yan Zhao, Kai-ni Tang, Qin-qin Liu, Bart Van der Bruggen, Arcadio Sotto D'ıaz, Jie-feng Pan, Cong-jie Gao, Jiang-nan Shen; RSC Adv., 2016, 6 (20) , 16548-16554] 。

3. 《Preparation and characterization of the tolerance to acid/alkaline and anti-oil-fouling of regenerated cellulose membranes for oil-water separation》[Wan-fa Zhang, Xu Chen, Jie-feng Pan, Cong-jie Gao, Jiang-nan Shen; RSC Adv., 2016, 6 (115) , 114750-114757] 。

4. 《A novel long-lasting antifouling membrane modified with bifunctional capsaicin-mimic moieties via in situ polymerization for efficient water purification》[Li-li Zhang, Jia Xu, Yuan-yuan Tang, Jing-wei Hou, Liang-min Yu, Cong-jie Gao; J. Mater. Chem. A, 2016, 4 (26) , 10352-10362] 。

5. 《Highly stable MIL-101 (Cr) doped water permeable thin film nanocomposite membranes for water treatment》[Yuan Xu, Xue-li Gao, Qun Wang, Xin-yan

Wang, Zhi-yong Ji, Cong-jie Gao; RSC Adv., 2016, 6（86）, 82669-82675〕。

6.《Monodis persed graphene quantum dots encapsulated Ag nanoparticles for surface-enhanced Raman scattering》〔Jian Wang, Xue-li Gao, Hai-jing Sun, Bao-wei Su, Cong-jie Gao; Mater. Lett., 2016, 162, 142-145〕。

7.《Ultrasonic-assisted acid cleaning of nanofiltration membranes fouled by inorganic scales in arsenic-rich brackish water》〔Jian Wang , Xue-li Gao, Yuan Xu, Qun Wang, Yu-shan Zhang, Xin-yan Wang, Cong-jie Gao; Desalination, 2016, 377, 172-177〕。

8.《Separation and purification of L-phenylalanine from the fermentation broth by electrodialysis》〔Zhan-tong Sun, Xue-li Gao, Yu-shan Zhang, Cong-jie Gao; Desalin. water treat., 2016, 57（47）, 22304-22310〕。

9.《Comprehensive pilot-scale investigation of seawater nanofiltration softening by increasing permeate recovery with recirculation》〔Yue-fei Song, Tie-mei Li, Jian-guo Zhou, Feng Pan, Bao-wei Su, Cong-jie Gao; Desalin. Water Treat., 2016, 57（37）, 17271-17282〕。

10.《High-flux and fouling-resistant reverse osmosis membrane prepared with incorporating zwitterionic amine monomers via interfacial polymerization》〔Rong Ma, Yan-Li Ji, Xiao-Dan Weng, Quan-Fu An, Cong-Jie Gao;

Desalination, 2016, 381, 100-110〕。

11.《Enhancing the performance of aromatic polyamide reverse osmosis membrane by surface modification via covalent attachment of polyvinyl alcohol（PVA）》〔Yu-tao Hu, Kuan Lu, Fang Yan, Ya-lan Shi, Ping-ping Yu, San-chuan Yu, Shenghai Li, Cong-jie Gao; J. Membr. Sci., 2016, 501, 209-219〕。

12.《Extraction of amphoteric amino acid by bipolar membrane electrodialysis: methionine acid as a case study》〔Xi Lin, Jie-feng Pan, Mali Zhao, Yan-qing Xu, Jiu-yang Lin, Jiang-nan Shen, Cong-jie Gao, Bart Van der Bruggen; Ind. Eng. Chem. Res., 2016, 55（10）, 2813-2820〕。

13.《CaCO$_3$ scaling of oilfield produced water in "electrochemical pre-oxidation-coagulation sedimentation-fifiltration" process: reason, mechanism, and countermeasure》〔Jian Wang, Xue-li Gao, Zhao-kui Li, Yu-hong Wang, Cong-jie Gao; Desalin. Water Treat., 2016, 57（27）, 12415-12423〕。

14.《Antimicrobial polysulfone blended ultrafiltration membranes prepared with Ag/Cu$_2$O hybrid nanowires》〔Ze-hai Xu, Shuai-ju Ye, Guo-liang Zhang, Wan-bin Li, Cong-jie Gao, Chong Shen, Qin Meng*; J. Membr. Sci., 2016, 509, 83-93〕。

15.《Preparation of tubular hierarchically porous silicate

cement compacts via a tert-butyl alcohol（TBA）-based freeze casting method》［Sen-jie Dong，Wen-zhuo Zhu，Xue-li Gao，Zhen Wang，Le-yi Wang，Xin-yan Wang，Cong-jie Gao；Chem. Eng. J.，2016，295，530-541］。

16.《Novel composite anion exchange membranes based on quaternized polyepichlorohydrin for electromembrane application》［Bo Han，Jie-feng Pan，Shan-shan Yang，Ma-li Zhou，Jian Li，Arcadio Sotto Díaz，Bart Van der Bruggen，Cong-jie Gao，Jiang-nan Shen；Ind. Eng. Chem. Res.，2016，55，7171-7178］。

17.《Effect of molecular configuration of additives on the membrane structure and water transport performance for forward osmosis》［Jia Xu，Pan-pan Li，Meng-zhen Jiao，Bao-tian Shan，Cong-jie Gao；ACS Sustainable Chem. Eng.，2016，4（8），4433-4441］。

18.《Improving the water permeability and antifouling property of thin-film composite polyamide nanofiltration membrane by modifying the active layer with triethanolamine》［Fang Yan，Hao Chen，Yang Lü，Zhen-hua Lü，San-chuan Yu，Mei-hong Liu，Cong-jie Gao；J. Membr. Sci.，2016，513，108-116］。

2017年 75岁

本年，向中国海洋大学捐赠100万元人民币。高从堦本科就读于山东海洋学院（即今中国海洋大学），毕业后始终心系母校，为支持母校教育事业的发展，作出这一捐赠决定，妻子和儿子都非常支持他的这一善举。出于一贯的低调作风，高从堦要求本次捐赠不举行捐赠仪式，不颁发捐赠证书，不做任何新闻报道。事实上，这已经不是高从堦第一次捐出自己的积蓄。

　　牵头负责的中国工程院重点咨询项目"膜技术在医药、医疗和保健行业中的应用现状、前景和发展建议"项目启动。项目下设5个课题，课题组长和副组长均为院士：①"膜技术在西医药行业中的应用现状、前景和发展建议"，由沈寅初和陈芬儿分别担任组长和副组长。②"膜技术在中医药行业中的应用现状、前景和发展建议"，由欧阳平凯担任组长。③"膜技术在医疗行业中的应用现状、前景和发展建议"，由郑树森、陈香美分别担任组长和副组长。④"膜技术在保健行业中的应用现状、前景和发展建议"，由付贤智、钱旭红分别担任组长和副组长。⑤"膜材料及膜技术的发展现状、前景和建议"，由高从堦担任组长。该项目的研究价值在于，通过将膜技术应用于医药、医疗和保健行业中涉及的液体分离领域（如制药及医疗用水制备，中西药物、生物医药和保健品的提取、分离与浓缩，血液透析、净化及分离，药物释放控制，热原与病毒去除，医药、医疗和保健行业废水处理等）及气体分离领域（如空气灭菌及净化、医用膜制氧设备、膜式人工肺及其他人工脏器等），可大幅提高医药资源利用率，有效解决医药及医疗保健行业中的污染问题，并实现关键核心部件的国产化替代，对于推进我国医药、医疗和保健行业的健康快速发展将发挥重要作用。

3月21日至23日，参加在绍兴上虞举行的由中国工程院科技合作办公室、浙江省科协、浙江省经信委、浙江大学、绍兴市人民政府主办的"2017年绿色农药先进制造院士浙江行"活动。

同月，合作发表《MCM-48改性三醋酸纤维素正渗透膜的制备及性能表征》［张大鹏、姜蕾、刘兆峰、朱桂茹、高从堦，水处理技术，2017，43（3），25-28，33］、《Zr-MOF改性聚酰胺正渗透复合膜的制备与表征》［姜蕾、张大鹏、朱桂茹、高从堦，功能材料，2017，48（3），3102-3107］。

4月，合作发表《涂覆法制备高性能磺化聚醚砜混合基质膜》［余亚伟、周勇、高从堦，化工学报，2017，68（4），1676-1683］、《淡化海水后处理对金属管材腐蚀性的影响研究》［吕振华、高学理、徐源、邢磊、张雨山、高从堦，水处理技术，2017，43（4），15-18］、《双极膜电渗析法制备高纯度四甲基氢氧化铵》［侯震东、张伟、潘杰峰、沈江南、高从堦，水处理技术，2017，43（4），42-46，49］。

同月，合作发明的成果"一种双极膜电渗析再生钠型分子筛系统及其使用方法"获发明专利授权，专利权人：浙江工业大学，发明人：沈江南、林溪、周玛丽、高从堦、赵严。摘要如下：

> 本发明公开了一种双极膜法电渗析再生钠型分子筛系统，所述系统包括双极膜电渗析器、碱液罐、料液罐、酸液罐、脱钠离子交换柱；脱钠离子交换柱包括空心腔体、上盖、下盖；空心腔体的上端、下端分别与上盖、下盖螺纹密封连接；上盖设有第一通孔，下盖设有第二通孔，第一通孔、空心腔体、第二通孔形成液体通道；空心腔体内壁沿圆周方向设有2个平行的环形台阶，分别用于放置2个多孔板；第一通孔处设有上端pH传感器、第二通孔处设有下端pH传感器。本发明可实现钠型分子筛在线连续离子交换脱钠，可以有效提高钠型分子筛脱钠效果，节约脱钠费用。

同月24日，参加首届中国特种工程塑料高端论坛，并作主题演讲。

5月，合作发表《抗污染抑菌性聚酰胺纳滤膜的制备及性能表征》〔孙海静、高学理、王剑、王小娟、高从堦，中国海洋大学学报（自然科学版），2017，47（5），88-93〕。

6月，合作发表《界面聚合法制备TFN NF膜研究进展》〔张慧娟、沈江南、高从堦，过滤与分离，2017，27（2），6-8，13〕。

7月24日至28日，受邀赴加拿大滑铁卢大学进行学术交流，此行访问了滑铁卢大学膜和膜分离研究实验室和化工系，并参加多场学术讨论会议。

同月29日至8月4日，受邀参加在美国旧金山召开的第11届国际膜与膜过程会议（ICOM 2017），并向会议提交《Bio-inspired anions selective channel through

synthesis of thermosensitive and negative block-copolymer》
（C. J. Gao，Y. Zhao，Y. L. Jin，H. M. Liu，B. V. Bruggen）。

8月，合作发表《中药膜技术的"绿色制造"特征、国家战略需求及其关键科学问题与应对策略》〔郭立玮、邢卫红、朱华旭、高从堦、唐志书、丁菲、杨积衡、孙静、李博，中草药，2017，48（16），3267-3279〕。摘要如下：

中医药是我国具有原创优势的科技领域，中医药继承创新研究已被提升为国家科技战略。膜技术适应中药药效物质整体、多元特征的优势，可充分实现中药资源的核心价值；并具有高效、节能、无污染等特点。中医药膜科技具有重大国家科技战略需求，是我国中药制药工业亟须推广的高新技术。紧密围绕膜技术在中药制药工业的产业化应用，对所开展的中药"绿色制造"关键技术研究——"基于膜过程的中药制药分离工程技术体系与应用"进行概述，针对中药工业生产中制剂前处理环节存在的生产效率低、药材利用率低、能耗大、污染高、灭菌效率低等共性问题，基于中成药生产过程特点、工程原理和规律，以膜科学技术为核心，通过构建"中药溶液环境"科学假说，引进复杂系统科学原理，建立基于计算机化学方法的中药膜传质过程研究方法；针对中药膜技术工程化应用瓶颈，构建面向中药物料的"膜过程优化"技术集成等策略，开展中成药生产中节能、降耗、减排、工艺优化等关键技术与装备的研发，形成基于膜过程的具有自主知识产权的中药"绿色制造"系列关键共性技术，建立符合中药特点的环境友好生产线，实现了中药工业生产中制剂前处理"提取、精制、浓缩"等环节的高效、环保、稳定与智能控制。中药膜技术以水为基本溶剂，可保留中医传统用药特色，所研制的膜技术及其成套设备已推广至全国29个省市，产生了显著的社会效益和经济效益。膜技术完全符合建设资源节约型和环境友好型社会，以及循环经济的发展思路，是名副其实的中药"绿色制造"关键技术，对推动我国中药制药行业的技术进步，提升劳动生产率和资源利用率具有重要作用，具有广阔的推广应用前景。

同月，合作发表《有机纳米颗粒改性聚酰胺反渗透膜的制备与研究》[叶谦、张家恒、陈可可、潘巧明、高从堦、李洪懿，水处理技术，2017，43（8），69-72]。

9月，在中国海洋大学化学化工学院招收孙湛童、雷霆为海洋化学工程与技术专业博士研究生，招收孙胜伟为高分子化学与物理专业硕士研究生。

同月，合作发明的成果"一种嵌段聚合物共组装均孔膜的制备方法"获发明专利授权，专利权人：浙江工业大学，发明人：易砖、周勇、高从堦。摘要如下：

本发明涉及一种嵌段聚合物共组装均孔膜的制备方法。所述方法如下：将以聚苯乙烯为疏水嵌段的两种嵌段共聚物溶解到混合溶剂中形成铸膜液，在室温下静置陈化后，通过刮膜机将铸膜液流延成薄膜，在空气中静置15～300s，然后浸入到凝固浴中固化形成均孔膜。通过该方法制备的嵌段聚合物均孔膜的特点在于，是由两种嵌段共聚物共混组装形成，和现有技术方案相比，本发明是一种实现对均孔膜进行原位改性和功能设计的新方法。

同月28日，参加在浙江海宁举办的由中国石油和化学工业联合会主办的2017中国化工新材料产业创新发展大会，并就"高性能膜材料'十三五'重点创新研发"作了主题报告。

10月27日，为浙江工业大学海洋技术专业2016级本科生讲课，主题"膜分离科技的进展简谈"。高从堦针对本科生的特点，从膜的材料选择、制备、膜的结构和性能的表征、膜的分离机理以及膜的应用等多个方面进行深入浅出的讲解。为了让同学们对膜有直观的认识，高从堦特地带了两片海水淡化膜到课堂上，展示给同学们。本次讲座是一次对海洋技术专业学生的很好的专业教育课，激发了他们对膜技术的兴趣，提升了他们的专业抱负水平，拓宽了他们的学术视野（《高从堦院士为海洋技术专业2016级同学讲课》，浙江工业大学海洋学院官网，2017年10月27日）。

同月29日至30日，参加在杭州举行的第五届西湖国际海水淡化与水再利用大会，担任大会主席，并作题为"中国膜产业发展现状"的报告。高从堦认为："中国膜产业已经进入一个快速成长期，反渗透、超滤、微滤等膜技术在能源电力、有色冶金、海水淡化、给水处理、污水回用及医药食品等领域的工程应用规模迅速扩大。"他建议："下一步要提高膜行业的创新意识和创新能力，以新材料、新技术研发提升产业竞争力。同时高校、科研院所和企业应根据各自优势，引进和培养并举，形成结构合理的人才梯队。"（《高从堦院士认

为：中国膜产业已经进入一个快速成长期》，中国膜工业协会，2017年10月30日）

12月16日，在南京工业大学参加"面向制浆造纸废水零排放的多膜集成技术与应用""新型气固分离膜的设计、制备和工程应用"与"面向溶剂脱水的高性能分子筛膜制备与应用技术"等三个项目的科技成果鉴定会，并担任鉴定委员会主任委员（南京工业大学新闻网，2017年12月25日）。

12月，合作发表《一种荷负电复合纳滤膜的制备及表征》[张家恒、李俊俊、叶谦、陈可可、高从堦、潘巧明，水处理技术，2017，43（12），61-65]。

本年，合作发表外文论文36篇，选录其中18篇如下：

1.《Sulfated polyelectrolyte complex nanoparticles structured nanoflitration membrane for dye desalination》[Chun-Chun Ye, Feng-Yang Zhao, Jia-Kai Wu, Xiao-Dan Weng, Pei-Yao Zheng, Yi-Fang Mi, Quan-Fu An, Cong-Jie Gao；Chem. Eng. J., 2017, 307, 526-536]。

2.《Aggregation suppressed thin film nanocomposite （TFN）membranes prepared with an in situ generation of TiO_2 nanoadditives》[Shu-jie Wang, Zhuan Yi, Xue-ting Zhao, Yong Zhou, Cong-jie Gao；RSC Adv., 2017, 7（42）, 26136-26144]。

3.《Alleviation of water flux decline in osmotic dilution by concentration-dependent hydraulic pressurization》[Qun

Wang, Xue-li Gao, Yu-shan Zhang, Jian Wang, Yuan Xu, Zhi-yong Ji, Xin-yan Wang, Cong-jie Gao; Chem. Eng. Res. Des., 2017, 117, 593-603〕。

4.《CO_2 separation membranes with high permeability and CO_2/N_2 selectivity prepared by electrostatic self-assembly of polyethylenimine on reverse osmosis membranes》〔Jing Sun, Zhuan Yi, Xue-ting Zhao, Yong Zhou, Cong-jie Gao; RSC Adv., 2017, 7（24）, 14678-14687〕。

5.《Water flux surge of thin film composite forward osmosis membrane via simple prepressing method in spacer-filled channels》〔Qun Wang, Xue-li Gao, Yang Yang, Yu-shan Zhang, Jian Wang, Yuan Xu, Zhan-tong Sun, Xin-yan Wang, Cong-jie Gao; J. Taiwan Inst. Chem. E., 2017, 71, 260-264〕。

6.《Enhanced both perm-selectivity and fouling resistance of poly（piperazine-amide）nanofiltration membrane by incorporating sericin as a co-reactant of aqueous phase》〔Yi-yu Pan, Run-ping Xu, Zhen-hua Lü, San-chuan Yu, Mei-hong Liu, Cong-jie Gao; J. Membr. Sci., 2017, 523, 282-290〕。

7.《Concentration performance and cleaning strategy for controlling membrane fouling during forward osmosis concentration of actual oily wastewater》〔Lei Lü, Jia Xu, Bao-tian Shan, Cong-jie Gao; J. Membr. Sci., 2017, 523, 15-21〕。

8.《High efficient removal of dyes from aqueous solution through nanofiltration using diethanolamine-modified polyamide thin-film composite membrane》[Mei-hong Liu, Qing Chen, Kuan Lu, Wen-qiang Huang, Zhen-hua Lü, Chou-mou Zhou, San-chuan Yu, Cong-jie Gao; Sep. Purif. Technol., 2017, 173, 135-143]。

9.《Enhanced desalination performance of carboxyl functionali zed grapheme oxide nanofiltration membranes》[Yi-qing Yuan, Xue-li Gao, Yi Wei, Xin-yan Wang, Jian Wang, Yu-shan Zhang, Cong-jie Gao; Desalination, 2017, 405, 29-39]。

10.《Hybrid RED/ED system: Simultaneous osmotic energy recovery and desalination of high-salinity wastewater》[Qun Wang, Xue-li Gao, Yu-shan Zhang, Zhao-long He, Zhi-yong Ji, Xin-yan Wang, Cong-jie Gao; Desalination, 2017, 405, 59-67]。

11.《Preparation of amidoxime functionalized SBA-15 with platelet shape and adsorption property of U（Ⅵ）》[Guo-jia Ji, Gui-ru Zhu, Xing-hui Wang, Yu-lin Wei, Jun-sheng Yuan, Cong-jie Gao; Sep. Purif. Technol., 2017, 174, 455-465]。

12.《Enhanced performance of cellulose triacetate membranes using binary mixed additives for forward osmosis desalination》[Xing Chen, Jia Xu, Jin-ren Lu, Bao-tian Shan, Cong-jie Gao; Desalination, 2017, 405,

68-75〕。

13.《TpPa-2-incorporated mixed matrix membranes for efficient water purification》〔Li-na Xu, Jia Xu, Bao-tian Shan, Xiu-lin Wang, Cong-jie Gao; J. Membr. Sci., 2017, 526, 355-366〕。

14.《Novel thin-film composite membranes via manipulating the synergistic interaction of dopamine and m-phenylenediamine for highly efficient forward osmosis desalination》〔Li-na Xu, Jia Xu, Bao-tian Shan, Xiu-lin Wang, Cong-jie Gao; J. Mater. Chem. A, 2017, 5 (17), 7920-7932〕。

15.《Separation of divalent ions from seawater concentrate to enhance the purity of coarse salt by electrodialysis with monovalent-selective membranes》〔Wei Zhang, Meng-jie Miao, Jie-feng Pan, Arcadio Sotto, Jiang-nan Shen, Cong-jie Gao, Bart Van der Bruggen; Desalination, 2017, 411, 28-37〕。

16.《Process economic evaluation of resource valorization of seawater concentrate by membrane technology》〔Wei Zhang, Meng-jie Miao, Jie-feng Pan, Arcadio Sotto, Jiang-nan Shen, Cong-jie Gao, Bart Van der Bruggen; ACS Sustainable Chem. Eng., 2017, 5 (7), 5820-5830〕。

17.《Production of aldonic acids by bipolar membrane electrodialysis》〔Jie-feng Pan, Meng-jie Miao, Xi Lin,

Jiang-nan Shen，Bart Van der Bruggen，Cong-jie Gao；Ind. Eng. Chem. Res.，2017，56（27），7824-7829］。

18.《A novel UV-crosslinked sulphonated polysulfone cation exchange membrane with improved dimensional stability for electrodialysis》［Ma-li Zhou，Xu Chen，Jie-feng Pan，Shan-shan Yang，Bo Han，Li-xin Xue，Jiang-nan Shen，Cong-jie Gao，Bart Van der Bruggen；Desalination，2017，415，29-39］。

2018年 76岁

本年，获2017年度浙江省科学技术重大贡献奖。

浙江省科学技术重大贡献奖每两年评审一次，获奖者每次不超过3人，是浙江省给予全省科学家的最高个人奖励。据《浙江省科学技术奖励办法》第六条："浙江省科学技术重大贡献奖授予符合下列条件之一的个人：（一）在当代科学技术前沿取得重大突破或在科学技术发展中有重大成就的；（二）在特定领域或者项目的科学技术创新及其成果推广应用中有重大贡献，并取得巨大经济效益、社会效益或生态效益的。"

高从堦的重大贡献如下：

从事膜技术研究开发工作近50年，是我国分离膜的开拓者之一，承担包括国家"七五"和"八五"科技攻关项目、973计划、863计划、国家自然科学基金、中国工程院咨询项目、浙江省重点科技项目等近20项，组建重要学术团队2个，引领了我国膜分离技术的发展。

始终围绕膜分离性能与膜材料微结构的关系、膜材料的微结构形成机理与控制方法、应用过程中膜材料微结构的演变规律三个关键科学问题开展研究，完善面向不同应用过程的膜材料设计与制备理论框架，在膜材料的基础理论研究方面取得了重要突破，形成了一系列原创性的膜材料和专有制备技术，包括高性能的反渗透膜、纳滤膜、超滤膜、离子交换膜等，指导创建了我国膜材料设计与制备、膜组器制作的技术平台，为我国开发具有自主知识产权的高性能分离膜、组器及推广应用奠定了基础，并且极大地推动了我国膜科学与技术这一新兴学科的建设和发展，以及与化学工程与技术、高分子化学、海洋化学等一级学科的交叉研究。

在基础研究、应用基础研究方面的贡献主要体现在以下五方面：①反渗透复合膜相关的应用基础研究。②荷电膜结构和性能研究。③优先吸附-促进传递的研究。④离子交换膜、双极膜及其性能研究与应用。⑤正渗透膜及其性能研究。

在科学技术创新、科学技术成果转化和高技术产业化方面的贡献及成果主要有以下六方面：①反渗透CTA中空纤维膜与组器的研制和应用。②反渗透复合膜与组器的研制和应用。③纳滤膜的工程技术开发和应用。④荷电膜的开发和应用。⑤离子交换膜和双极膜的开发与应用。⑥人工肾反渗透水处理（医疗用）装置的开发与应用。

先后组建两个重要团队：一是海水淡化膜技术应用创新团队；二是膜分离与水处理协同创新中心。2009年，高从堦作为团队带头人，由牵头单位杭州水处理技术研究开发中心申报成功浙江省重点创新团队——海水淡化膜技术应用创新团队。该团队建立了国内一流的膜法海水淡化队伍；建成了浙江省海水淡化技术研究重点实验室、浙江省海水淡化产业技术创新战略联盟、国家海水淡化产业联盟（东南海）和国家海水淡化产业发展试点基地等公共科技创新服务平台和产学研相结合的示范基地；不断开发出面向实际应用的新材料、新技术、新产品、新工艺和新装备，为浙江省海洋新兴产业发展做出了重要贡献。2014年，组建了膜分离与水处理协同创新中心，并入选浙江省第三批2011协同创新中心，构建了校所企及国家间深度融合的新型协同创新体，培养了一批人才，汇聚了一批高水平创新团队，突破了一些重大关键共性技术，形成了一些技术先进、国内外市场占有率高的产业化成果，成果应用覆盖20余省市200多家用户，社会效益和经济效益显著，先后获得多项国家技术发明奖、国家科技进步奖及省部级科技奖励。创新中心的建设与发展有力提升了膜分离与水处理领域人才、学科、科研、平台、产业协同创新和发展的能力。

1月，合作发表《氧化石墨烯掺杂反渗透混合基质膜制备及性能》[陈贤鸿、傅倍佳、钟明强、徐立新、周勇、高从堦，化工学报，2018，69（1），429-434]。

2月，合作发明的成果"一种反渗透复合膜及其制备方法"获发明专利授权，专利权人：浙江工业大学，发明人：刘立芬、陈晓林、周勇、高从堦。

3月，合作发表《β-环糊精改性反渗透膜及其在沼液浓缩中的应用》[赵艳艳、易砖、周勇、高从堦，发酵科技通讯，2018，47（1），10-15，57]。

4月11日，参加在浙江省人民大会堂举行的2017年度浙江省科学技术奖励大会。

同月，发表自述文章《伴随着祖国的膜科技事业一起成长》（见青岛政协微信公众号，2018年4月16日），全文如下：

有人说我们居住的地球其实是一个充满各种水的"水球"，但占据了地球表面积大半的水资源中，淡水资源却少之又少，几个世纪以来，因为淡水而发生的战争、冲突越演越烈。"向大海要淡水"成为人类解决淡水危机、实现可持续发展必须解决的技术樊篱。而要做到这一点，借助于分离膜是行之有效、科技含量最高的方法。我有幸与膜技术结缘，并倾尽毕生努力与之一起成长。

我出生在山东即墨的一个富裕中农家庭。1957年，我以较好的成绩考进了青岛九中的高中部。该校学风崇尚"求实严谨"，对我后来的发展产生了重要的影响。特别是知识渊博的化学老师刘宗锷，他把很多大学里的化学课程都讲给我们听。假期里，他还带着我们勤工俭学，从藻类中提取一种胶质卖给化工厂。从那时候起我就开始被化学的神奇魅力深深地吸引了。高中毕业时，名列前茅的我怀着对化学事业的无限憧憬准备报考一所北京的大学深造，然而由于自己出身于富裕中农家庭，不符合当时高校招生"又红又专"的原则，我失去了去北京上学的机会。但是成绩优异的我还是以第一名的成绩考入了山东海洋学院（现中国海洋大学）化学系，从此开始了我致力于海洋化工的事业之路。

在山东海洋学院，我有幸遇到了化学系系主任闵学颐教授，他是中国膜技术研究的奠基人之一，在我国化学界可谓举足轻重。能遇到这样的名师，我感到万分庆幸。我对闵老师最深的印象就是他治学严谨，对什么事情都要求做到苛刻的程度。最让我感念他的是，他能把握海洋化学发展的新方向，并着力培养海洋化学的前沿性人才。而中国的海水淡化研究，最早正是闵学颐教授带领包括我在内的一批海洋化工研究者，从实验室开始做起来的。

1965年，我从山东海洋学院毕业后进入国家海洋局第一海洋研究所工作。说来也巧，我工作不久，我国为了进行海水淡化的科研工作，于1967年由科技部门组织了全国海水淡化大会战，在国家海洋局第一研究所领导和有关教授的推荐下，我参加了这次会战。当时，世界上第一张有实用价值的反渗透膜，已于60年代初诞生。而中国组织会战的目标，是直接从海水中获取淡水。为此，我一投入会战，就和同事们一起，参与了膜的研究与开发。我们研制的膜，是一种叫作"不对称醋酸纤维素板式和管式反渗透膜"。在中国科学院化学研究所朱秀昌教授和海军某部石松专家的指导之下，通过两年时间的艰辛努力，我终于和大家一起顺利地实现了会战的预定目标，出色地完成了科研任务。

1970年春天，国家有关部门为了积蓄力量，更深入地进行海水淡化的研究开发，将会战的主力从青岛移师杭州。作为会战的重要科研骨干，我第一批赴杭，自此远离家乡山东，扎根于西子湖畔，专心致志地投入膜技术的研究中。

1974年，在技术专家石松的鼎力推荐下，我担任了"CTA中空纤维反渗透膜和组器研究"课题负责人，并与同事们一起，克服资料少、原料短缺、设备供应紧张等困难，经过长达8年的努力，终于攻克了一系列关键难题，为"透过一张膜，海水变淡水"的反渗透分离技术在我国的深入发展奠定了扎实的基础。

1982年，我以访问学者的身份赴加拿大滑铁卢大学进行为期两年多的进修学习。为了不辜负祖国和人民的期望，努力掌握国际膜技术的发展趋势，在留学期间，我发奋图强，刻苦学习，终于独立完成了有关荷电膜研究的2篇科研论文，在国际上首次采用"离子交联复合法及功能团等当量反应复合法"成膜，并与其他几位同志一起，为我国荷电膜的性能测试和实际应用做出了应有的贡献。

1984年回国后，我主持了国家科技攻关项目"中盐度苦咸水淡化用反渗透膜及组器研究"，该项目在1991年获得国家海洋局科技进步奖一等奖，并于1992年与其他3个课题合并为"国家反渗透膜装置及工程技术开发"项目，荣获国家科技进步奖一等奖。我作为第一完成者，受到当时江泽民总书记、李鹏总理等国家领导人的亲切接见。

1988年至1989年，我承担国家归国人员科技活动资助项目"荷电膜及性能研究"，组织开展了有关膜的孔径控制、荷电方法、荷电强弱、亲疏水平衡和荷电膜结构性能表征等方面的基础研究和应用研究，提出了国内外未见报道的新途径，以不同方法研制出了多种荷电膜，经实际推广应用，经济和社会效益相当显著。1991年，我参加了国家"八五"科技攻关计划论证。作为"反渗透复合膜研制"专题负责人，我领导全体成员设计和建造了自动化程度较高的大型支撑膜的制膜机和复合膜机，进行了复合膜的放大试验，为工业化放大奠定了良好的基础。1991年至1994年，我进行了"纳滤膜"的研究开发，并与有关企业合作进行了"纳滤纯化和浓缩染料"的研究开发。从分离纯化小试、膜器的选择、工艺过程选定设计到现场试验和应用，历时3年，取得了良好的效果。当时在国内这一新项目研究尚属首次，在国际上也属少见。

……

近些年来，我与课题组同事们开发的中空纤维反渗透膜与组件，早已形成了规模化生产。这些成果广泛应用于锅炉给水软化、医药生产用纯水和电子工业用超纯水的制备，以及各种饮料用水的净化、营养品、化妆品用水的生产，并已达到世界先进水平。

我的成功是幸运的，离不开党和国家的支持，离不开导师和同事们的帮助。但是，我想说，幸运只属于勤奋进取、勇攀科学高峰的人。

随着当今社会的可持续发展，膜科技的研究与开发，正在展现出一个越来越光辉的灿烂前景。愿有更多的人加入祖国的膜科技事业中来!

同月19日至21日，参加在西安举办的由中国膜工业协会工程与应用专业委员会和陕西省膜分离技术研究院主办的2018全国新膜与新膜过程及其应用研讨会，并就"膜分离科技进展"作主题演讲。

同月24日至26日，在上海参加"中国化工学会过滤与分离专业委员会成立大会暨过滤与分离产业技术协同创新论坛"，并作大会主题报告。

5月7日至9日，在北京参加由中国膜工业协会主办的"2018年中国膜产业发展峰会"，并作题为"国内外膜产业现状与发展"的大会报告。

同月10日，参加巨化集团院士专家报告会，并就"膜分离技术在化工中的应用"作专题报告。

同月28日，中国科学院第十九次院士大会、中国工程院第十四次院士大会在北京召开，习近平总书记出席大会并作了重要讲话。

高从堦参加了大会，并在大会结束后接受了《中国海洋报》记者的采访，他说："作为我国海水利用领域的科技工作者，我体会到沉甸甸的责任感和使命感。"高从堦就海洋科技创新、海水利用产业面临的挑战与机遇等话题发表了自己的观点。谈到如何加强我国海洋基础科学研究、提升海洋科技创新体系整体效能，高从堦认为，不仅要超前谋划，瞄准世界科技前沿，下好"先手棋"，而且还要立足当前，加快自主创新成果转化应用，着力增强自主创新能力。海洋科技涉及面宽、领域广，要下好这盘棋，就要通盘考虑，一体化思考。高从堦认为，提升海洋科技创新体系整体效能，需要在近海、大洋、南北两极以及海洋空间观测、海洋装备、海底矿产及能源等领域进行核心技术的创新研发，形成全方位的高效观测、勘探和开发能力，形成海洋经济和国家海上安全的科技工程创新支撑体系，服务于海洋强国建设。高从堦提出要"突破关键核心技术和打造产业链"，按照建设海洋强国的重大战略部署，以国家、社会对海水利用发展的迫切需求为牵引，坚持自主创新、协同发展，突破海水利用关键核心技术、装备，构建我国自主海水利用技术、装备、标准体系；坚持政、产、学、研、金有机结合，打造产业链条，促进产业集聚，发展壮大海水利用战略性新兴产业，使之成为满足沿海城市和海岛军民与工业用水需求的重要选择和新的海洋经济增长点（摘自《高从堦院士：海水利用要通盘考虑下好科技创新这盘棋》，中国海洋报网，2018年6月15日）。

6月22日，参加由湖州经济技术开发区主办、浙江工业大学膜分离与水处理协同创新中心湖州研究院承办的湖州市膜产业园项目引进及投资意向座谈会。高从堦在会上指出："膜产业是当今社会战略性新兴产业，膜技术在电子、信息、医用、环境、保健、日常生活等方面作出了巨大的贡献。2017年，全国膜产业总产值已达到1968亿元，预计在2018年，膜产业总产值将达到3000亿元，市场份额重大。""我们要力保膜产业的高质量发展，注重品牌建设，建立自己的国家名牌膜产品，打破国外膜（如陶氏、GE等）的垄断地位。湖州是我国膜产业的发祥地之一，同时也是'两山'理论的诞生地，膜技术的发展与应用是践行'两山'理论，实现绿色智造产业发展的有力举措。此外湖州具有多年的膜产业基础和膜技术经验，有信心也有能力打造现代化膜产业示范基地。"（《湖州市膜产业园项目引进及投资意向座谈会顺利在湖召开》，浙江工业大学膜水中心湖州研究院，2018年6月25日）

同月，合作发表《PEI交联的PECH/nylon复合阴离子交换膜的制备及性能研究》［姜玉良、刘元伟、韩波、阮慧敏、沈江南、高从堦，化工学报，2018，69（6），2744-2752］、《氨基酸脱色工艺中的膜清洗研究》［邵俊、许浩、王佳倩、王书浩、翟丁、周勇、高从堦，发酵科技通讯，2018，47（2），75-81］。

7月2日至9日，赴澳大利亚布里斯班参加第11届亚澳薄膜国际学术研讨会（AMS11），并前往澳大利亚麦考瑞大学进行学术交流。

同月，合作完成《单价选择性离子交换膜结构及其分离性能调控技术》，成果完成人：沈江南、潘杰峰、阮慧敏、徐燕青、高从堦，第一完成单位：浙江工业大学。该成果主要内容为：①揭示了层层电沉积调控离子交换膜表面结构和性能的影响机理。②揭示了基于界面处共价交联型膜材料的制备及高效分离机理。③开发了内部微结构调控技术探索其高效分离和稳定结构的机理。④探索了贻贝仿生技术揭示孔径筛分和静电排斥高效分离机制。⑤引入了石墨烯多层荷电复合调控以及新型分离机制。

同月，合作发明的成果"氧化石墨烯量子点功能球纳米粒子，其改性的聚酰胺反渗透膜/纳滤膜及制备方法"获发明专利授权，专利权人：中国海洋大学，发明人：高学理、王剑、孙海静、徐源、王群、魏怡、高从堦。摘要如下：

> 本发明公开了一种氧化石墨烯量子点功能球纳米粒子，其改性的聚酰胺反渗透膜/纳滤膜及制备方法。氧化石墨烯量子点功能球纳米粒子包括以带正电荷纳米粒子为支撑的球核和层层包裹所属球核的氧化石墨烯量子点，通过向带正电荷纳米粒子分散液中缓慢加入石墨烯量子点分散液，然后离心沉淀分离纯化制备；基于上述功能球纳米粒子的改性聚酰胺反渗透膜/纳滤膜，是在反渗透/纳滤膜聚酰胺分离层中镶嵌上述氧化石墨烯量子点功能球纳米粒子，其可用于海水及苦咸水淡化、海水及苦咸水的软化、饮用水处理、污水深度处理等领域。这种球壳状的异形纳米通道拥有多个进出口能够提高膜的水通量。

8月，合作发表《膜法电容去离子技术用于水溶液中单/多价阴离子的分离》［潘杰峰、郑瑜、丁金成、施文慧、沈江南、高从堦，化工学报，2018，69（8），3502-3508］。

9月，与泉州水务集团福建蓝深环保公司合作建立院士工作站。次年，该工作站获批为省级院士工作站。2022年，成为福建省示范院士专家工作站。

同月，在中国海洋大学化学化工学院海洋化学工程与技术专业招收博士研究生李树轩、魏杨杨。

同月，合作发明的成果"基于半互穿聚合物网络的PECH/PVDF阴离子交换膜的制备方法"获发明专利授权，专利权人：浙江工业大学上虞研究院有限公司、浙江工业大学，发明人：沈江南、韩波、杨珊珊、周玛丽、高从堦。

同月，合作发明的"一种飞灰无害化处理资源化再生利用装置及处理方法"获发明专利授权，专利权人：湖州京兰环保科技有限公司，发明人：黄启飞、高兴保、高从堦、王中华、杨玉飞。摘要如下：

> 本发明公开一种飞灰无害化处理资源化再生利用装置及处理方法，它包括依次连接的固相催化脱氯解毒去除二噁英系统、垃圾焚烧飞灰三级水洗脱盐系统、去除重金属系统、膜蒸馏浓缩系统和盐结晶系统；固相催化脱氯解毒去除二噁英系统将飞灰中的二噁英去除；垃圾焚烧飞灰三级水洗脱盐系统将去除了二噁英的飞灰中的大量盐分去除，经过水洗之后的三级水洗滤液中还有部分重金属残留；去除重金属系统将三级水洗滤液中含有的大量钙镁离子及少量重金属离子去除，得到除重金属后的上清液；膜蒸馏浓缩系统将上清液进行蒸馏产水回用，并生成浓缩液；盐结晶系统将浓缩液进行蒸发结晶，得到含水7%结晶盐和冷凝水。本发明可将飞灰无害化处理，且可实现资源化利用。

同月，受邀赴英国伦敦参加第二届膜科学与技术国际会议，并作主题演讲。

10月，合作发表《聚乙烯醇膜改性研究进展》〔郭

森、王书浩、周勇、高从堦，水处理技术，2018，44
（10），1-5]。

11月，合作发表《基于NaA分子筛的聚酰亚胺-氨酯
反渗透复合膜改性研究》[刘立芬、张潇、谢欣、李蕊
含、高从堦，有机化学，2018，38（11），3127-
3139]。

12月，合作发表《1种复合纳滤膜的性能及其耐氯性
研究》[张家恒、刘逸、李俊俊、刘文超、高从堦、潘
巧明，水处理技术，2018，44（12），76-80，85]。

同月，中国工程院重点咨询项目"膜技术在医药、
医疗和保健行业中的应用现状、前景和发展建议"结
项。经过80多名研究人员（含10名院士）的努力，项目
组完成了约15万字的研究报告，该报告在深入调研的基
础上，对我国膜技术在西药、中药、医疗和保健行业中
的应用现状和发展前景进行了全面的综述，对存在问题
进行了切中肯綮的分析，最后从政策、技术、市场、平
台等四个维度提出了发展对策，对我国膜技术在上述行
业中的应用和发展具有指导作用和参考价值。

本年，向国家基金委建议开展"优先选择-强化和促
进传递"的研究。高从堦建议，可设立重点或重大基金
项目，优先选择有孔径、吸附、亲和、亲疏、螯合、排
斥、键合、反应等，强化和促进传递包括温度、浓度、
pH、压力、电、磁、光、声、搅动、扰动、抗污染、去
极化等以及它们之间的合理组合。高从堦建议选拔一个
有能力、有威信的科研骨干担任负责人，组织精兵强

将，用大数据、分子模拟等先进手段，从不同膜过程的热力学和动力学分析入手，形成一批定性和定量的阐述和精确合理的表达式等，形成我们自己的一些特色，促进膜的传递机理和强化的发展，同时带动和指导膜材料和过程的进展。

本年，合作发表49篇外文论文，选录其中26篇如下：

1.《Separation and antifouling properties of hydrolyzed PAN hybrid membranes prepared via in-situ sol-gel SiO_2 nanoparticles growth》［Yu-tao Hu, Zhen-hua Lü, Chao Wei, San-chuan Yu, Mei-hong Liu, Cong-jie Gao; J. Membr. Sci., 2018, 545, 250-258］。

2.《Preparation and characterization of a novel nanofiltration membrane with chlorine-tolerant property and good separation performance》［Yi Liu, Bo Lin, Wen-chao Liu, Jun-jun Li, Cong-jie Gao, Qiao-ming Pan; RSC Adv., 2018, 8（64）, 36430-36440］。

3.《Porous forward osmosis membranes for polishing biologically treated wastewater: Condition optimization and draw solution recovery》［Xiao-xiao Song, Li-fen Liu, Bing Wu, Jie-feng Pan, Sa-ren Qi, Chu-yang Y. Tang, Cong-jie Gao; Bioresour. Technol., 2018, 263, 192-198］。

4.《Preparation and characterization of an amphiphilic polyamide nanofiltration membrane with improved antifouling properties by two-step surface modification method》〔Hui-min Ruan, Bin Li, Jian-bing Ji, Arcadio Sotto, Bart Van der Bruggen, Jiang-nan Shen, Cong-jie Gao; RSC Adv., 2018, 8（24）, 13353-13363〕。

5.《Depositing sericin on partially degraded polyamide reverse osmosis membrane for restored salt rejection and simultaneously enhanced resistance to both fouling and chlorine》〔Run-ping Xu, Peng Jiang, Chao Wei, Zhen-hua Lü, San-chuan Yu, Mei-hong Liu, Cong-jie Gao; J. Membr. Sci., 2018, 545, 196-203〕。

6.《Electric-pulse layer-by-layer assembled of anion exchange membrane with enhanced monovalent selectivity》〔Yan Zhao, Jia-jie Zhu, Jin-cheng Ding, Bart Van der Bruggen, Jian-gnan Shen, Cong-jie Gao; J. Membr. Sci., 2018, 548, 81-90〕。

7.《Surface layer modification of AEMs by infiltration and photo-Cross-linking to induce monovalent selectivity》〔Hui-min Liu, Yu-liang Jiang, Jin-cheng Ding, Wen-hui Shi, Jie-feng Pan, Cong-jie Gao, Jiang-nan Shen; AICHE, 2018, 64, 993-1000〕。

8.《Effect of the drying temperature on sulfonated polyether sulfone nanofiltration membranes prepared by a coating method》〔Ya-wei Yu, Shu-hao Wang, Jun Shao, Yong Zhou, Cong-jie Gao; J. Coat. Technol. Res., 2018, 15（2）, 425-435〕。

9.《Mussel-inspired sulfonated polydopamine coating on anion exchange membrane for improving permselectivity and anti-fouling property》[Hui-min Ruan, Zhi-hao Zheng, Jie-feng Pan, Cong-jie Gao, Bart Van der Bruggen, Jiang-nan Shen; J. Membr. Sci, 2018, 550, 427-435]。

10.《Tunable nanoscale interlayer of graphene with symmetrical polyelectrolyte multilayer architecture for lithium extraction》[Yan Zhao, Wen-hui Shi, Bart Van der Bruggen, Cong-jie Gao, Jiang-nan Shen; Adv. Mater. Interfaces, 2018, 5 (6), 1701449]。

11.《Granulation of short channel SBA-15 adsorbent and application for the removal of U (Ⅵ) by packed column》[Guo-jia Ji, Gui-ru Zhu, Xing-jun Wang, Yu-lin Wei, Hui Wu, Jun-sheng Yuan, Cong-jie Gao; J. Radioanal. Nucl. Ch., 2018, 316, 49-59]。

12.《The role of nanofiltration membrane surface charge on the scale-prone ions concentration polarization for low or medium saline water softening》[Yue-fei Song, Wen-bo Qin, Tie-mei Li, Qi-hua Hu, Cong-jie Gao; Desalination, 2018, 432, 81-88]。

13.《Ice-templated porous silicate cement with hierarchical porosity》[Sen-jie Dong, Xue-li Gao, Zhun Ma, Xiao-juan Wang, Cong-jie Gao; Mater. Lett., 2018, 217, 292-295]。

14.《Porous membranes in pressure-assisted forward osmosis: Flux behavior and potential applications》［Yang Yang, Xue-li Gao, Zhao-kui Li, Qun Wang, Sen-jie Dong, Xiao-juan Wang, Zhun Ma, Le-yi Wang, Xin-yan Wang, Cong-jie Gao; J. Ind. Eng. Chem., 2018, 60, 160-180］。

15.《One-pot approach to prepare internally cross-linked monovalent selective anion exchange membranes》［Jie-feng Pan, Jin-cheng Ding, Yu Zheng, Cong-jie Gao, Bart Van der Bruggen, Jiang-nan Shen; J. Membr. Sci., 2018, 553, 43-53］。

16.《Polyamide membranes with nanoscale Turing structures for water purification》［Zhe Tan, Sheng-fu Chen, Xin-sheng Peng, Lin Zhang, Cong-jie Gao; Science, 2018, 360（6388）, 518-521］。

17.《Novel high boron removal polyamide reverse osmosis membranes》［Shu-hao Wang, Yong Zhou, Cong-jie Gao; J. Membr. Sci., 2018, 554, 244-252］。

18.《Fluoride removal from water by membrane capacitive deionization with a monovalent anion selective membrane》［Jie-feng Pan, Yu Zheng, Jin-cheng Ding, Cong-jie Gao, Bart Van der Bruggen, Jiang-nan Shen; Ind. Eng. Chem. Res., 2018, 57（20）, 7048-7053］。

19.《Robust multilayer graphene-organic frameworks for selective separation of monovalent anions》［Yan

Zhao, Jia-jie Zhu, Jian Li, Zhi-juan Zhao, Sebastian Ignacio Charchalac Ochoa, Jiang-nan Shen, Cong-jie Gao, Bart Van der Bruggen; ACS Appl. Mater. Interfaces, 2018, 10（21）, 18426-18433］。

20.《In situ lignin bioconversion promotes complete carbohydrate conversion of rice straw by cupriavidus basilensis B-8》［Meng-ying Si, Xu Yan, Ming-ren Liu, Mei-qing Shi, Zhong-ren Wang, Sheng Wang, Jin Zhang, Cong-jie Gao, Li-yuan Chai, Yan Shi; ACS Sustainable Chem. Eng., 2018, 6（6）, 7969-7978］。

21.《Polyamide thin-film composite membrane modified with persulfate for Improvement of perm-selectivity and chlorine-resistance》［Shao-suo Bing, Jia-qian Wang, Hao Xu, Yan-yan Zhao, Yong Zhou, Lin Zhang, Cong-jie Gao, Li-an Hou; J. Membr. Sci., 2018, 555, 318-326］。

22.《Functionalized graphene oxide modified polyethersulfone membranes for low-pressure anionic dye/salt fractionation》［Li-fen Liu, Xin Xie, Rahul S. Zambare, Antony Prince James Selvaraj, Bhuvana NIL Sowrirajalu, Xiao-xiao Song, Chu-yang Y. Tang, Cong-jie Gao; Polymers, 2018, 10（7）, 795-801］。

23.《A review of graphene-based separation membrane: Materials, characteristics, preparation and applications》［Na Song, Xue-li Gao, Zhun Ma, Xiao-juan Wang, Yi Wei, Cong-jie Gao; Desalination, 2018, 437, 59-72〕。

24.《Engineering of thermo-/pH-responsive membranes with enhanced gating coefficients, reversible behavior and self-Cleaning performance through acetic acid boosting microgels assembly》〔Hua-wen Liu, Xue-ting Zhao, Ning Jia, Arcadio Sotto, Yan Zhao, Jiang-nan Shen, Cong-jie Gao, Bart van der Bruggen; J. Mater. Chem. A, 2018, 6, 11874-11883〕。

25.《High-performance membrane capacitive deionization based on metal-organic framework-derived hierarchical carbon structures》〔Wen-hui Shi, Chen-zeng Ye, Xi-lian Xu, Xiao-yue Liu, Meng Ding, Wen-xian Liu, Xie-hong Cao, Jiang-nan Shen, Hui-ying Yang, Cong-jie Gao; ACS Omega, 2018, 3, 8506-8513〕。

26.《Synchronous and rapid preparation of lignin nanoparticles and carbon quantum dots from natural lignocellulose》〔Meng-ying Si, Jin Zhang, Yu-yang He, Zi-qi Yang, Xu Yan, Ming-ren Liu, Sheng-nan Zhuo, Sheng Wang, Xiao-bo Min, Cong-jie Gao, Li-yuan Chai, Yan Shi; Green Chem., 2018, 20（15）, 3414-3419〕。

本年，向浙江工业大学教育基金捐赠人民币100万元，设立"浙江工业大学高从堦基金"。

在捐赠仪式上，高从堦谈到设立基金的初衷，他说："作为一名科研工作者，同时也是一名教育工作者，要始终秉持做人做事的原则，要有理想、有信念，要知奋斗、懂感恩、讲传承。老师最重要的是为学生指明前进的方向，鼓励他们为理想努力奋斗，激发创新，并让这种激励一代代传承下去。我希望通过这个基金为学校的发展添砖加瓦，为学校培养更多的优秀教师和学生贡献一份力量，也为国家输送一批又一批的优秀科技人才。"这是高从堦继在浙江大学和中国海洋大学捐资设立奖学基金后捐款设立的第三个教育基金。该教育基金下设两个子基金项目，即"高从堦奖学金"与"高从堦卓越基金"，每两年评选一次，前者用于奖励品学兼优的研究生，后者用于表彰在指导青年教师中做出卓越贡献的导师（《浙工大高从堦院士捐资百万聚焦人才发展设立基金》，《浙工校友》第53期）。

1月，中国工程院咨询研究项目《膜技术在促进石化行业绿色发展的战略研究》获立项，由高从堦、胡永康、舒兴田等3位院士担任项目负责人。该项目包含2个课题：《石化行业绿色生产过程对膜技术的应用需求分析与建议》与《典型膜技术及其在石化行业的应用现状与前景》。主要研究内容是：调研国内外石化行业发展现状，梳理我国重点石化产品及典型生产工艺，分析已有工艺中关键技术问题（如能耗、资源消耗、环境污染等），进行基于膜技术清洁工艺改造的可行性分析；开展典型石化企业废水、废气等处理技术调研，梳理典型环境污染物来源，开展基于膜技术的废水、废气减排的可行性分析；开展膜技术进展分析，分析与国内外其他技术（包括现有技术、新型技术）的优势与不足，调研膜技术在我国石化行业中应用现状及问题分析；凝练膜技术在我国石化行业中应用的未来发展方向及技术途径等，并从多层面提出建议措施，推动膜技术发展及在石化行业绿色发展中的应用。

同月，参与并指导的《均相离子膜制备关键技术及应用》成果获2018年度国家技术发明奖二等奖（主要完成人：徐铜文、刘兆明、金可勇、吴亮、汪耀明、高从堦）。

其中第三完成人、杭州水处理中心装备研究室主任金可勇为高从堦指导的硕士研究生。1998年7月，金可勇从浙江大学本科毕业，到杭水求职，第一次见到作为面试专家的高从堦。金可勇以其专业知识与能力得到高从堦的认可，进而顺利入职，之后一直在杭水从事研究开发工作。2000年7月，金可勇考取杭水的硕士研究生，师从高从堦。之后，金可勇在高从堦的指导下致力于功能分离膜的研究。2015年，获国家专利金奖。2017年，获浙江省科技进步奖一等奖。2018年入选浙江省"151"第一层次人才。承担国家863计划、国家海洋公益科研专项等科研项目多项。作为第一发明人已获21项发明专利授权，其中"一种电渗析浓缩的制盐装置"获中国化工优秀发明专利奖。

杭州水处理技术研究开发中心编印《高从堦院士学术传记》时，金可勇撰文《学生眼中的高老师》，以很质朴的语言深情讲述了高从堦的为人和为师之道："高老师作为中国膜行业第一个院士，代表了国内有机膜技术水平，跟从高老师从事相关研究，相对其他技术人员而言，我们的起点高，研究环境好，我们的研究团队属于国内一流研究团队，这使我们研究过程进行得比较顺利，也容易出成果，经常可以出一些填补国内空白的技术。高老师作为导师，在专业上给予我们很好的指导；作为长者，他很关心我们的平时生活，非常关心大学毕业不久的我们是否找到对象，生活是否困难，令人感到非常温暖。高老师作为老一辈知识分子，有着非常高的思想境界与觉悟，这点令我们印象深刻。高老师作为院士，在出行、住宿、办公等方面可以享受相应的待遇，但高老师反复交代他不需要这些待遇，在买机票的时候要求不能买头等舱或公务舱，坐经济舱就可以了；住宿安排要求普通房，不需要豪华套间等。对于各种公费支出，他严格要求我们在各个方面都要厉行节约，并自己做好带头作用。""对于本人而言，我的研究之路，基本上是因为高老师给予机会并不断扶持，才能得到今天的成果。我们的电驱动膜技术，特别是双极膜工程化应用技术，更是在高老师与杭水中心相关领导的支持下才实现工业化应用。"

同月，合作发表《间苯二甲胺为单体制备耐氯复合纳滤膜及其性能》[刘逸、林波、张家恒、李俊俊、高从堦、潘巧明，水处理技术，2019，45（1），33-37]。

2月，合作完成的成果"一种通用型高效抗污堵电场膜过滤器"获实用新型专利授权，专利权人：浙江工业大学膜分离与水处理协同创新中心湖州研究院，发明人：吴涛、翟丁、高从堦。

3月16日至17日，参加在南京举办的中国工程院咨询研究项目《膜技术在促进石化行业绿色发展的战略研究》项目启动暨研讨会。

4月13日，参加在湖州举行的"首届长三角生态环境产业发展研讨会"，并作了题为"膜材料在生态环保领域的应用现状与发展趋势"的主题报告。

同月20日至21日，在山东青岛参加"2019新膜与新膜过程及其应用研讨会"，并就技术创新作了报告。

同月26日至28日，参加在宁波举行的"2019全国膜技术青年创新峰会"，并致辞。

同月，合作发表《电渗析用季铵化聚氯乙烯均相阴离子交换膜的制备》[王超、潘能修、鲁丹、廖俊斌、沈江南、高从堦，化工学报，2019，70（4），1620-1627]、《4，4'-二叠氮二苯乙烯-2，2-二磺酸钠的应用及发展前景》[朱佳杰、刘元伟、沈江南、高从堦，化工进展，2019，38（4），1804-1814]、《部分嵌入式静电自组装改性聚酰胺反渗透膜》[王佳倩、王书浩、沈红梅、周勇、高从堦，高校化学工程学报，2019，33（2），475-482］、《分子模拟技术在膜分离技术领域的应用》［张潇、李珂、于春阳、刘立芬、高从堦，膜科学与技术，2019，39（2），105-115］、《面向中药产业新型分离过程的特种膜材料与装备设计、集成及应用》［朱华旭、唐志书、潘林梅、李博、郭立玮、付廷明、张启春、潘永兰、段金廒、刘红波、邢卫红、高从堦，中草药，2019，50（8），1776-1784］。

同月，合作发明的成果"光交联磺化聚砜离子交换膜的制备方法"获发明专利授权，专利权人：浙江工业大学义乌科学技术研究院有限公司、浙江工业大学，发明人：沈江南、周玛丽、杨珊珊、陈徐、韩波、高从堦。

5月10日至12日，参加在宁波举行的"2019中国膜产业发展峰会"，并就"国内外膜产业现状与发展"作主题报告。

同月15日至22日，访问比利时根特大学（Ghent University），就浙江工业大学与该校的合作进行了磋商，就两国膜技术及其应用开展了学术交流，并参观了相关企业。

同月，合作发表《富羟基聚天冬氨酸接枝共聚物合成及阻垢研究》［孙培磊、高学理、王小娟、魏怡、马准、高从堦，水处理技术，2019，45（5），20-24］。

同月，合作发明的成果"原位聚合两性多元胺纳米粒子改性聚酰胺纳滤膜的制备方法"获发明专利授权，专利权人：浙江工业大学，发明人：计艳丽、钱伟杰、安全福、高从堦。摘要如下：

本发明公开了一种原位聚合两性多元胺纳米粒子改性聚酰胺纳滤膜的制备方法，以两性多元胺单体分子为原料，多巴胺为仿生黏合剂，在水溶液中原位聚合形成两性多元胺纳米粒子，再向其水溶液中添加多元胺单体分子，通过界面聚合法制备含两性多元胺纳米粒子改性聚酰胺纳滤膜。利用两性多元胺纳米粒子独特的纳米孔洞结构、良好的亲水性和黏附稳定性，在保持聚酰胺膜对无机盐高截留率的同时，大幅度提高了膜的水渗透通量和抗污染稳定性。本发明所制备的含两性多元胺纳米粒子改性聚酰胺纳滤膜的制备方法简便易行，粒子原位生成在膜内分布均匀稳定，成本低廉，具有良好的工业化应用前景。

同月，合作发明的成果"多元胺纳米粒子自组装纳滤膜的制备方法"获发明专利授权，专利权人：浙江工业大学，发明人：计艳丽、钱伟杰、安全福、高从堦。摘要如下：

本发明公开了一种多元胺纳米粒子自组装纳滤膜的制备方法。以多元胺单体分子为原料，多巴胺为仿生黏合剂，在水溶液中自聚合形成多元胺纳米粒子，通过在多孔支撑膜表面进行原位自组装界面交联制备多元胺纳米复合纳滤膜。通过调节多元胺纳米粒子的表面自组装行为和界面交联过程，优化纳米分离层厚度、交联程度及其表面性质，可获得渗透选择性高和稳定性好的纳滤膜。该纳滤膜在0.6MPa操作压力下，其水通量为 $80 \sim 150 \, L/(m^2 \cdot h)$，对有机物分子截留率可高达98%，对无机盐离子的截留率一般低于30%。因此，所制备的多元胺纳米复合纳滤膜具有高的分离选择性和水渗透通量，膜制备方法简便可控、成本低廉，具有良好的工业化应用前景。

同月，合作发表《低截留分子量聚醚砜超滤膜》〔许浩、顾凯锋、李韵浩、周勇、高从堦，化工学报，2019，70（05），1999-2006〕。

6月，合作发明的成果"一种氯甲基化聚砜制备荷正电纳滤膜的方法"获发明专利授权，专利权人：浙江工业大学，发明人：周勇、余亚伟、高从堦。摘要如下：

> 本发明公开了一种氯甲基化聚砜制备荷正电纳滤膜的方法，将氯甲基化聚砜放入三甲胺溶液中从而得到带正电的聚砜材料，磁力搅拌24h。然后将带正电的聚砜材料放入乙二醇甲醚中制备铸膜液，将铸膜液涂覆在聚砜超滤底膜的表面，然后在30～40℃的温度范围内烘干制备成纳滤膜。在1.2MPa的压力下纳滤膜对氯化钠、氯化镁的截留率和通量分别为：69.3%和52.6 L/（$m^2 \cdot h$）、76.8%和40.6 L/（$m^2 \cdot h$）。由于成膜材料中含有荷正电荷基团，因此膜对带正电荷的染料的截留率均在95%以上，因此可以应用于盐与带正电荷的染料分离，同时由于其带有亲水性基团，因此制备的纳滤膜也具有较好的抗污染性能。

8月21日至23日，参加在深圳举办的第七届全国电驱动膜技术研讨会，并作主题报告。

9月，获赠中共中央、国务院、中央军委颁发的"庆祝中华人民共和国成立70周年"纪念章。该纪念章的颁发是新中国成立70周年系列庆祝活动的重要组成部分，用以表彰"中华人民共和国成立前参加革命工作的、健在的老战士老同志；中华人民共和国成立后获得国家级表彰奖励及以上荣誉并健在的人员；中华人民共和国成立后因参战荣立一等功以上奖励并健在的军队人员（含退役军人）；为中华人民共和国成立作出杰出贡献的国际友人"。

同月，合作发明的成果"一种新型聚乙烯醇纳滤膜的制备方法"获发明专利授权，专利权人：浙江工业大学，发明人：周勇、郭淼、高从堦。摘要如下：

> 本发明公开了一种新型聚乙烯醇纳滤膜及其制备方法，包括以下步骤：①将乙二醇甲醚与去离子水按质量比1∶1混溶配成溶剂，在上述溶剂中分别加入对苯二甲醛和十二烷基磺酸钠制成混合溶液，将上述混合溶液加热至60～65℃搅拌溶解制得交联剂溶液。②将聚乙烯醇溶于去离子水制得质量分数为0.05%～0.1%的水溶液，将上述水溶液加热至90～100℃搅拌1.5h制得聚乙烯醇水溶液。③将①制得的交联剂溶液倒在聚砜底膜上，静置5min倒掉多余溶剂，放入28℃的烘箱中烘干；再在膜表面倒入②制得的聚乙烯醇水溶液，转入烘箱在60～90℃下烘干成膜。所制备的聚乙烯醇纳滤膜具有较高的渗透选择性和耐污染性，方法简单易行，所用改性剂简单易得。

同月，合作发表《反渗透膜微结构的调控及海水脱硼性能的提升》［谢欣、张潇、李蕊含、宋潇潇、刘立芬、高从堦，高等学校化学学报，2019，40（9），2033-2040］、《均相和异相离子交换膜在NaCl浓缩中性能对比》［周琦、王婷婷、陈波、王小娟、高学理、高从堦，水处理技术，2019，45（9），24-28］、《中药挥发油膜法高效富集的油水分离原理研究及其新型膜分离过程的探索实践》[朱华旭、唐志书、郭立玮、刘红波、潘林梅、李博、邢卫红、高从堦，南京中医药大学学报，2019，35（5），491-495]。

11月，主持的973计划项目课题"海水淡化膜高性能化的混合基质方法"通过专家组验收，各项内容评分均为"优"。高从堦率课题组经过近5年的努力，全面完成了课题任务书所制定的研究内容和任务，发表SCI、EI论文70余篇，申请专利近30件，创新性突出，取得多项创新成果，达到了预期目标。课题组以海水淡化等水处理膜高性能化和制备均匀化为目标，完成了不同孔径和结构的纳米分子筛，不同荷电性质的层状纳米材料、碳纳米管、氧化石墨烯，不同的有机纳米粒子杂化对聚合物基质及结构的影响，研究了添加不同的纳米粒子对于成膜过程的影响机理，并借助分子动力学模拟从微观角度上解释了水和纳米粒子在复合膜中的传递过程；开发出脱盐率为99.7%、通量为50L/（$m^2 \cdot h$）以上的高性能海水淡化膜，通量较常规海水淡化反渗透膜提升20%以上，同时对混合基质海水膜产业化的生产线件进行了研究，为未来高性能海水膜的开发应用及产业化生产奠定了坚实基础（《杭水承担的国家973计划课题通过验收》，余涛，科技金融时报A7版，2019年11月15日）。

12月7日，参加在杭州举行的2019第七届西湖国际水业大会，并致辞。

本年，合作发表外文论文51篇，选录其中26篇如下：

1.《Dye degrading and fouling-resistant membranes formed by deposition with ternary nanocomposites of N-Doped graphene/TiO$_2$/Activated carbon》[Tao Wu, Zong-man Zhang, Ding Zhai, Yang Liu, Qing-guo Liu, Li-xin Xue, Cong-jie Gao; Membranes, 2019, 9（1）, 16]。

2.《Constructing antifouling hybrid membranes with hierarchical hybrid nanoparticles for Oil-in-Water emulsion separation》[Xue-ting Zhao, Ning Jia, Li-juan Cheng, Ruo-xi Wang, Cong-jie Gao; ACS Omega, 2019, 4（1）, 2320-2330]。

3.《Gradient cross-linked structure：Towards superior PVA nanofiltration membrane performance》[Miao Guo, Shu-hao Wang, Kai-feng Gu, Xiao-xiao Song, Yong Zhou, Cong-jie Gao; J. Membr. Sci., 2019, 569（1）, 83-90]。

4.《In situ modification of polyamide reverse osmosis membrane module for improved fouling resistance》[Mei-hong Liu, Chuang Yu, Yi-yang Wu, Zhen-hua Lü, San-chuan Yu, Cong-jie Gao; Chem Eng Res Des, 2019, 141, 402-412]。

5.《Complementary effect of combined bacterial-chemical pretreatment to promote enzymatic digestibility of lignocellulose biomass》[Meng-ying Si, Dan Liu, Ming-ren Liu, Xu Yan, Cong-jie Gao, Li-yuan Chai, Yan Shi; Bioresour. Technol., 2019, 272, 275-280〕。

6.《Improved separation performance and durability of polyamide reverse osmosis membrane in tertiary treatment of textile effluent through grafting monomethoxy-poly（ethylene glycol）brushes》〔Mei-hong Liu, Chuang Yu, Zhuo-jun Dong, Peng Jiang, Zhen-hua Lü, San-chuan Yu, Cong-jie Gao; Sep. Purif. Technol., 2019, 209（31）, 443-451〕。

7.《Surface hydroxylation of SBA-15 via alkaline for efficient amidoximefunctionalization and enhanced uranium adsorption》〔Xing-jun Wang, Guo-jia Ji, Gui-ru Zhu, Cheng-hao Song, Han Zhang, Cong-jie Gao; Sep. Purif. Technol., 2019, 209（31）, 623-635〕。

8.《Novel graphene quantum dots（GQDs）-incorporated thin film composite（TFC）membranes for forward osmosis（FO）desalination》〔Sheng-jie Xu, Feng Li, Bao-wei Su, Michael Z. Hu, Xue-li Gao, Cong-jie Gao; Desalination, 2019, 451, 219-230〕。

9.《Technology-driven layer-by-layer assembly of a membrane for selective separation of monovalent anions and antifouling》〔Yan Zhao, Cong-jie Gao, Bart Van der Bruggen; Nanoscale, 2019, 11（5）, 2264-2274〕。

10.《Efficient lithium extraction by membrane capacitive deionization incorporated with monovalent selective cation exchange membrane》［Wen-hui Shi, Xiao-yue Liu, Chen-zeng Ye, Xie-hong Cao, Cong-jie Gao, Jiang-nan Shen；Sep. Purif. Technol., 2019, 210, 885-890］。

11.《Graphene quantum dots-doped thin film nanocomposite polyimide membranes with enhanced solvent resistance for solvent-resistant nanofiltration》［Shu-xuan Li, Can Li, Xiao-juan Song, Bao-wei Su, Bishnupada Mandal, Babul Prasad, Xue-li Gao, Cong-jie Gao；ACS Appl. Mater. Interfaces, 2019, 11（6）, 6527-6540］。

12.《A novel nanofiltration membrane with simultaneously enhanced antifouling and antibacterial properties》［Ya-wei Qi, Li-fang Zhu, Cong-jie Gao, Jiang-nan Shen；RSC Adv., 2019, 9（11）, 6107-6117］。

13.《A novel strategy to fabricate thin film nanocomposite reverse osmosis membranes with enhanced desalination performance》［Da-peng Zhang, Zi-cheng Yao, Han Zhang, Gui-ru Zhu, Lu Liu, Cong-jie Gao；Desalin. water treat., 2019, 145, 70-82］。

14.《Mussel-inspired surface functionalization of AEM for simultaneously improved monovalent anion selectivity and antibacterial property》［Zhi-hao Zheng, Pang Xiao, Hui-min Ruan, Jun-bin Liao, Cong-jie Gao, Bart Van der Bruggen, Jiang-nan Shen；Membranes, 2019, 9（3）

36〕。

15.《A chemically assembled anion exchange membrane surface for monovalent anion selectivity and fouling reduction》〔Yan Zhao, Yi Li, Shu-shan Yuan, Jun-yong Zhu, Sofie Houtmeyers, Jian Li, Raf Dewil, Cong-jie Gao, Bart Van der Bruggen; J. Mater. Chem. A, 2019, 7 (11), 6348-6356〕。

16.《Separation of mixed salts (Cl^-/SO_4^{2-}) by ED based on monovalent anion selective membranes》〔Jie-feng Pan, Wei Zhang, Hui-min Ruan, Jiang-nan Shen, Cong-jie Gao; Chin. J. Chem. Eng., 2019, 27 (4), 857-862〕。

17.《Tetraethylorthosilicate-assisted interfacial polymerization for the fabrication of polyamide thin-film nanocomposite reverse osmosis membranes with enhanced desalination performance》〔Yu-lin Wei, Han Zhang, Gui-ru Zhu, Zhao-feng Liu, Guo-jia Ji, Cong-jie Gao; Desalin. water treat., 2019, 147, 46-55〕。

18.《Enhanced the swelling resistance of polyamide membranes with reinforced concrete structure》〔Shu-hao Wang, Kai-feng Gu, Jian Wang, Yong Zhou, Cong-jie Gao; J. Membr. Sci., 2019, 575, 191-199〕。

19.《Composite nanofiltration membrane with asymmetric selective separation layer for enhanced separation efficiency to anionic dye aqueous solution》〔Zhen-hua

Lü, Feng Hu, Hai-yan Li, Xi-ru Zhang, San-chuan Yu, Mei-hong Liu, Cong-jie Gao; J. Hazard. Mater., 2019, 368, 436-443〕。

20.《Amphoteric ion-exchange membranes with superior mono-/bi-valent anion separation performance for electrodialysis applications》〔Jun-bin Liao, Xin-yan Yu, Neng-xiu Pan, Jun Li, Jiang-nan Shen, Cong-jie Gao; J. Membr. Sci., 2019, 577, 153-164〕。

21.《Antibiofouling polysulfone ultrafiltration membranes via surface grafting of capsaicin derivatives》〔Qun Wang, Jian Wang, Xue-li Gao, Hui Yu, Zhun Ma, Yu-shan Zhang, Cong-jie Gao; Water Sci. Technol., 2019, 79（9）, 1821-1832〕。

22.《Nanovoid membranes embedded with hollow zwitterionic nanocapsules for a superior desalination performance》〔Zhi-juan Sun, Qian Wu, Chang-huai Ye, Wei Wang, Liu-chun Zheng, Feng-kai Dong, Zhuan Yi, Li-xin Xue, Cong-jie Gao; NANO Lett., 2019, 19（5）, 2953-2959〕。

23.《Effect of functionality of cross-linker on sulphonated polysulfone cation exchange membranes for electrodialysis》〔Jia-jie Zhu, Jun-bin Liao, Wei Jin, Bin Luo, Peng-xin Shen, Arcadio Sotto, Jiang-nan Shen, Cong-jie Gao; React. Funct. Polym., 2019, 138, 104-113〕。

24.《Accessing of graphene oxide（GO）nanofiltration membranes for microbial and fouling resistance》〔Jian Wang, Xue-li Gao, Hui Yu, Qun Wang, Zhun Ma, Zhao-kui Li, Yu-shan Zhang, Cong-jie Gao; Sep. Purif. Technol., 2019, 215, 91-101〕。

25.《Codeposition modification of cation exchange membranes with dopamine and crown ether to achieve high K^+ electrodialysis selectivity》〔Shan-shan Yang, Yuan-wei Liu, Jun-bin Liao, Hua-wen Liu, Yu-liang Jiang, Bart Van der Bruggen, Jiang-nan Shen, Cong-jie Gao; ACS Appl. Mater. Interfaces, 2019, 11（19）, 17730-17741〕。

26.《Fabricating a pH-responsive membrane through interfacial in-situ assembly of microgels for water gating and self-cleaning》〔Hua-wen Liu, Shan-shan Yang, Yuan-wei Liu, Meng-jie Miao, Yan Zhao, Arcadio Sottoc, Cong-jie Gao, Jiang-nan Shen; J. Membr. Sci., 2019, 579, 230-239〕。

2020年 78岁

本年，完成中国工程院咨询研究项目《膜技术在促进石化行业绿色发展的战略研究》。该项目面向我国石油化工行业绿色发展和转型升级的石化强国需求，开展膜技术在石油化工绿色发展的战略研究，通过资料收集、实地调研、专家咨询及会议研讨等多种方式，完成了长篇咨询报告。报告分析研判了国内外膜技术和膜材料的发展现状与趋势；着重分析了膜技术在催化剂生产和使用、重油炼制、烃分离以及废水废气资源化等方面的应用现状；总结分析了膜技术在石化行业绿色发展中的应用需求以及存在问题，从技术与政策两个层面提出了发展建议和相关措施。

指导的金可勇团队不断改进装置性能，将双极膜技术应用于海水淡化预处理、淡化水调质、无机和有机酸碱制取、分子筛脱硫、化工废水处理等领域，并逐步实现市场化应用，进入批量生产阶段（《金可勇——"膜"法大侠，"勇"往直前》，中国海水淡化与水再利用学会，2020年5月21日）。

2月，合作发表《反渗透膜脱硼技术研究进展》［李韵浩、王书浩、顾凯峰、周勇、高从堦，化工进展，2020，39（2），596-604］。

3月，合作发表《电渗析过程传质模型的研究进展》［祝海涛、杨波、高从堦，化工进展，2020，39（3），815-823］、《溶胀嵌入脂肪酸分子制备高脱硼反渗透膜》［李韵浩、李艾艾、杨斌斌、余俊杰、王开珍、周勇、高从堦，化工学报，2020，71（3），3518-3526］。

4月，合作发明的成果"一种羧基化氧化石墨烯纳滤膜及其制备和应用"获发明专利授权，专利权人：浙江工业大学，发明人：沈江南、张慧娟、阮慧敏、高从堦。

5月，合作发表《膜法分盐浓缩在处理氯碱化工废水中的应用》［祝海涛、吴雅琴、李淑娜、张高旗、杨波、高从堦，水处理技术，2020，46（5），126-128］。

6月，合作发明的成果"一种抗污染高分子-无机杂化膜的制备方法"获发明专利授权，专利权人：浙江工业大学，发明人：赵雪婷、贾宁、周勇、高从堦。摘要如下：

本发明提供了一种抗污染高分子-无机杂化膜的制备方法，所述的制备方法为：将聚偏氟乙烯溶于有机溶剂A中，然后加入单宁酸，于50～70℃搅拌1～2h，得到单宁酸混合液；向所得单宁酸混合液中滴加过渡金属离子溶液，滴完后于50～70℃搅拌6～12h，之后静置脱泡12～24h，得到均相铸膜液；将所得均相铸膜液倾倒在玻璃基板上刮膜，接着放入20～30℃的凝胶浴中浸泡5～20min，相转化成膜，随后将膜从玻璃基板上剥离并置于0～10℃的去离子水中浸泡24～48h，即得所述的高分子-无机杂化膜；本发明制备方法简单、条件温和、过程易操作，所获得的高分子-无机杂化膜能够有效抑制O/W乳化液油水分离过程中的膜污染问题。

同月，合作发表《电渗析脱盐过程离子传递现象的数值模拟》［林波、刘喆、刘逸、刘文超、高从堦、潘巧明，水处理技术，2020，46（6），15-19，32］。

同月，合作发明的成果"一种聚偏氟乙烯-二氧化钛杂化膜及其制备方法和应用"获发明专利授权，专利权人：浙江工业大学，发明人：赵雪婷、贾宁、成丽娟、高从堦。摘要如下：

本发明公开了一种聚偏氟乙烯-二氧化钛杂化膜及其制备方法和应用，按如下方法制得：将聚偏氟乙烯溶于有机溶剂A中，然后加入矿化诱导剂，隔绝空气条件下于50～70℃搅拌1～2h，得到聚偏氟乙烯-矿化诱导剂混合液，向其中滴加钛前驱体溶液，滴完后于50～70℃搅拌6～12h，之后静置脱泡12～24h，得到铸膜液，室温下将所得铸膜液倾倒在玻璃基板上刮膜，接着放入凝胶浴中浸泡5～20min，相转化成膜，所得膜自发从玻璃基板脱落，用去离子水清洗，随后置于0～10℃的去离子水中浸泡24～48h，取出进行冷冻干燥，即得成品；本发明方法能够有效抑制二氧化钛纳米粒子在聚合物主体内的团聚问题，制得的膜抗污染特性优异，且工艺简单易操作，成本低廉。

7月，合作发明的成果"一种氯烷季铵化聚吡咯改性阳离子交换膜及其制备与应用"获发明专利授权，专利权人：浙江工业大学，发明人：潘杰峰、逄霄、郑瑜、郑志豪、沈江南、高从堦。摘要如下：

本发明公开了一种氯烷季铵化聚吡咯改性阳离子交换膜，所述交换膜将阳离子交换膜依次在碱溶液和酸溶液中浸泡，去离子水清洗，获得酸碱活化后的阳离子交换膜；将活化后的阳离子交换膜浸泡在吡咯溶液中，室温静置至吡咯溶液挥干后，再加入氧化剂水溶液，震荡，取出膜，获得聚吡咯修饰膜；将聚吡咯修饰膜浸入氯烷溶液中1～24h，取出膜，用去离子水清洗，即得氯烷季铵化聚吡咯改性阳离子交换膜。本发明氯烷季铵化聚吡咯改性阳离子交换膜用于阳离子的单价选择性分离，经过季铵化聚吡咯改性后Na^+相对Mg^{2+}选择性透过值较未改性的商业膜从0.94增加到4.24。

同月，合作发表《面向健康产业应用需求的膜技术与膜材料》［蔡媛媛、郭百涛、邢卫红、高从堦，化工学报，2020，71（7），2921-2932］。

8月22日至23日，在山东淄博参加"2020中国膜产业发展峰会暨第三届膜产业马踏湖高峰论坛"，并发表主题演讲。

同月27日至29日，参加在厦门举办的"2020新膜与新膜过程及其应用研讨会"，并致辞。

同月，合作发表《电渗析脱盐过程离子传递现象的数值模拟》［祝海涛、杨波、吴雅琴、高从堦，化工学报，2020，71（8），3518-3526］。

9月14日至16日，参加在北京举办的"2020中国化工学会科技创新大会"。

同月26日，参加在南京举行的中国膜行业"十四五"规划研讨会。

同月，合作发表《中药制药废水膜法处理的"零排放"技术方案及其实现途径探讨》［朱华旭、唐志书、李博、刘红波、潘林梅、付廷明、段金廒、邢卫红、高从堦，南京中医药大学学报，2020，36（5），579-583］。

同月，在中国海洋大学化学化工学院招收杨栋、王小娟为海洋化学工程与技术专业博士研究生，招收李兆魁为资源与环境专业博士研究生。

10月，合作发明的成果"一种小截留分子量聚砜超滤膜的制备方法"获发明专利授权，专利权人：浙江工业大学，发明人：周勇、许浩、高从堦。摘要如下：

本发明公开了一种小截留分子量聚砜超滤膜的制备方法：①将聚砜和添加剂溶解到溶剂中得到铸膜液。②将所述铸膜液进行真空脱泡，并将其在工业设备上制备出聚砜超滤膜基膜。③制备聚乙烯醇（PVA）水溶液。④将PVA水溶液加入一定量浓硫酸后涂覆在制备的超滤膜表面，随后将其放入烘箱中进行反应。⑤反应后的超滤膜浸泡纯水中进行清洗，即得所需超滤膜。本发明通过在聚砜基膜表面与PVA进行反应制备复合膜，在制备膜过程中改变反应条件以此对膜表面皮层和微孔进行调节，获得不同截留分子量的聚砜超滤膜。

同月，合作发明的成果"一种交联季铵化聚苯胺单价选择性阳离子交换膜及其制备方法"获发明专利授权，专利权人：浙江工业大学，发明人：潘杰峰、郑瑜、逄霄、丁金成、沈江南、高从堦。摘要如下：

本发明公开了一种交联季铵化聚苯胺单价选择性阳离子交换膜及其制备方法，所述交联季铵化聚苯胺单价选择性阳离子交换膜包括阳离子交换膜和在阳离子交换膜界面采用苯胺与氧化剂氧化聚合后，所得聚合物与季铵化试剂反应制得的季铵化聚苯胺，所述阳离子交换膜为基膜，季铵化聚苯胺为活性层。本发明中交联季铵化聚苯胺活性层，增加膜的致密性的同时改变基膜的表面荷电性，从而达到单价阳离子选择性分离。

同月，合作发明的成果"一种高截留膜生物反应器处理污水的方法"获发明专利授权，专利权人：浙江竟成环保科技有限公司，发明人：章宏梓、胡如意、高从堦、陈永存、潘为刚。摘要如下：

本发明公开了一种高截留膜生物反应器处理污水的方法，所述反应器为一个封闭耐压、采用纳滤膜的一体浸没式装置，采用纳滤膜作为分离核心，可以解决常规膜生物反应器中微孔滤膜或超滤膜不能有效截留水中小分子有机污染物的问题，极大地提高出水水质，采用压缩空气作为动力源，气体压力通过排气阀门控制在0.1～0.7MPa区间内波动，使得包覆在每块隔板上的膜表面胶层无法稳定存在，延缓膜面污染。利用加压气体作为曝气和动力还可使得水中氧的溶解度增加，有利于微生物的生成，并能维持比普通MBR更高的污泥浓度和降解速率，有效解决了一体化MBR使用纳滤膜时采用抽吸技术水的透过率太低，而采用分体式则泵的高速剪切对起降解作用的微生物产生损害以及纳滤膜易污染的问题。

同月，合作发明的成果"一种侧链季铵化聚苯胺单价选择性阳离子交换膜及其制备方法"获发明专利授权，专利权人：浙江工业大学，发明人：潘杰峰、郑瑜、逄霄、丁金成、沈江南、高从堦。

同月，合作发明的成果"一种溴烷季铵化聚吡咯改性阳离子交换膜及其制备与应用"获发明专利授权，专利权人：浙江工业大学，发明人：潘杰峰、逄霄、郑瑜、丁金成、沈江南、高从堦。摘要如下：

本发明公开了一种溴烷季铵化聚吡咯改性阳离子交换膜及其制备与应用，所述交换膜将阳离子交换膜依次在碱溶液和酸溶液中浸泡，去离子水清洗，获得酸碱活化后的阳离子交换膜；将活化后的阳离子交换膜浸泡在吡咯溶液中，室温静置至吡咯溶液挥干后，再加入氧化剂水溶液，振荡，取出膜，获得聚吡咯修饰膜；室温下，将聚吡咯修饰膜浸入溴烷溶液中 $1 \sim 24h$，取出膜，用去离子水清洗，即得溴烷季铵化聚吡咯改性阳离子交换膜。本发明溴烷季铵化聚吡咯改性阳离子交换膜用于 Na^+ 的单价选择性分离。

12月，担任编委会主任的《膜技术手册》（第二版）（主编邓麦村、金万勤）由化学工业出版社出版。该书在第一版（时钧、袁权、高从堦主编，化学工业出版社2001年1月出版）的基础上，围绕膜技术在化工、石油化工、海水淡化、工业污水"零排放"、制药工业、食品工业等领域的关键应用，系统介绍膜与膜过程两个核心知识体系，全面展示近年来膜技术领域在基础理论、研发创新、产业推广等方面所取得的成果。

同月，合作发表《膜分散技术及其强化反应过程的研究进展》［陈日志、姜红、范益群、高从堦、邢卫红，化工进展，2020，39（12），4812-4822］。摘要如下：

膜分散技术以多孔膜材料为"芯片"，通过微纳米孔道将气相/液相反应物分散成大量微气泡/液滴，是实现物质快速混合和高效传质的重要手段。本文概述了膜分散技术的原理及特点，介绍了近年来膜分散技术在制备微纳米粉体材料和强化多相催化反应过程方面的研究进展。在膜分散强化微纳米粉体制备方面，重点阐述了膜微孔道分散混合机理以及膜分散法在制备高分子微球和无机纳米颗粒过程中的应用进展。在膜分散强化多相催化反应过程方面，回顾了与膜分散强化气液两相流过程相关的实验研究及理论计算工作，评述了影响气泡形成及传质特性的关键因素，随后介绍了膜分散技术强化多相催化反应过程的研究现状。在此基础上，提出了未来膜分散技术的研究方向。

同月，合作发表《具有三维聚酰胺脱盐网络结构的无纺布复合正渗透膜》［汤依莲、李士洋、孙志娟、高从堦、薛立新，化工进展，2020，39（12），5170-5181］。

同月，合作发明的成果"一种具有耐碱性的阴离子交换膜的制备及其应用"获发明专利授权，专利权人：浙江工业大学，发明人：沈江南、姜玉良、阮慧敏、潘杰锋、高从堦。摘要如下：

> 本发明公开了一种具有耐碱性的阴离子交换膜的制备及其应用。所述制备方法按照如下步骤进行：①室温下将BPPO溶于NMP中，充分搅拌使BPPO完全溶解，得到淡黄色溶液。②室温下向溶液中加入季铵化试剂，季铵化试剂为1-甲基吡咯烷或1-甲基哌啶，室温充分搅拌使反应完全，得到铸膜液。③将铸膜液真空脱泡，然后倒在洁净的玻璃板上用刮刀刮膜，真空干燥，将干燥后的膜取出放在去离子水中充分浸泡使膜从玻璃板上自然脱落，即得到阴离子交换膜。本发明的制备方法简单、无污染，在保持该阴离子交换膜具有较高IEC的同时，改善了其耐碱性能。本发明提供了所述阴离子交换膜在电渗析脱盐中的应用，具有脱盐率高、电流效率高、能耗小的优点。

本年，合作发表外文论文51篇，选录其中26篇如下：

1.《Multifunctional thin-film nanocomposite membranes comprising covalent organic nanosheets with high crystallinity for efficient reverse osmosis desalination》

〔Li-na Xu, Bao-tian Shan, Cong-jie Gao, Jia Xu; J. Membr. Sci., 2020, 593, 117398〕。

2.《Facile fabrication of amphoteric semi-interpenetrating network ion-exchange membranes for electrodialysis applications》〔Jun-bin Li, Xing Gao, Quan Chen, Xin-yan Yu, Shan-shan Yang, Hui-min Ruan, Jun Li, Jiang-nan Shen, Cong-jie Gao; Ionics, 2020, 26, 321-335〕。

3.《Cross-flow deposited hydroxyethyl cellulose（HEC）/polypropylene（PP）thin-film composite membrane for aqueous and non-aqueous nanofiltration》〔Mei-hong Liu, Yi-yang Wu, Yu-chen Wu, Ming-fu Gao, Zhen-hua Lü, San-chuan Yu, Cong-jie Gao; Chem. Eng. Res. Des., 2020, 153, 572-581〕。

4.《Ion transfer modeling based on Nernst-Planck theory for saline water desalination during electrodialysis process》〔Hai-tao Zhu, Bo Yang, Cong-jie Gao, Ya-qin Wu; Asia-Pac J Chem. Eng., 2020, 15（2）, e2410〕。

5.《Graphene quantum dots（GQDs）-polyethyleneimine as interlayer for the fabrication of high performance organic solvent nanofiltration（OSN）membranes》〔Yi-zhi Liang, Can Li, Shu-xuan Li, Bao-wei Su, Michael Z. Hu, Xue-li Gao, Cong-jie Gao; Chem. Eng. J, 2020, 380, 122462〕。

6.《Enhanced monovalent selectivity of cation exchange

membranes via adjustable charge density on functional layers》［Xiao Pang, Yan-yao Tao, Yan-qing Xu, Jie-feng Pan, Jiang-nan Shen, Cong-jie Gao; J. Membr. Sci., 2020, 595, 117544］。

7.《Combining tannic acid-modified support and a green co-solvent for high performance reverse osmosis membranes》［Meng-qi Shi, Wen-tao Yan, Yong Zhou, Zhi Wang, Li-en Liu, Song Zhao, Yan-li Ji, Ji-xiao Wang, Cong-jie Gao, Peng Zhang, Xing-zhong Cao; J. Membr. Sci., 2020, 595, 117474］。

8.《Solvent activation before heat-treatment for improving reverse osmosis membrane performance》［Meng-qi Shi, Wen-tao Yan, Chen-xi Dong, Li-fen Liu, Shi-jie Xie, Cong-jie Gao; J. Membr. Sci., 2020, 595, 177565］。

9.《Thin Film Composite Forward Osmosis Membrane with Single-Walled Carbon Nanotubes Interlayer for Alleviating Internal Concentration Polarization》［Yuan-yuan Tang, Shan Li, Jia Xu, Cong-jie Gao; Polymers, 2020, 12（2）, 260］。

10.《Fabrication of polyamide thin film nanocomposite reverse osmosis membrane incorporated with a novel graphite-based carbon material for desalination》［Han Zhang, Yan-yi Wang, Yu-lin Wei, Cong-jie Gao, Gui-ru Zhu; J. Appl. Polym. Sci., 2020, 137（35）, 49030］。

11.《Nanofiber based organic solvent anion exchange membranes for selective separation of monovalent anions》〔Yan Zhao，Zhao-huan Mai，Peng-xin Shen，Emily Ortega，Jiang-nan Shen，Cong-jie Gao，Bart Van der Bruggen；ACS Appl. Mater. Interfaces，2020，12（6），7539-7540〕。

12.《Efficient removal of anionic dye by constructing thin-film composite membrane with high perm-selectivity and improved anti-dye-deposition property》〔Yu-chen Wu，Ming-fu Gao，Wei-tao Chen，Zhen-hua Lü，San-chuan Yu，Mei-hong Liu，Cong-jie Gao；Desalination，2020，476，114228〕。

13.《Superwetting oil/water separation membrane constructed from in situ assembled metal-phenolic networks and metal-organic frameworks》〔Ruo-xi Wang，Xue-ting Zhao，Ning Jia，Li-juan Cheng，Li-fen Liu，Cong-jie Gao；ACS Appl. Mater. Interfaces，2020，12（8），10000-10008〕。

14.《Electric field-based ionic control of selective separation layers》〔Yan Zhao，Yan-ling Liu，Chao Wang，Emily Ortega，Xiao-mao Wang，Yue-feng F. Xie，Jiang-nan Shen，Cong-jie Gao，Bart Van der Bruggen；J. Mater. Chem. A，2020，8，4244-4251〕。

15.《Think-film nanocomposite reverse osmosis membranes with enhanced antibacterial resistance by

incorporating p-aminophenol-modified graphene oxide》
［Yan Zhang, Hui-min Ruan, Chang-meng Guo, Jun-bin Liao, Jiang-nan Shen, Cong-jie Gao; Sep. Purif. Technol., 2020, 234, 116017］。

16.《Preparation of molecular selective GO/DTiO$_2$-PDA-PEI composite nanofiltration membrane for highly pure dye separation》［Yan-qing Xu, Gui-bin Peng, Jun-bin Liao, Jiang-nan Shen, Cong-jie Gao; J. Membr. Sci., 2020, 601, 117727］。

17.《High boron removal polyamide reverse osmosis membranes by swelling induced embedding of a sulfonyl molecular plug》［Yun-hao Li, Shu-hao Wang, Xiao-xiao Song, Yong Zhou, Hong-mei Shen, Xing-zhong Cao, Peng Zhang, Cong-jie Gao; J. Membr. Sci., 2020, 597, 117716］。

18.《Fabrication and characterization of a high performance polyimide ultrafiltration membrane for dye removal》［Cheng-yu Yang, Wei-xing Xu, Yang Nan, Yi-guang Wang, Yun-xia Hu, Cong-jie Gao, Xian-hong Chen; J. Colloid Interface Sci., 2020, 562, 589-597］。

19.《Intrinsic nanoscale structure of thin film composite polyamide membranes: connectivity, defects, and structure-property correlation》［Xiao-xiao Song, Bo-wen Gan, Sa-ren Qi, Hao Guo, Chu-yang Y. Tang, Yong Zhou, Cong-jie Gao; Environ. Sci. Technol., 2020, 54

（6），3559-3569〕。

20.《Monovalent anion selective anion-exchange membranes with imidazolium salt-terminated side-chains: Investigating the effect of hydrophobic alkyl spacer length》〔Jun-bin Liao，Xin-yan Yu，Quan Chen，Xing Gao，Hui-min Ruan，Jiang-nan Shen，Cong-jie Gao；J. Membr. Sci.，2020，599，117818〕。

21.《Polyphenol-metal manipulated nanohybridization of CNT membranes with FeOOH nanorods for high-flux, antifouling and self-cleaning oil/water separation》〔Xue-ting Zhao，Li-juan Cheng，Ning Jia，Ruo-xi Wang，Li-fen Liu，Cong-jie Gao；J. Membr. Sci.，2020，600，117857〕。

22.《Preparation of low-lactose milk powder by coupling membrane technology》〔Hong-jie Zhang，Yan-yao Tao，Yu-bin He，Jie-feng Pan，Kai Yang，Jiang-nan Shen，Cong-jie Gao；ACS omega，2020，5（15），8543-8550〕。

23.《Preparation of a novel zwitterionic striped surface thin-film composite nanofiltration membrane with excellent salt separation performance and antifouling property》〔Bo Lin，Hui-fen Tan，Wen-chao Liu，Cong-jie Gao，Qiao-ming Pan；RSC Adv.，2020，10（27），16168-16178〕。

24.《The potential of Kevlar aramid nanofiber composite membranes》〔Yan Zhao，Xin Li，Jiang-nan Shen，Cong-jie Gao，Bart Van der Bruggen；J. Mater. Chem. A，2020，8（16），7548-7568〕。

25.《Microstructure and desalination performance of polyamide membranes interfacially regulated via single-side post-modified CNTs networks》[Yuan-yuan Tang, Hong-yuan Yu, You-li Xing, Cong-jie Gao, Jia Xu; Desalination, 2020, 482, 114408]。

26.《Facile fabrication of high-performance thin film nanocomposite desalination membranes imbedded with alkyl group-capped silica nanoparticles》[Bi-qin Wu, Shu-hao Wang, Jian Wang, Xiao-xiao Song, Yong Zhou, Cong-jie Gao; Polymers, 2020, 12（6）, 1415]。

2021年 79岁

本年，对《海水淡化利用发展行动计划（2021—2025年）》进行深度解读，并发表《突破关键核心技术 掌握海水淡化创新发展主动权——〈海水淡化利用发展行动计划（2021—2025年）〉政策解读之一》[独著，中国经贸导刊，2021（12），19-20]。文章分析了国际国内海水淡化科技创新现状及我国海水淡化科技创新存在的问题，就推动我国海水淡化技术创新提出了四条建议："一是有关部门针对此行动计划提出的核心任务部署重点专项，保障技术研发、集成示范等任务落地实施。二是瞄准领域前沿，强化基础研究，夯实科技创新根基。三是满足成果转化、工程验证等创新需求，加快推进海水淡化大型试验场、公共服务平台建设。四是着力培养高层次科技创新人才梯队，激发科研人才的创新热情和创新活力。"

3月，合作发表《原位合成法制备高通量聚砜超滤膜及其性能研究》［王开珍、王书浩、李韵浩、周勇、高从堦，化工学报，2021，72（3），1712-1721］。

4月，合作发明的成果"一种兼具单价选择性和抗污染性的改性阴离子交换膜的制备"获发明专利授权，专利权人：浙江工业大学，发明人：沈江南、郝亮、阮慧敏、潘杰锋、高从堦。

同月，合作发明的成果"基于疏水吸油材料的油污在线监测装置"获发明专利授权，专利权人：浙江工业大学，发明人：孙志娟、薛立新、施羽昕、高从堦。摘要如下：

> 本发明公开了基于疏水吸油材料的油污在线监测装置，包括光学传感器、光纤电缆和服务器计算机；光学传感器的壳体内腔自前端向后依次装有电信号连接的探测装置、信息采集模块、控制与数据处理模块、通信模块；探测装置激发特定波长的激发光，并接收油污激发的荧光，经过滤，转换成相应的模拟信号；信息采集模块获取监测的海面荧光光谱的荧光信号值，并将探测器所接收到的模拟信号转换成数字信号，传输给控制与数据处理模块；控制与数据处理模块将采集到的荧光信息进行处理，会将数字信号转化为荧光因子强度信号，输出的荧光因子强度信号的峰值反映出溢油的相关信息。本实用新型能够对海洋油污进行在线监测。

同月，合作发明的成果"一种用于废水处理的正渗透膜反应器"获发明专利授权，专利权人：温州莲华环保科技有限公司，发明人：薛立新、林旭杰、林玉生、高从堦。

5月，合作发明的成果"一种用于果醋生产的分离膜过滤装置"获发明专利授权，专利权人：温州莲华环保科技有限公司，发明人：薛立新、林旭杰、林玉生、高从堦。摘要如下：

> 本发明涉及过滤技术领域，尤其是一种用于果醋生产的分离膜过滤装置，第一管筒、第二管筒与第三管筒内设置有过滤机构，过滤机构包括过滤管，过滤管上均匀开设有多个滤孔，过滤管外侧缠绕有分离膜，分离膜两侧均设置有滤芯盖，且其中一个滤芯盖一侧设置有水管接头，水管接头旋转设置在过滤管内，另一个滤芯盖一侧设置有螺钉，螺钉旋转设置在过滤管内，第一管筒一侧设置有第一连接管，第二管筒一侧设置有第二连接管，第三管筒一侧设置有第三连接管，连接管与水管接头相连，第一连接管下端连接有第一蛇形管，第二连接管下端连接有第二蛇形管，第三连接管下侧连接有出料管。本发明过滤效果好，过滤效率高，且便于对装置内部进行清理。

同月，合作发明的成果"一种原位制备聚吡咯单价选择性阳离子交换膜的制备方法"获发明专利授权，专利权人：浙江工业大学，发明人：徐燕青、沈江南、高从堦、邵恒之、俞苏洋。摘要如下：

> 本发明公开了一种原位制备聚吡咯单价选择性阳离子交换膜的制备方法，所述的方法包括：①将待改性的普通阳离子交换膜（白色，50cm²）浸泡于0.2mol/L盐酸溶液中一段时间后，用

去离子水洗去表面多余的酸。②将氢型的阳离子交换膜浸泡于
2%~5%（质量分数）的吡咯乙醇溶液（200ml）中1min，取
出膜，水平放置2min以上，待表面乙醇蒸发完全后，将膜浸入
一定浓度的氧化剂溶液（如氯化铁、过硫酸铵、过氧化氢，
200ml）中一段时间后，此时该膜呈黑色，证明膜上已负载聚
吡咯。③重复步骤②多次，得到附有多层的聚吡咯选择性阳离
子交换膜。本发明中，吡咯聚合方法简单有效，改性后的膜表
面物质沉积均匀且单价离子选择性显著提高。

6月10日至12日，参加在贵阳举办的新膜与新膜过程
及其应用研讨会并致辞。

同月，合作发明的成果"一种基于纳米凝胶的智能
开关膜及其制备方法"获发明专利授权，专利权人：浙
江工业大学，发明人：刘华文、赵雪婷、张是求、高从
堦。摘要如下：

本发明提供了一种纳米凝胶/聚醚砜刺激响应膜的制备方法，步
骤如下：①通过自由基聚合法制备出具有温度和pH响应的纳米
凝胶。②将该纳米凝胶和聚乙二醇加入N-甲基吡咯烷酮中并混
合均匀，超声分散，然后加入聚醚砜，混合均匀形成铸膜液，
再对铸膜液进行脱气。③然后用刮膜刀在玻璃板上将铸膜液制
成连续均匀的液膜，并迅速地将液膜放入含有乙酸体积分数为
30%的水中浸泡至液膜完全凝固，继续浸泡膜于纯水中以去除
杂质，得具有温度和pH响应的智能开关膜。该方法是在乙酸的
辅助下，制备的纳米凝胶/聚醚砜智能膜具有优异的温度和pH
响应门开关系数和可逆的刺激响应性能，原材料价格低廉，制
膜工艺简单，易于实现工业化生产和大规模应用。

同月，合作发明的成果"沸石咪唑酯骨架多元胺纳米粒子复合膜的制备方法"获发明专利授权，专利权人：浙江工业大学，发明人：计艳丽、钱伟杰、高从堦。摘要如下：

本发明公开了一种沸石咪唑酯骨架多元胺纳米粒子复合膜的制备方法，多元胺分子和多巴胺在水和乙醇混合溶液中氧化聚合制备多元胺纳米粒子，将上述多元胺纳米粒子和金属酸盐混合配制成分散液，将负载金属离子前驱体的多元胺纳米粒子沉积于多孔支撑膜表面，再用含咪唑类有机配体的溶液进行浸渍处理，最后经界面交联，得到基于多元胺纳米粒子原位生长沸石咪唑酯骨架结构材料的复合膜。该膜兼具有高水渗透性和良好的有机染料/无机盐分离选择性。本发明中纳米粒子间及其与多孔支撑膜间通过多巴胺仿生黏合剂固定，所得沸石咪唑酯骨架多元胺纳米粒子复合膜兼具有高水渗透性和良好的分离稳定性，具有工业化应用前景。

同月，合作发明的成果"两性粒子原位构筑金属有机框架分离膜的制备方法"获发明专利授权，专利权人：浙江工业大学，发明人：计艳丽、钱伟杰、安全福、高从堦。摘要如下：

本发明公开了一种两性粒子原位构筑金属有机框架分离膜的制备方法，两性多元胺分子和多巴胺在水和乙醇混合溶液中氧化聚合制备两性纳米粒子，将上述两性纳米粒子和金属酸盐混合配制成分散液，涂覆于多孔支撑膜表面，负载金属离子前驱体的两性纳米粒子沉积于多孔支撑膜表面，再用含有机配体的溶液进行浸渍处理，以两性纳米粒子为模板在多孔支撑膜表面原位生长金属有机框架纳米颗粒，最后经界面交联，获得兼具有高渗透分离性能和稳定性好的金属有机框架分离膜。本发明中两性纳米粒子含有多巴胺组分，可以与多孔支撑膜形成强黏附作用；所得膜兼具有高水渗透性和良好的分离稳定性，具有工业化应用前景。

7月25日至27日，在安徽歙县参加《膜科学与技术》期刊编委会第十一届第一次会议。

同月，合作发明的成果"一种高通量高脱盐反渗透膜及其制备方法"获发明专利授权，专利权人：浙江工业大学，发明人：刘立芬、吴昊、高从堦。

同月，合作发明的成果"一种制备兼具单价选择性和抗菌性的改性阴离子交换膜的方法"获发明专利授权，专利权人：浙江工业大学，发明人：沈江南、郑志豪、阮慧敏、高从堦。

同月，合作发明的成果"一种碘烷季铵化聚吡咯改性阳离子交换膜及其制备与应用"获发明专利授权，专利权人：浙江工业大学，发明人：潘杰峰、逄霄、郑瑜、丁金成、沈江南、高从堦。摘要如下：

> 本发明公开了一种碘烷季铵化聚吡咯改性阳离子交换膜及其制备与应用，所述交换膜将阳离子交换膜依次在碱溶液和酸溶液中浸泡，去离子水清洗，获得酸碱活化后的阳离子交换膜；将活化后的阳离子交换膜浸泡在吡咯溶液中，静置至吡咯溶液全部挥发后，再加入氧化剂水溶液，震荡，取出膜，获得聚吡咯修饰膜；将聚吡咯修饰膜浸入碘烷溶液中 1~24h，取出膜，用去离子水清洗，即得碘烷季铵化聚吡咯改性阳离子交换膜。本发明制备的碘烷季铵化聚吡咯改性阳离子交换膜用于 Na^+ 的单

价选择性分离，经过碘己烷聚吡咯改性后Na$^+$相对Mg^{2+}选择性
透过值较未改性的商业膜从0.94增加到6.84。

同月，合作发明的成果"一种多孔ZIF-7球的制备方法"获发明专利授权，专利权人：浙江工业大学，发明人：薛立新、杨文杰、孙志娟、高从堦。摘要如下：

> 本发明公开了一种多孔ZIF-7球的制备方法，将六水合硝酸锌和聚乙烯吡咯烷酮溶解在N，N-二甲基甲酰胺和乙腈的混合溶剂中，搅拌并超声使其混合均匀；配置N，N-二甲基甲酰胺和乙腈的混合溶剂；将苯并咪唑溶解在N，N-二甲基甲酰胺和乙腈的混合溶剂中，搅拌并超声使其混合均匀；取一洁净的容器，分批倒入之前制备的3种溶液；在一定温度下静置后得到混合物离心，并倒掉上层清液；将剩余的产物干燥，制得ZIF-7纳米球。本发明操作工艺简单易行，重复性较好，特别是制备的ZIF-7球的尺寸均一、分散性好、结晶度较高，因此在气体分离、气体吸附、催化以及药物释放领域具有较好的应用前景。

8月，合作研发的成果"一种飞灰无害化处理资源化再生利用装置"获实用新型专利授权，专利权人：湖州森诺环境科技有限公司，发明人：黄启飞、高兴保、高从堦、王中华、辛宝平。

同月，合作发明的成果"一种交联型耐热耐溶剂均孔膜的制备方法及相关嵌段共聚物"获发明专利授权，专利权人：浙江工业大学，发明人：易砖、朱国栋、刘洋、刘立芬、高从堦。摘要如下：

本发明公开一种交联型耐热耐溶剂均孔膜的制备方法。所述耐热是指均孔膜的孔结构在200℃温度下保持12h以上不发生明显改变。所述的耐溶剂是指25～150℃温度下、均孔结构在有机溶剂，包括醇、有机酸、丙酮、二甲基甲酰胺、二甲基乙酰胺、氯仿、四氢呋喃、二氧六环、二氯甲烷、N-甲基吡咯烷酮、二甲基亚砜等溶剂中可保持10天以上而不发生改变。这种均孔膜的制备方法包括：以包括疏水链段和亲水链段为成膜材料，通过相转化制备得到均孔膜，然后经过后处理诱导分子链之间发生交联反应，最终形成耐热、耐溶剂均孔膜。

同月，合作发明的成果"一种高通量高脱盐率混合基质反渗透膜及其制备方法与应用"获发明专利授权，专利权人：浙江工业大学，发明人：刘立芬、吴昊、高从堦。

9月，合作发明的成果"一种高性能分离膜净化装置"获发明专利授权，专利权人：温州莲华环保科技有限公司，发明人：薛立新、林旭杰、林玉生、高从堦。摘要如下：

本发明属于净化装置技术领域，尤其是一种高性能分离膜净化装置，包括底座，底座上端一侧固定安装有支撑座，另一侧固定安装有L型架；支撑座上端固定有转动电机；转动电机的输出轴末端设置有飞轮机构；筛管内表面复合黏接有高分子分离膜；L型架一侧中部开设有贯穿L型架的通孔；圆形盖一侧中部水平焊接有连接柱；连接柱的另一端连接有圆板；圆板一侧还设置有两组伸缩机构；底座上端设置有两组滑动机构；收集盒位于筛管的下方；L型架的上端内侧与筛管之间设置有两组支撑机构。本发明结构稳定，对物质的分离效果好，且便于对分离后的物质进行集中处理。

同月，合作发明的成果"一种超高通量正渗透膜及其制备方法"获发明专利授权，专利权人：温州莲华环保科技有限公司，发明人：薛立新、汤依莲、林旭杰、林玉生、高从堦。

10月16日至18日，参加在山东桓台县举办的"中国膜产业发展峰会暨（第四届）膜产业马踏湖高峰论坛"，并作题为"促进膜科技高质量持续发展——更好地为四个面向服务"的专题报告。

同月21日至23日，在广西北海参加2021年（第十届）化工新材料大会，并作题为"我国膜材料产业现状和发展趋势"的报告。

11月，主持的海南省海水淡化产业发展战略研究获省级重点咨询项目立项，浙江工业大学和海南大学为共同牵头单位。该项目含三个课题，研究期限为一年，但因受疫情的影响，于2023年4月结题。高从堦率课题组在对海南省海水淡化和综合利用产业发展进行深入调研的基础上，提出了海南省海水淡化和综合利用产业发展战略方针和战略目标、科学规划和发展路径等。针对海南水资源时空性和工程性的配置问题，以海水淡化与综合利用技术为突破点，在海南省推动淡水资源结构的优化、促进海南省海水资源利用的新技术变革和淡水资源获取途径多元化、推动海水淡化规模化利用的产业发展和绿色友好型商业化发展等诸多方面都给出了建设性的提议，对发展海南省沿海全域海水淡化产业的总体框架和重点研究内容等提出了建议和方案。项目成果对海南省海水淡化科技和产业的快速提升具有指导作用。

同月，合作发明的成果"超低压高通量金属有机纳米粒子组装纳滤膜的制备方法"获发明专利授权，专利权人：浙江工业大学，发明人：计艳丽、顾冰心、高从堦。摘要如下：

> 本发明公开了一种超低压高通量金属有机纳米粒子组装纳滤膜的制备方法，以多元胺分子、金属酸盐为原料，多巴胺为仿生黏合剂，在水溶液中氧化聚合形成负载金属离子的有机纳米粒子种子，将上述纳米粒子种子水分散液涂覆于多孔支撑膜表面并组装成膜，再用有机配体溶液进行浸渍处理，在膜表面形成金属有机纳米粒子，最后经界面交联，获得兼具有高渗透选择性和稳定性好的金属有机纳米粒子组装纳滤膜。所制备的金属有机纳米粒子组装纳滤膜具有膜结构和性能可控、操作压力低、水通量高、分离选择性好、制备方法简便、适宜工业化应用等特点。

同月，合作发明的成果"一种锌配位有机纳米粒子杂化聚酰胺膜的制备方法"获发明专利授权，专利权人：浙江工业大学，发明人：计艳丽、顾冰心、安全福、高从堦。摘要如下：

> 本发明公开了一种锌配位有机纳米粒子杂化聚酰胺膜的制备方法，以多元胺为单体分子，六水合硝酸锌为金属离子化合物，多巴胺为仿生黏合剂，配置成水相混合溶液，将其浸涂于多孔支撑膜表面，再经含2-甲基咪唑的水溶液浸渍处理原位形成锌配位有机纳米粒子，最后通过多元酰氯单体界面交联制备含锌配位有机纳米粒子杂化聚酰胺膜。利用锌配位有机粒子独特的

纳米微观结构，在聚酰胺膜中形成有利于水渗透和有机物分子选择性截留的纳米通道，可以获得高水渗透性和稳定的分离选择性。本发明的制备方法简便易行，粒子在制膜过程中原位形成，粒子在膜中分布均匀稳定，制备成本低廉，具有良好的工业化应用前景。

12月，合作发表《双疏膜制备技术研究进展》［卢鑫、周勇、高从堦，膜科学与技术，2021，41（6），1-10］。

同月，合作发明的成果"一种基于前修饰金属有机骨架材料的双极膜及其制备方法和应用"获发明专利授权，专利权人：中国海洋大学，发明人：高学理、孙永超、王小娟、高从堦。摘要如下：

本发明公开了一种基于前修饰金属有机骨架材料的双极膜及其制备方法。其以商品阴离子交换膜为基底，在阴离子交换膜表面涂覆黏合剂，将金属有机骨架材料与磺化聚醚砜共混，涂覆在黏合剂层，通过溶剂蒸发法制备双极膜。本发明通过引入前修饰的金属有机骨架材料，较好地解决了纳米材料易团聚、掺杂量过低和纳米材料易泄漏等问题，改善了膜的结构，为离子在阳离子交换膜侧内迁移提供有效的通道，可以加快离子迁移的速率，提高琥珀酸的产率，具有膜性能稳定、制备工艺简单、分离效率高、掺杂量高等优点，解决了双极膜中的阴阳膜易分层剥离的问题。本发明在双极膜制备琥珀酸的领域具有广泛的应用前景。

同月，合作发明的成果"一种高通量混合基质纳滤膜及其制备方法"获发明专利授权，专利权人：浙江工业大学，发明人：薛立新、杨文杰、高从堦。摘要如下：

> 本发明公开了一种高通量混合基质纳滤膜及其制备方法，将聚砜超滤膜支撑膜与六水合硝酸锌水溶液中浸渍一段时间后晾干；将得到的膜与水相单体中浸渍一段时间后晾干，形成水相液层；其中水相单体为哌嗪；将得到的膜与含有活性单体的有机相溶液接触一段时间后在烘箱中烘干；其中有机相活性单体为均苯三甲酰氯；将膜浸泡在含有2-甲基咪唑配体的甲醇溶液中一段时间后用甲醇溶剂洗掉多余的配体。本发明中的ZIF-8纳米颗粒通过原位生长法可以分散在纳滤膜层底部、中间和表面，这样可以增大分离层的表面积，从而提高水通量。

同月，合作发明的成果"一种多层交联氧化石墨烯、其制备方法及应用"获发明专利授权，专利权人：中国海洋大学，发明人：高学理、王小娟、宋娜、魏怡、苏保卫、高从堦。摘要如下：

> 本发明公开了一种采用组装-交联-分散法制备的多层交联氧化石墨烯，首先将氧化石墨烯水溶液在交联剂的作用下，通过压滤的方法过滤后经加热交联，最后将交联自组装的氧化石墨烯进行超声和透析处理得到多层交联氧化石墨烯。该方法条件温和，无须较复杂的特殊超低温合成设备，提高了氧化石墨烯的稳定性，且环境友好。同时将多层交联氧化石墨烯作为纳米填充材料添加于聚酰胺反渗透膜中，具有良好的截盐率和水通量。

同月，合作发明的成果"一种多巴胺插层共聚氧化石墨烯纳滤膜的制备方法和应用"获发明专利授权，专利权人：浙江工业大学，发明人：徐燕青、沈江南、高从堵、俞苏洋、李文飞。

本年，合作发表外文论文35篇，选录其中16篇如下：

1.《Measuring the short text similarity based on semantic and syntactic information》〔Jia-qi Yang，Yong-jun Li，Cong-jie Gao，Yin-yin Zhang；Futur. Gener. Comput. Syst.，2021，114，169-180〕。

2.《Composite anti-scaling membrane made of interpenetrating networks of nanofibers for selective separation of lithium》〔Yan Zhao，Meng-yao Wu，Peng-xin Shen，Collin Uytterhoeven，Natalie Mamrol，Jiang-nan Shen，Cong-jie Gao，Bart Van der Bruggen；J. Membr. Sci.，2021，618，118668〕。

3.《Surface modification of reverse osmosis membrane with tannic acid for improving chlorine resistance》〔Wen-tao Yan，Li-fen Liu，Chen-xi Dong，Shi-jie Xie，Xue-ting Zhao，Cong-jie Gao；Desalination，2021，498，114639〕。

4.《Seawater desalination technology and engineering in China：A review》〔Sai-sai Lin，Hai-yang Zhao，Li-ping Zhu，Tao He，Sheng-fu Chen，Cong-jie Gao，Lin Zhang；Desalination，2021，498，114728〕。

5.《The permeability and selectivity of the polyamide reverse osmosis membrane were significantly enhanced by PhSiCl$_3$》〔Jun-jie Yu，Kai-feng Gu，Bin-bin Yang，Kai-zhen Wang，Yong Zhou，Cong-jie Gao；Membranes，

2021，11（2），1-15］。

6.《Composite reverse osmosis membrane with a selective separation layer of double-layer structure for enhanced desalination, anti-fouling and durability properties》［Mei-hong Liu, Qing-yuan He, Zhong-wei Guo, Kai-fei Zhang, San-chuan Yu, Cong-jie Gao; Desalination, 2021, 499, 114838］。

7.《Novel crosslinked brominated polyphenylene oxide composite nanofiltration membranes with organic solvent permeability and swelling property》［Yan-qing Xu, Su-yang Yu, Gui-bin Peng, Arcadio Sotto, Hui-min Ruan, Jiang-nan Shen, Cong-jie Gao; J. Membr. Sci., 2021, 620, 118784］。

8.《Ion-promoting-penetration phenomenon in the polyethyleneimine /trimesic acid nanofiltration membrane》［Kai-feng Gu, Kai-zhen Wang, Yong Zhou, Cong-jie Gao; Sep. Purif. Technol., 2021, 257, 117958］。

9.《A combined interfacial polymerization and in-situ sol-gel strategy to construct composite nanofiltration membrane with improved pore size distribution and anti-protein-fouling property》［Yu-peng Liu, Jin-wei Gao, Yu-hang Ge, San-chuan Yu, Mei-hong Liu, Cong-jie Gao; J. Membr. Sci., 2021, 623, 119097］。

10.《Effects of GO@CS core-shell nanomaterials loading positions on the properties of thin film nanocomposite membranes》[Xi-jiang Qian, Xiao-juan Wang, Xue-li Gao, Wen-qing Cao, Cong-jie Gao; J. Membr. Sci., 2021, 624, 119102]。

11.《Cation exchange membranes coated with polyethyleneimine and crown ether to improve monovalent cation electrodialytic selectivity》[Shan-shan Yang, Shuai-jun Yu, Lu Yu, Yuan-wei Liu, Jun-bin Liao, Jiang-nan Shen, Cong-jie Gao; Membranes, 2021, 11 (5), 351]。

12.《Achieving enhanced capacitive deionization by interfacial coupling in PEDOT reinforced cobalt hexacyanoferrate nanoflake arrays》[Wen-hui Shi, Mei-ting Xue, Xin Qian, Xi-lian Xu, Xin-long Gao, Dong Zheng, Wen-xian Liu, Fang-fang Wu, Cong-jie Gao, Jiang-nan Shen, Xie-hong Cao; Glob. Chall., 2021, 5, 2000128]。

13.《Bismuth nanoparticle-embedded porous carbon frameworks as a high-rate chloride storage electrode for water desalination》[Wen-hui Shi, Xin Qian, Mei-ting Xue, Wen-bin Que, Xin-long Gao, Dong Zheng, Wen-xian Liu, Fang-fang Wu, Jiang-nan Shen, Xie-hong Cao, Cong-jie Gao; ACS Appl. Mater. Interfaces, 2021, 13 (18), 21149-21156]。

14.《Polyamide membrane with nanocluster assembly structure for desalination》[Shu-hao Wang, Shao-suo Bing, Yun-hao Li, Yong Zhou, Lin Zhang, Cong-jie Gao; J. Membr. Sci., 2021, 628, 119230]。

15.《Confined assembly of ultrathin nanoporous nitrogen-doped graphene nanofilms with dual metal coordination chemistry》[Ze-hai Xu, Yu-fan Zhang, Xu Zhang, Qin Meng, Yu-jie Zhu, Chong Shen, Ying-hua Lu, Guo-liang Zhang, Cong-jie Gao; IScience, 2021, 24（6）, 102576]。

16.《On-site marine oil spillage monitoring probes formed by fixing oxygen sensors into hydrophobic/oleophilic porous materials for early-stage spotty pollution warning》[Yu-xin Shi, Yong Xu, Fei Jiang, Zhi-juan Sun, Gang Wang, Zhi-xiang Zeng, Cong-jie Gao, Qun-ji Xue, Li-xin Xue, RSC Advances, 2021, 11（35）, 21279-21290]。

2022年 80岁

本年11月12日，收到中国工程院党组书记、院长李晓红院士发来的八十岁生日贺信。贺信对高从阶给予了高度的评价："您是我国著名的化学工程专家，长期从事膜材料和水处理的研究开发工作。自20世纪60年代投身全国海水淡化大会战至今，您率领团队在膜材料的基础理论研究方面取得了重要突破，形成了包括高性能反渗透膜、纳滤膜、超滤膜、离子交换膜等在内的一系列原创性膜材料和专有制备技术，引领了我国膜分离技术的发展和产业进步。作为我国反渗透膜工程技术领域的开拓者，您主导建成了国内首条反渗透复合膜生产线，打破了国外产品的价格壁垒和垄断地位，让海水变甘泉，解决了国家重大发展需求。您始终满怀热情，站在膜科学最前沿，坚守'做科研要顶天立地'的初心，矢志推动技术创新和成果转化，积极参与工程院战略咨询研究，为我国膜技术推广和水资源综合利用作出了重要贡献！"

1月，合作发明的成果"一种纳米线反渗透复合膜及其制备方法"获发明专利授权，专利权人：中国海洋大学，发明人：王小娟、钱西江、高学理、高从堦。摘要如下：

> 本发明公开了一种纳米线反渗透复合膜及其制备方法，包括支撑层、聚酰胺功能层和纳米线抗菌层，聚酰胺功能层置于支撑层上，通过物理或化学作用，纳米线在聚酰胺功能层表面自组装形成纳米线抗菌层，具体地，将纳米线溶液均匀倾倒到聚酰胺反渗透膜表面，静置一段时间，倒出多余纳米线水溶液，利用去离子水充分漂洗膜表面制备而成。避免强力的水流作用下负载材料的泄漏，保证了纳米材料在膜表面的负载量，充分发挥了利用纳米材料改进膜材料的优势。

同月，合作发明的成果"一种基于纳米凝胶调控氧化石墨烯层间距的GO型纳滤膜的制备方法"获发明专利授权，专利权人：浙江工业大学，发明人：沈江南、刘华文、高从堦。摘要如下：

> 本发明公开了一种基于纳米凝胶调控氧化石墨烯层间距的GO型纳滤膜的制备方法。所述制备方法包括以下步骤：①制备具有温度和pH响应性能的P（NIPAM-MAA）纳米凝胶。②将所制备的P（NIPAM-MAA）纳米凝胶和氧化石墨烯按比例分散在超纯水中，其中P（NIPAM-MAA）纳米凝胶和氧化石墨烯的质

量比不大于10，得到纳米凝胶与GO均一分散的溶液。③通过过滤使P（NIPAM-MAA）纳米凝胶和GO在聚醚砜超滤底膜上自组装，其中P（NIPAM-MAA）纳米凝胶均匀地分散在GO的片层之间，以制备得到GO型纳滤膜。本发明所述制备方法使用具有温度和pH响应的纳米凝胶来调控氧化石墨烯的层间距，制备出孔径可调的GO膜，所述GO型纳滤膜具有优异的温度和pH响应性能、高水通量，并对分子量300～1000的小分子选择性分离表现出优异分离性能。

同月，合作发明的成果"一种以核壳结构微凝胶作为开关的温度和pH双响应智能开关膜的制备方法"获发明专利授权，专利权人：浙江工业大学，发明人：沈江南、刘华文、高从堦。

2月，国际反渗透膜研究和制备领域的著名科学家、海水淡化反渗透膜的创始人之一索里拉金（Srinivasa Sourirajan）教授去世，享年99岁。高从堦获悉后，向索里拉金所在的加拿大国家研究院发去吊唁信，对索里拉金教授的去世表示沉痛哀悼，回顾了在加拿大滑铁卢大学访学时拜访索里拉金的经历，表示应该继承索里拉金的愿望，学习他的创新精神，追求卓越，使膜科学技术更快更稳地向前发展。

同月，合作发表《硅烷/纳米$CeO_2 \cdot ZrO_2$复合膜层的制备及其性能研究》［王小娟、于娟、高学理、高从堦，水处理技术，2022，48（2），80-84］。

同月，合作发明的成果"一种以促进聚酰胺纳米囊泡生长的高性能反渗透膜的制备方法"获发明专利授权，专利权人：浙江工业大学，发明人：宋潇潇、胡向阳、周勇、高从堦。摘要如下：

本发明公开了一种以促进聚酰胺纳米囊泡生长的高性能反渗透膜的制备方法，它通过选取聚砜超滤膜作为支撑底膜，在支撑底膜的表面，水相胺单体和油相多元酰氯单体进行界面聚合反应复合一层聚酰胺超薄层，形成反渗透膜；并且通过调控界面聚合过程中的参数条件，从而优化该反渗透膜的渗透选择性。在此基础上，在水相溶液中引入全氟丁基磺酸钾，以促进支撑底膜表面的聚酰胺纳米囊泡的生长，增大膜表面粗糙度，进而提高膜的渗透通量，进一步优化该反渗透膜的性能。本发明制得的反渗透膜在不损失截盐率的同时，可显著地提高膜的渗透通量。本发明为高截留率和高通量的聚酰胺反渗透膜的开发提供了一种新的参考途径。

同月，合作发明的成果"一种高通量高选择性复合纳滤膜及其制备方法"获发明专利授权，专利权人：浙江工业大学，发明人：刘立芬、张潇、高从堦。摘要如下：

本发明公开了一种高通量高选择性新型复合纳滤膜及其制备方法，所述的方法为：首先，将端羧基的两亲性超支化聚酯酰氯化，得到超支化聚酯酰氯；其次，分别将聚砜支撑膜依次浸泡于哌嗪水相溶液和均苯三甲酰氯、超支化聚酯酰氯组成的混合有机油相溶液中，通过界面聚合反应将超支化分子引入聚酰胺分离层中，制备得到高通量高选择性新型复合纳滤膜。本发明所制备的新型复合纳滤膜，较之传统工艺，其水通量和一价/高价盐的选择性均得到大幅度提高，且选用的超支化聚酯的合成原料便宜，过程简单易控。

3月，合作发明的"聚多巴胺修饰咪唑基纳米粒子复合纳滤膜的制备方法"获发明专利授权，专利权人：浙江工业大学，发明人：计艳丽、刘壮壮、叶润峰、高从堦。摘要如下：

> 本发明公开了一种聚多巴胺修饰咪唑基纳米粒子复合纳滤膜的制备方法，以芳香族多元胺单体分子、醛类化合物、二羰基化合物为反应原料，在酸性水溶液中缩聚形成咪唑基纳米粒子，再向其碱性水分散液中添加多巴胺，通过氧化聚合得到聚多巴胺修饰咪唑基纳米粒子，最后在多孔超滤膜上通过表面涂覆——界面交联法制备的复合纳滤膜。本发明所制备的聚多巴胺修饰咪唑基纳米粒子复合纳滤膜兼具有高渗透选择性和强抗污染稳定性，具有良好的工业化应用前景。

同月，合作发明的成果"一种高通量高截盐反渗透复合膜及其制备方法"获发明专利授权，专利权人：浙江工业大学，发明人：刘立芬、李蕊含、高从堦。摘要如下：

> 本发明提供了一种两亲性核壳状超支化聚合物改性反渗透膜的方法，先将聚砜支撑层浸泡在间苯二胺溶液中，阴干后与超支化聚合物溶液接触，使超支化聚合物末端的酰氯基团与氨基发生界面聚合反应，之后再与均苯三甲酰氯溶液接触进行二次交联反应，经热处理得到改性的反渗透复合膜。本发明使用的超支化聚合物具有独特的高疏水聚醚核和大量高度亲水的PEO壳层，将其引入反渗透复合膜的聚酰胺分离层中可以调控膜孔尺寸，加速水传输。同时改性膜的聚酰胺层薄而致密可以保证膜的截留率。在2000ppmNaCl的进水条件下，改性膜有约70%水通量的增加，NaCl截留率保持在99%以上。本研究为制备综合性能优异的反渗透复合膜提供了有效途径。

同月，合作发明的成果"一种基于疏水吸油材料的油污在线监测方法"获发明专利授权，专利权人：浙江工业大学，发明人：薛立新、孙志娟、吴倩、施羽昕、王刚、叶翔宇、高从堦。摘要如下：

> 本发明公开了一种基于疏水吸油材料的油污在线监测方法，采用的装置包括信号采集装置、信号传输装置和信号处理装置。信号采集监测装置由1个或多个氧传感器和疏水吸油材料组成，氧传感器的探头部分固定在疏水吸油材料中；所述方法包括：①在设定的温度下，得到不同油污在不同用量条件下的电压信号值随时间变化曲线。②改变温度，按照步骤①的方法得到不同温度下不同油污在不同用量条件下的电压信号值随时间变化曲线。③测定待测水体的温度，将同一信号采集装置置于待测水体中，获得电压信号值随时间变化曲线，通过曲线匹配确定油污类别和油污含量。本发明可实现淡水或海洋溢油事故中的油污在线监测。

4月，申报的中国工程科技发展战略浙江研究院的"浙江省燃料电池新能源产业发展战略研究"咨询项目获得立项，并于2023年12月结题。该咨询项目对国内外氢能与燃料电池和浙江省氢能产业链的发展现状、浙江省氢能与燃料电池的发展瓶颈及问题进行了深入调研和分析，为浙江省氢能与燃料电池的发展提出了可行性建议，具有重要参考价值。

同月，合作发明的成果"原位还原纳米银抗污染聚酰胺反渗透膜的制备方法"获发明专利授权，专利权人：浙江工业大学，发明人：计艳丽、卢洪浩、顾冰心、潘杰峰、高从堦。摘要如下：

本发明公开了一种原位还原纳米银抗污染聚酰胺反渗透膜的制备方法，以多巴胺为仿生还原剂，与多元胺单体分子在水溶液中进行迈克尔加成和席夫碱反应形成聚多巴胺-多元胺有机纳米粒子，然后通过界面聚合反应与多元酰氯形成聚多巴胺-多元胺纳米粒子填充聚酰胺膜，利用改性后聚酰胺膜表面含有的聚多巴胺原位还原形成银纳米粒子，制得纳米银抗污染聚酰胺反渗透膜。本发明所制备的纳米银抗污染改性聚酰胺膜具有良好的水渗透性、优异的抗菌和抗污染性能，且膜制备方法简单，易于放大生产，具有很好的工业化前景。

同月，合作发明的成果"一种疏水改性氧化石墨烯反渗透膜的制备方法"获发明专利授权，专利权人：浙江工业大学，发明人：宋潇潇、巫碧勤、周勇、高从堦。摘要如下：

本发明公开了一种疏水改性氧化石墨烯反渗透膜的制备方法，所述制备方法为：以聚砜超滤膜作为基膜，以间苯二胺为水相单体，以均苯三甲酰氯为油相单体，以十八胺改性的氧化石墨烯为油相添加剂，以正己烷为油相溶剂，采用界面聚合法制备得到疏水改性氧化石墨烯反渗透膜。本发明以十八胺改性的氧化石墨烯作为油相添加剂，成功解决了氧化石墨烯在油相中的分散问题，制备得到的反渗透膜具有高通量和高盐截留率。

同月，合作发明的成果"基于三嗪类多孔有机纳米粒子组装膜的制备方法"获发明专利授权，专利权人：浙江工业大学，发明人：计艳丽、刘壮壮、叶润峰、高从堦。摘要如下：

本发明公开了一种基于三嗪类多孔有机纳米粒子组装膜的制备方法，以三嗪类衍生物、1，2-二羰基化合物和醛类化合物为反应单体，在醋酸水溶液中通过Debus-Radziszewski反应制备三嗪类多孔有机纳米粒子；再将其与阳离子聚电解质混合配制成分散液，在多孔支撑膜表面通过加压沉积过滤——化学交联法制备基于三嗪类多孔有机纳米粒子组装膜。本发明所制备的基于三嗪类多孔有机纳米粒子组装膜兼具高效染料脱盐性能和良好稳定性，可应用于染料提纯和废水处理等应用领域。

同月，合作发明的成果"一种基于氢氧化铜纳米线的新型纳滤膜的制备方法"获发明专利授权，专利权人：浙江工业大学，发明人：周勇、陈营东、吴梦瑶、高从堦。摘要如下：

本发明公开了一种基于氢氧化铜纳米线的新型纳滤膜的制备方法，准备聚醚砜超滤膜作为底膜，用十二烷基磺酸钠涂覆底膜，静置烘干；取适量的PVA溶于一定量的去离子水中溶解，制得PVA水溶液；待PVA水溶液冷却至室温后，在PVA溶液中加入氢氧化铜纳米线，并使其均匀分散；再加入一定量的戊二醛混合，将其铺在底膜上，烘干，得到基于氢氧化铜纳米线的新型纳滤膜。本发明制备工艺简便，操作简单，无毒环保；制备的基于氢氧化铜纳米线的新型纳滤膜具有良好的有机染料的脱盐性能以及优异的抗菌性。

同月，合作发明的成果"一种基于氢氧化锌纳米线的新型纳滤膜的制备方法"获发明专利授权，专利权人：浙江工业大学，发明人：吴梦瑶、周勇、高从堦。摘要如下：

本发明公开了一种基于氢氧化锌纳米线的新型纳滤膜的制备方法，利用聚偏二氟乙烯膜（PVDF）为基底，将含有氢氧化锌纳米线和海藻酸钠的溶液分别抽滤在多孔基底上得到基于氢氧化锌纳米线的新型纳滤膜。本发明制备工艺简便、安全、成本低，操作易行，且制备的纳滤膜对有机染料有较好的分离性能和稳定性、脱盐率高，因此其在有机染料的去除和染料脱盐等方面具有广阔的应用前景。

同月，合作发明的成果"含氟化有机纳米粒子聚酰胺耐溶剂纳滤膜的制备方法"获发明专利授权，专利权人：浙江工业大学，发明人：计艳丽、顾冰心、卢洪浩、高从堦。摘要如下：

本发明公开了一种含氟化有机纳米粒子聚酰胺耐溶剂纳滤膜的制备方法，以多元胺、多巴胺以及氟烷基硫醇化合物为反应性单体，通过迈克尔加成和席夫碱反应形成氟化有机纳米粒子，而后与多元酰氯通过界面聚合反应在多孔支撑膜表面形成含氟化有机纳米粒子的聚酰胺膜。利用氟化有机纳米粒子的低表面能特性，调控界面聚合过程，优化聚酰胺分离层的化学组成、微观结构以及亲疏水性，获得具有独特孔道结构的聚酰胺耐溶剂纳滤膜，所制备的膜具有高的分离选择性和溶剂渗透通量，膜制备方法简便、易于调控，具有良好的工业化应用前景。

5月，合作发明的成果"一种耐甲醇聚酰胺反渗透膜及其制备方法"获发明专利授权，专利权人：浙江工业大学，发明人：周勇、丁俊毅、高从堦。摘要如下：

本发明公开了一种耐甲醇聚酰胺反渗透膜及其制备方法，反渗透膜包括聚砜多孔支撑层以及其表面通过界面聚合形成的聚酰胺脱盐层，所述的聚酰胺脱盐层为活性单体A互溶到活性聚酰胺层；所述活性单体A中的反应物为聚异丁烯胺。本发明提供的聚酰胺反渗透膜制备方法提高了反渗透膜对甲醇等短链脂肪醇的耐受性能，进而达到了延长膜使用寿命以及提高膜使用效率的目的。

同月，合作发明的成果"一种纳米二氧化钛共混氧化石墨烯疏松型纳滤膜的制备方法及在染料脱盐中的应用"获发明专利授权，专利权人：浙江工业大学，发明人：徐燕青、吴梦瑶、沈江南、高从堦。

同月，合作发明的成果"一种金属有机框架材料改性的单价阳离子选择性分离膜及其制备方法和应用"获发明专利授权，专利权人：中国海洋大学，发明人：高学理、陶璐、孙永超、王小娟、高从堦。摘要如下：

本发明公开了一种金属有机框架材料改性的单价阳离子选择性分离膜及其制备方法和应用。其利用磺化聚醚砜制备基膜，在基膜表面涂覆Zn-TCPP掺杂的PVA交联层以获得单价阳离子选择性分离膜。本发明在膜表面复合PVA交联层，提升膜的选择性，使膜具有良好的Li^+/Mg^{2+}分离能力，缓解了单价阳离子选择性分离膜中离子传输速率与选择性之间的矛盾。同时通过引入二维金属有机框架材料，构建离子快速传输通道，取代传统提高磺化度的方法来提升离子传输速率，使膜在具有较高离子传输能力的同时具有良好的尺寸稳定性。本发明在分离Li^+/Mg^{2+}领域具有广泛的应用前景。

同月30日，在浙江分会场参加中国工程院第十六次院士大会。

6月，合作发表《一种可用于高盐废水处理的纳滤膜研究》〔刘喆、李清泉、郑宏林、潘巧明、高从堦、谭惠芬，水处理技术，2022，48（6），41-49，57〕。

同月，合作发明的成果"一种在线溢油污染监测装置"获发明专利授权，专利权人：浙江工业大学，发明人：薛立新、孙志娟、施羽昕、高从堦。摘要如下：

> 本发明公开了一种在线溢油污染监测装置，包括信号采集装置、信号传输装置和信号处理装置；信号采集装置通过信号传输装置将信号传给信号处理装置；信号采集装置由1个或多个光纤氧传感器和疏水吸油材料组成；光纤氧传感器由传感器主体部分和探头部分可拆卸式连接；传感器主体部分由内部中空的壳体及集成在所述壳体内的蓝光光源和红光光源、光源驱动、传导光纤、荧光接收板、红光滤光片、光电传感器件、信号采集卡、信号识别器及控制电路板组成；探头部分由盖体及集成在所述盖体内可激发出荧光的氧敏感层构成。本发明便于携带，简便实用，监测过程简单，不受场地影响，可现场观测和远程实时观测。

7月5日，参加2022中国科技成果产业赋能计划启动大会，并作题为"膜分离技术赋能社会经济高质量发展"的报告。

同月，合作发明的成果"一种具有自清洁性能的智能开关膜的制备方法"获发明专利授权，专利权人：浙江工业大学，发明人：沈江南、刘华文、高从堦。摘要如下：

> 本发明公开了一种具有自清洁性能的智能开关膜的制备方法，所述制备方法包括以下步骤：①将P4VP微凝胶和PEG分散于

DMF中，搅拌和超声至微凝胶和PEG完全分散，随后加入PVDF，加热搅拌至PVDF完全溶解，静置以脱除气泡，得到稳定的均相铸膜液；所述均相铸膜液中，PVDF的质量含量为8%~10%，P4VP微凝胶的质量含量为不高于1.5%，PEG的质量含量为3%~6%。②将铸膜液浇铸在干净的玻璃板上，用刮刀刮膜，随后立即将湿膜和玻璃板一起放入10~16℃的凝固浴中进行相分离成膜，所述凝固浴为pH=2~6的盐酸溶液，将完全相分离的膜浸泡在去离子水中以浸出残余物，得到表面和内部孔道均镶嵌有P4VP微凝胶的智能开关膜。本发明制得的智能开关膜具有优异的自清洁性能、pH响应性能和可逆响应性能。

8月6日至9日，在成都参加第十一届全国膜与膜过程学术报告会，并作题为"优先选择-促进传递分离膜：从关键机制到设计策略"的学术报告。

同月22日，在苏州参加"2022新膜与新膜过程及其应用研讨会"，并作题为"科技创新，四个面向，让膜科技继续发挥其战略性和共性的特色"的报告。

同月25日，在"青岛院士讲堂"作题为"我国膜分离材料产业现状与发展趋势"的学术报告。高从堦介绍了液体分离膜工程技术研究情况以及相关产业现状，就我国未来膜分离材料产业的发展趋势等问题分享了自己的见解和建议。他认为："我们要加快科技创新，发展核心技术，增强发展动力，夯实发展基础，发展高端产品，优化产业结构，推进产业布局，提升产业水平，着力推动膜产业向中高端迈进；加速膜产业在水资源开发利用和保护、环保节能、新能源、信息产业和传统产业升级改造等领域广泛应用，为国民经济建设和发展发挥更加重要的作用。"（《高从堦院士主讲2022年第二期"青岛院士讲堂"》，青岛西海岸新区科协，2022年8月26日）

同月，合作发表《膜分离在石油化工领域中的应用：现状、挑战及机遇》［易砖、朱国栋、刘洋、周勇、高从堦，水处理技术，2022，48（8），7-13］。

9月19日至20日，在北京参加中国中化科技大会，并致辞。

同月，合作发明的成果"一种溴化聚苯醚耐溶剂纳滤膜的制备方法"获发明专利授权，专利权人：浙江工业大学，发明人：徐燕青、俞苏洋、沈江南、高从堦。摘要如下：

> 本发明公开了一种溴化聚苯醚纳滤膜的制备方法，所述制备方法为：（1）将干燥的P84共聚聚酰亚胺用有机溶剂溶解成质量浓度为18%～22%的聚酰亚胺溶液，将聚酰亚胺溶液真空脱泡获得铸膜液A；将得到的铸膜液A均匀地刮在无纺布上成膜后，滞空10s后将膜和模板一同浸入去离子水中进行相转化反应，2～10min反应完全后，取出膜浸入20～25℃之间的10～40g/L浓度的己二胺异丙醇溶液中交联24～48h，得到底膜；（2）将溴化聚苯醚用有机溶剂溶解成0.03～0.25g/ml的溴化聚苯醚有机溶液，将4，4'-联吡啶溶解在溴化聚苯醚有机溶液里使其质量浓度为5%～40%，脱泡后获得铸膜液；将铸膜液均匀地刮在底膜上，干燥获得溴化聚苯醚纳滤膜。本发明操作简单，制备的纳滤膜具有良好的耐溶剂性、较高的通量且不易溶胀。

10月，合作发明的成果"一种超亲水壳聚糖季铵盐水凝胶复合膜及其制备方法与用途"获发明专利授权，专利权人：中国海洋大学，发明人：高学理、王小娟、李亚敏、王新艳、高从堦。摘要如下：

本发明公开了一种超亲水壳聚糖季铵盐水凝胶复合膜及其制备方法与用途，制备过程如下：将壳聚糖季铵盐粉末加入醋酸水溶液中，加热、搅拌得到透明溶液A；将增强剂丙烯酰胺、交联剂加入醋酸水溶液中溶解后，再加入引发剂搅拌至全部溶解，得溶液B；将溶液A和溶液B混合，搅拌均匀成具备室温自交联功能的预凝胶液。以超滤膜为基膜，采用表面多次涂覆法将预凝胶液转移至基膜表面，待室温交联固化后，将其置于鼓风烘箱中热处理，得超亲水壳聚糖季铵盐水凝胶复合膜。本发明所述的制备方法简单，所得复合膜表面具备超亲水性，其通量高于传统单次负载法制备的膜，抗污染性能显著增强，对二价阳离子具有较高的截留率。

同月，合作发表《基于聚异丁烯胺改性的耐甲醇溶胀新型薄膜复合膜》［丁俊毅、陈营东、王书浩、严文韬、周勇、高从堦，化工进展，2022，41（10），5530-5540］。

11月，合作发明的成果"一种通过掩盖膜表面缺陷的高选择性反渗透膜的制备方法"获发明专利授权，专利权人：浙江工业大学，发明人：宋潇潇、胡向阳、彭磊、张梦玲、周勇、高从堦。

同月，合作发明的成果"一种以减小聚酰胺层本征厚度的高渗透性复合反渗透膜的制备方法"获发明专利授权，专利权人：浙江工业大学，发明人：宋潇潇、胡向阳、巫碧勤、张娜、周勇、高从堦。摘要如下：

本发明公开了一种以减小聚酰胺层本征厚度的高渗透性复合反渗透膜的制备方法，所述复合反渗透膜是通过水相溶液中胺单体与油相溶液中酰氯单体界面聚合在聚砜超滤膜上面复合而成。其中所述水相溶液中，胺单体的添加浓度为0.25%～5%（质量分数），有机弱酸的添加浓度为3%～5%（质量分数），并加入有机碱调节其pH至9～11；所述油相溶液中的酰氯单体质量浓度是水相溶液中胺单体质量浓度的1/40～1/30。本发明通过调控水相溶液中胺单体浓度、油相溶液中酰氯单体浓度，减小分离层本征厚度、提高膜表面的粗糙度等优化聚酰胺层微纳结构从而提高膜的渗透性。

同月，合作发明的成果"一种通过调节基膜孔径增强反渗透膜选择渗透性的方法"获发明专利授权，专利权人：浙江工业大学，发明人：宋潇潇、彭磊、周勇、高从堦。摘要如下：

本发明公开了一种通过调节基膜孔径增强反渗透膜选择渗透性的方法，它通过在含聚砜的铸膜液中添加一定浓度的十二烷基硫酸钠，将铸膜液刮涂在无纺布上后，于凝固浴中经相转化，由于添加十二烷基硫酸钠的高度亲水端的作用，加快了溶剂和非溶剂之间的交换速度，使得相转化的速率由延迟相分离转变为瞬时相分离，从而生成不同孔径大小的基膜，在此基膜上由溶解于水相的胺单体以及溶解于油相的多元酰氯单体进行界面聚合反应复合一层聚酰胺超薄层，形成薄层复合反渗透膜。本发明通过对基膜进行改性，在一定程度上增大基膜孔径提高分离层的致密性，提高了最终膜产品的水通量和盐截留率，提高了膜的选择渗透性，取得了良好的技术效果。

12月10日至14日，参加由爱思唯尔（Elsevier）与北京膜学会共同主办，欧洲膜学会、北美膜学会、澳洲膜学会、亚太膜学会协办的第一届国际分离纯化技术大会（线上），并致辞。大会授予高从堦和美国佐治亚理工学院（Georgia institute of Technology）William J. Koros两位膜科学家"杰出成就奖"。

本年，合作发表外文论文22篇，选录其中16篇如下：

1.《Fabrication of polyamide thin-film nanocomposite reverse osmosis membrane with improved permeability and antibacterial performances using silver immobilized hollow polymer nanospheres》［Sheng-jun Bian，Yan-yi Wang，Fang-kun Xiao，Yun-bo Tong，Cong-jie Gao，Gui-ru Zhu；Desalination，2022，539，115953］。

2.《Thin Film Composite Polyamide（TFC-PA）total heat exchange membranes（THEMs）with ultrahigh sensible heat recovery and greatly improved CO_2 barrier property》［Xian Chang，Zi-xuan Lv，Hang Yu，Shi-yang Li，Guo-jun Jiang，Cong-jie Gao，Li-xin Xue；J. Membr. Sci.，2022，662，120956］。

3.《Antibacterial polyvinyl alcohol nanofiltration membrane incorporated with Cu（OH）$_2$ nanowires for dye/salt wastewater treatment》［Ying-dong Chen，Rong-ze Sun，Wen-tao Yan，Meng-yao Wu，Yong Zhou，Cong-Jie Gao；Science of the Total Environment，2022，817，152897］。

4.《Methanol swelling-resistant novel TFC membrane

based on polyisobutylene amine modification》〔Jun-yi Ding, Ying-dong Chen, Shu-hao Wang , Wen-tao Yan, Yong Zhou, Cong-jie Gao；Chemical Industry and Engineering Progress, 2022, 41（10）, 5530-5540〕。

5.《Mesoporous hollow nanospheres with amino groups for reverse osmosis membranes with enhanced permeability》〔Dong Xu, Xiao-juan Wang, Hua-cheng Xu, Yi-jun Huang, Cong-jie Gao , xue-li Gao；J. Membr. Sci., 2022, 657, 120637〕。

6.《Fabrication of high boron removal reverse osmosis membrane with broad industrial application prospect by introducing sulfonate groups through a polyvinyl alcohol coating》〔Ru-xue Duan, Xiang Lv, Wen-tao Yan, Yong Zhou, Cong-jie Gao；J. Membr. Sci., 2022, 664, 121079〕。

7.《Special issue on "Membranes and Water Treatment" 》〔Cong-jie Gao, Nan-ping Xu, Wei-hong Xing；Frontiers of Chemical Science and Engineering, 2022, 16（5）, 561-563〕。

8.《Pore size regulation of polyamide composite membrane via a sol-gel process confined within the selective layer》〔Qing-yuan He, Yi-fei Hu, Xing-zheng Li, Mei-hong Liu, San-chuan Yu, Cong-jie Gao；J. Membr. Sci., 2022, 655, 120581〕。

9.《Bulk cross-linked hydroxyethyl cellulose-silica

composite membrane for acid-stable nanofiltration》［Sheng-peng Jiang, Jia-hui Wu, Bing-rong Ma, Mei-hong Liu, San-chuan Yu, Cong-jie Gao; J. Membr. Sci., 2022, 648, 120389］。

10.《Preparation of the hydrophilic coating layer on polypropylene microporous membrane surface by dip-coating the hydrophilic agent》［Ai-ai Li, Kai-Feng Gu, Hong-lin Zheng, Yong Zhou, Cong-jie Gao; Journal of Coatings Technology and Research, 2022, 19（6）, 1655-1664］。

11.《Interlayered thin-film nanocomposite membrane with synergetic effect of COFs interlayer and GQDs incorporation for organic solvent nanofiltration》［Shu-xuan Li, Ya-ting Yin, Shao-xiao Liu, Hong-hai Li, Bao-wei Su, Li-hui Han, Xue-li Gao, Cong-jie Gao; J. Membr. Sci., 2022, 662, 120930］。

12.《High flux thin film composite（TFC）membrane with non-planar rigid twisted structures for organic solvent nanofiltration（OSN）》［Shu-xuan Li, Rui-rui Zhang, Qun-shan Yao, Bao-wei Su, Li-hui Han, Cong-jie Gao; Sep. Purif. Technol., 2022, 286, 120496］。

13.《Amphiphobic polytetrafluoroethylene membrane with a ring-on-string-like micro/nano structure for air purification》［Xin Lu, Ying-dong Chen, Wen-tao Yan, Kai-zhen Wang, Yong Zhou, Cong-Jie Gao; J. Membr. Sci., 2022, 652, 120476］。

14.《Development of coin-shaped ZIF-7 functionalized superhydrophobic polysulfone composite foams for continuous removal of oily contaminants from water》［Ye-qiang Lu, Shi-yang Li, Fu-you Chen, Hui Ma, Cong-jie Gao, Li-xin Xue; J. Hazard. Mater., 2022, 421, 126788］。

15.《Wetting-induced superlyophobic polyacrylonitrile membranes: From reversible wettability to switchable on-demand emulsion separation》［Ye-qiang Lu, Yao-yao Zhu, Hui Ma, Fu-you Chen, Cong-jie Gao, Li-xin Xue; Sep. Purif. Technol., 2022, 297, 121438］。

16.《Interfacial and build-in electric fields rooting in gradient polyelectrolyte hydrogel boosted heavy metal removal》［Si-qi Qi, Min Lin, Peng-fei Qi, Jun-jie Shi, Ge Song, Wen-xin Fan, Kun-yan Sui, Cong-jie Gao; Chem. Eng. J., 2022, 444, 136541］

本年，退休。

跋

2023年初，浙江工业大学提出为我写一本学术年谱，由人文学院钱国莲和谢觅之两位老师来承担这项工作，我欣然应允。一是中国工程院本来就要求资深院士总结自己的科研历程，学校的建议正好对接了工程院的要求；二是我已迈入了"八〇后"行列，学术年谱既可以记录自己的研发和治学经历，又能借此回顾和梳理我国膜科技的发展历程，并能给同行后学提供一些借鉴与启示，因此，这是一件非常有意义的事情。

我的学术生涯，恰好与我国膜科技和海水淡化事业的发展同步并进。1960年，我考入山东海洋学院海洋化学系，在这里我遇到了恩师闵学颐教授，他是我国海水淡化反渗透膜研究的先行者，我正是在闵教授的实验室里，接触到了我国的膜法海水淡化技术研究的最早实践，因此，是闵教授将我带入了"水"与"膜"的研究领域。

1965年，我大学毕业，被分配到位于青岛的国家海洋局第一海洋研究所海洋化学研究室，成为一名专业科技人员，从此踏上了一条探索海洋化学和膜技术的漫漫长路。屈指算来，已经61个年头，数十年来，我始终聚焦"水"与"膜"，未曾有须臾分离。

1967年，我作为一名年轻的科研人员，有幸参加了全国海水淡化会战。这次会战是我国海水淡化技术发展史上的里程碑，它开启了我国海水淡化事业的一个崭新的时代，而我则在会战中获益良多。1970年春，我服从国家的需要，与全国海水淡化会战的主力一起，调到位于杭州的国家海洋局二所，自此离开家乡青岛，在杭州工作与生活了50余年。我深深眷恋着我的故乡青岛，我也热爱第二故乡——杭州。

我亲历和见证了杭州水处理技术研究开发中心的成立、发展、转型与壮大。在杭水工作的数十年间，我始终坚守在膜技术科研一线，在这里，我参与了一系列国家重大科技开发和应用项目，收获了多项科研创新成果，1992年，我领衔完成的"国产反渗透装置及工程技术开发"项目成果获国家科技进步奖一等奖。杭水，是我挥洒过奋斗的汗水、铭刻下许多闪光记忆的科研生涯的重要站点。

2013年，我到了浙江工业大学。在这里，我继续深耕在"水"与"膜"的领域，开展了多项国家和浙江省重大科技项目的研究，获得了一些奖励，2017年，我获得了浙江省科学技术重大贡献奖；2023年，再度获得国家科技进步奖一等奖。同时，我也将很多精力用于学科建设和人才培养，指导了一些硕博士研究生。期待我所做的工作能够为浙江工业大学跻身"双一流"建设高校助一臂之力。

数十年来，党和国家以及我工作过的山东和浙江等地各级政府以及一些企事业单位，对我的工作给予了诸多的关心、支持与肯定，也给了我很多荣誉，我深感受之有愧！让我略感心安的是，在这60年里，我将所从事的膜科技及海水淡化和综合利用工作视为自己的第二生命，我热爱着它，为之"发愤忘食，乐以忘忧，不知老之将至"。我始终将解决关乎国计民生的重大问题作为我的科研目标，并在大家的共同努力下，取得了一些突破性的成绩，我没有辜负党和国家的培养和重托。

非常感谢钱国莲和谢觅之两位老师，她们自接受学校的这项任务起，与我进行了很多次的面对面访谈以及不计其数的线上沟通；更是不怕出差调访的困难和辛劳，通过细查我在中学、大学和工作单位的档案资料，收集各种对我的采访和报道，访问我的姐姐、我的多个老同事以及我的一些学生等，以获取丰富的第一手资料；对我提供的量大而繁杂的个人年度工作记录，也细心地去粗取精，以求真实地反映我逐年的工作实况……历时近两年，她俩高质量地交出了我的学术年谱。

在这本学术年谱出版之际，我要表达对更多人的感谢。感谢父母对我的养育之恩，我深切地怀念着他们；感谢我的兄弟姐妹在我成长道路上给予的关心和呵护；感谢我的家人始终给予我的照顾和支持。感谢这一路走来，给予我无私的支持和帮助的各位老师、领导、同仁、朋友和学生——谢谢你们，因为有了你们，才有了我今天所取得的一切！

高从堦

2025年2月

后记

2023年4月4日，在浙江工业大学朝晖校区邵科馆209会议室，我和觅之第一次见到了高院士，高院士拎着一个已经有点褪色的手提包，提前10分钟到了会议室，见到我们就快步迎上问候，我心里责怪自己反应的迟缓。坐定后，高院士从包里拿出一个笔记本和一支笔，问我需要他做哪些配合工作，并逐条记录在本子上。高院士是青岛即墨人，他说话带着浓重的乡音，但语速很慢，有时候担心我们听不懂，就重复一遍甚至数遍。交谈中，我和觅之都惊讶于高院士声音的年轻，岁月似乎对他的声带没有丝毫磨损，觅之常说高院士的声音有少年感。起初的两次访谈，都约在高院士家。第一次，高院士在前一夜发来了很长一段信息，除了小区名、楼号及房号，还包括从哪个门进，如何抵达车库，车停在哪儿，如何上楼等，但当我们驱车进地库时，远远看见高院士站在单元入口处等我们。结束访谈时，高院士执意要下楼送我们到地库的车边，我启动车后，他叮嘱我慢慢开，注意安全，一直行驶到地库通道的转弯处，我还在后视镜里看到高院士站在原地，目送着我们。第二次，高院士又早早地等在地库，因为地库靠单元入口的位置没有空车位，我们必须将车停到访客停车区域，访客车位距离高院士家电梯入口大约有两三百米远，高院士担心我们找不到，执意要陪我们过去，当时的情景是我慢速开着车，觅之坐在副驾，高院士在车外走着，等我泊好车，他再与我们一同走回来。结束时，高院士再一次将我们送到车边，目送我们离开。约在高院士家做访谈，是我和觅之不忍让老人在家和学校之间奔波，没想到高院士每次都要下楼迎送，加上高院士家的电梯与地下车库之间有14级台阶，且这段台阶比较陡，我和觅之心里很过意不去。之后，就都把访谈约在了学校。

我和觅之都是文科生，一个学中国文学，一个学新闻传播学，我们对高院士的研究领域一无所知，虽然动手写作前，我俩先找了些资料学习，但学得一脑懵。后来的每次访谈，高院士都要花时间为我们科普海水淡化和膜技术常识，他总是边讲边在A4纸上画示意图。高院士还亲自领我们到位于杭州市临平区的蓝星（杭州）膜工业有限公司的生产车间，陪我们参观膜生产线，并详细讲解每个环节的原理。

此前，我和觅之都没见过高院士，我们对高院士的认知与了解仅限于搜索引擎和网页新闻所提供的信息。但在与他进行频繁的访谈以及微信、电邮往来，加之搜罗阅读大量的一手档案资料与科研材料、采访多位与他相关的人物之后，我们深入了解、全面把握了高院士的人生道路和科研历程，同时在心中树立起了一个胸怀家国、外儒内韧、温润热忱、朴实通达的大写而亲切的高院士形象。

这是我和觅之合作撰写的第二本院士学术年谱，与此前出版的《沈寅初院士学术年谱》一样，我们力求以年谱的方式真实、全面、系统地呈现老一辈科学家的人生道路和科研历程，传递出他们的精神特质和学术思想。我们再次期待以院士学术年谱为载体，唤醒人们对这个为人类进步作出了卓越贡献的群体的认知、亲近和崇敬；我们渴望以科学偶像丰富时代偶像的序列，以院士精神点燃人们的信念灯塔。

由于学科跨度太大，加之我们的能力所限，所以错漏势所难免，敬请专家指正与包容。

自前年仲春起笔，倏忽已近两年，其间得到了许许多多熟悉或不熟悉的甚至素未谋面的长辈、学者、同仁、朋友、学生的支持和帮助。在《高从堦院士学术年谱》付梓之际，谨致谢忱：

中国工程院院士、苏州实验室主任、南京工业大学教授徐南平为本书赐序。徐院士是中国陶瓷膜产业和材料化学工程学科的开拓者之一，他在百忙中拨冗为本书写序，讲述了高院士对我国膜研究和膜产业的巨大推动作用以及对晚辈后学的倾力提携，字里行间，充满感激与敬意。

2023年7月，高院士的大姐、90岁高龄的高淑馨女士欣然接受我们的采访，为我们讲述了高院士的很多求学往事。

高院士在杭州水处理技术研究开发中心工作了数十

年，很多成果都是在杭水取得的。在本书的写作过程中，杭水给予了最大程度的帮助和支持。2021年11月，杭州水处理技术研究开发中心编撰了《高从堦院士学术传记》，本年谱在很多地方借鉴学习了这一传记，参与该传记撰写和编辑工作的有王寿根、杨波、栗鸿强、王琪、薛立波、滕路瑶、成华、李慧智、俞海英等领导和同志。高院士在杭水的老同事姚复宝、鲁学仁、刘玉荣，他们均已年过八旬，先后在2023年的盛夏或初秋接受了我们长时间的采访，讲述了与高院士一起筚路蓝缕、栉风沐雨的帧帧过往。杭水的吴超、郑根江、郑宏林、金可勇、陈健萍、赵丹青、薛飞、陈希等领导和同志为本书的撰写提供了诸多支持与帮助。

中国海洋大学化学化工学院与浙江工业大学化学工程学院的师生辑录的《高从堦院士八十华诞科研成果集》对本年谱多有帮助。

在本年谱的成书过程中，我们得到了所在单位浙江工业大学党委宣传部、人事处、人才办、科研院、化学工程学院、人文学院和档案馆等部门和学院充分的人力、物力保障，於建明、姜少飞、孙航、陈声宏、张晓玥、何星舟、王雷、周勇、计艳丽、王剑斌、池晓波、楼碧芬、赵兰英、张俏敏、徐铖铖、陈国波、盛敏、李强、曹耀艳、张昆等老师给予了不同的支持和帮助。蒋蕾、陈汶钰、潘言三位硕本同学在调研、资料整理等方面出力不少。车队甄磊多次开车给我们送资料。

中国海洋大学化学化工学院以及王海增、徐佳老师，高院士的硕博研究生俞三传、曾理、李兆魁等老师为我们提供了诸多素材；中国海洋大学教育基金会张娜老师发来了高院士在海大捐资助学的相关资料。

此书所引用的新闻报道、论文等，我们在行文中力求标注出处和作者，但难免挂一漏万，敬请谅解。

化学工业出版社以及赵玉清老师对浙江工业大学院士学术年谱的出版给予了一以贯之的支持。赵老师敬业且专业，热情又严谨，先有《沈寅初院士学术年谱》，继有《高从堦院士学术年谱》，都因她出色的工作而增色。

此书为《中国工程院院士文集》资助项目。

在即将退休的几年里，承蒙沈院士、高院士的信任与厚爱，完成了他们的学术年谱，并与他们成为忘年交。又蒙年轻的觅之不弃，两度与我合作。这是我职业生涯的一段美好时光。

最后，谨以此书向中国工程院高从堦院士致敬，并祝高院士健康长寿。

钱国莲　谢觅之

2025年2月于杭州